Veronika Beyer

Minis auf Tour

im Schwarzwald

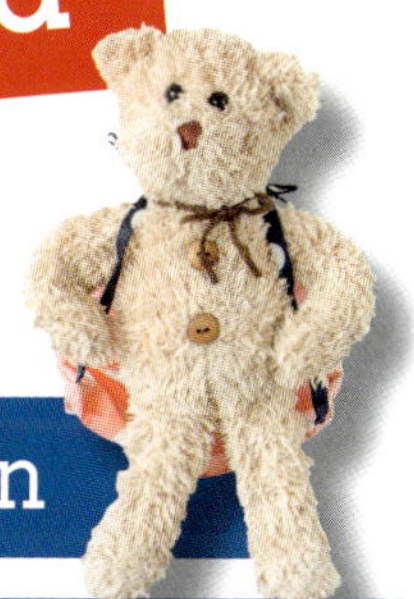

39 Wanderungen für die Kleinsten

SILBERBURG

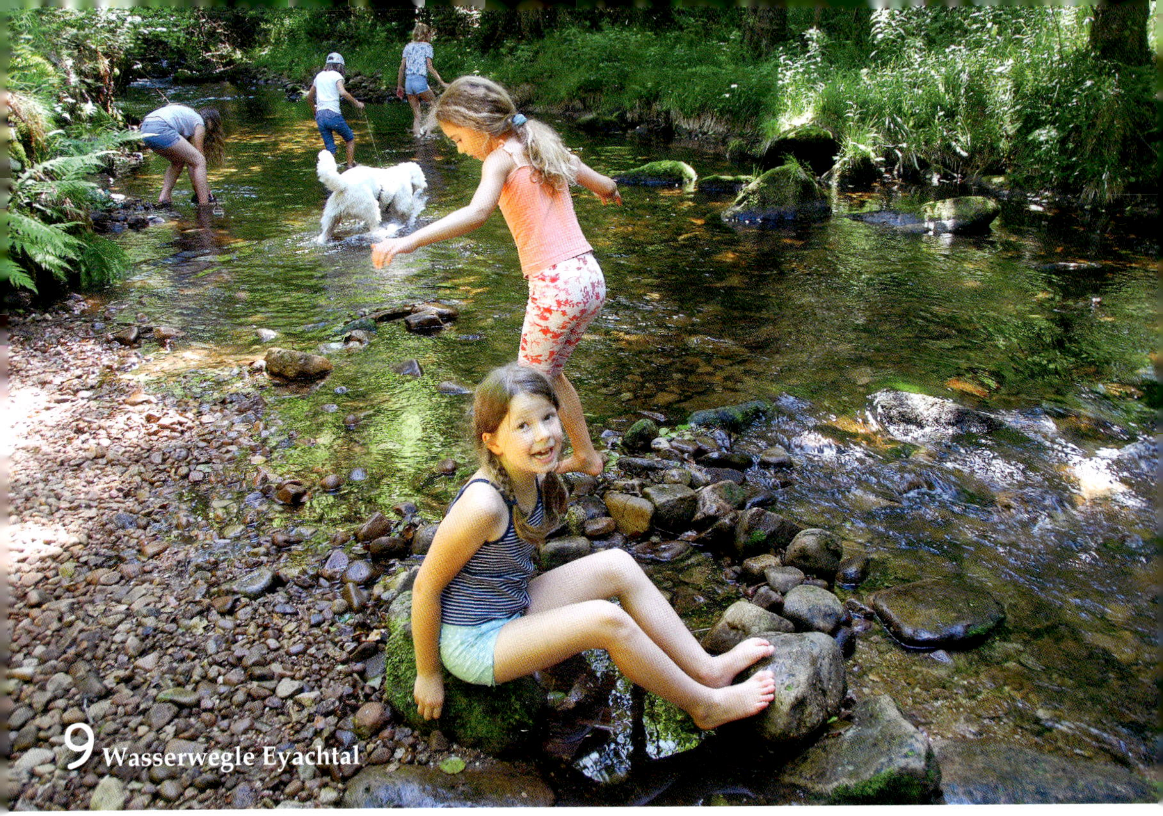
9 Wasserwegle Eyachtal

Inhalt

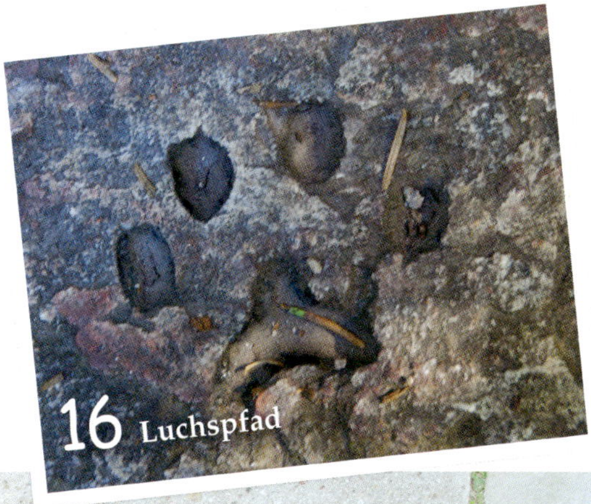
16 Luchspfad

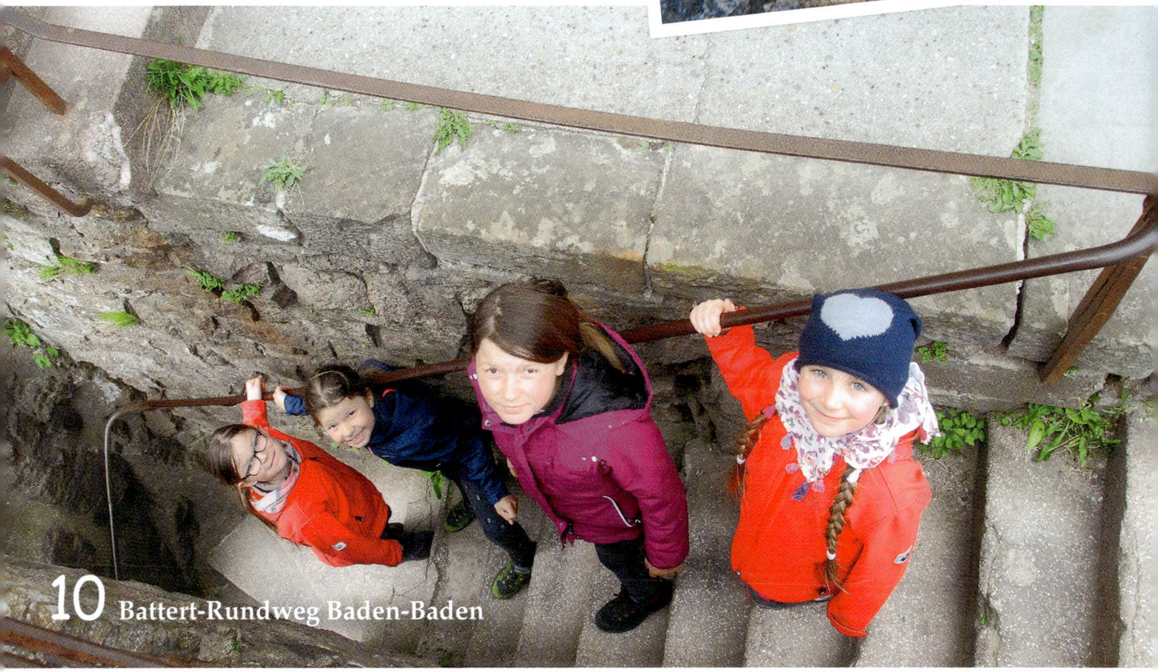
10 Battert-Rundweg Baden-Baden

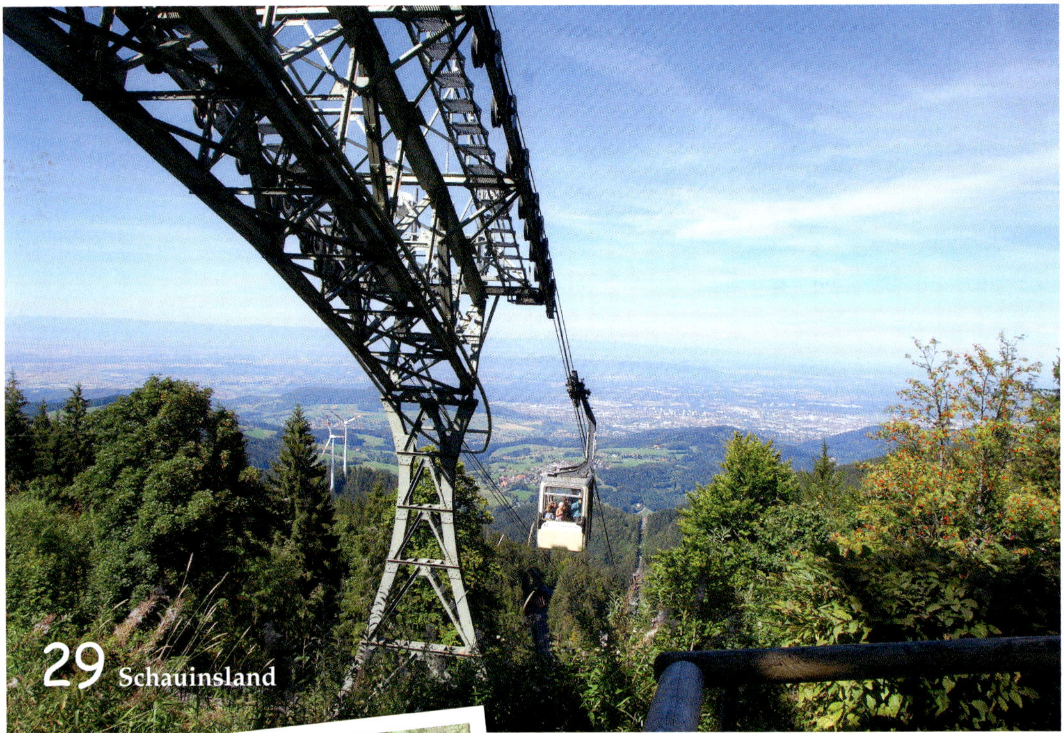

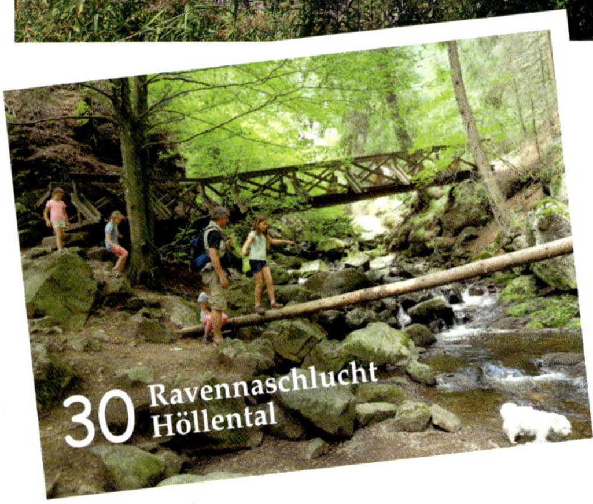

Hochschwarzwald/ Schwarzwald Süd

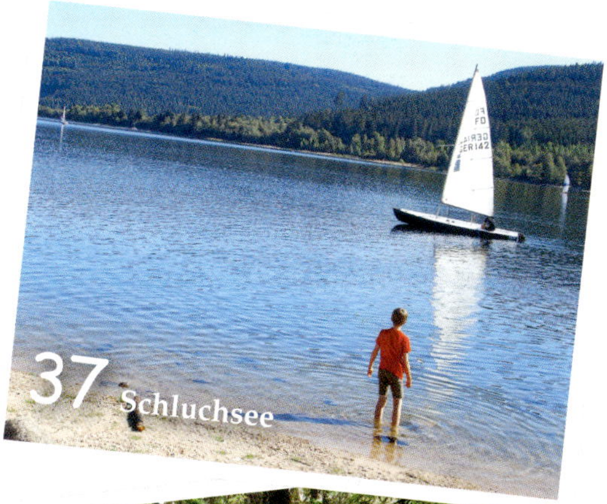
37 Schluchsee

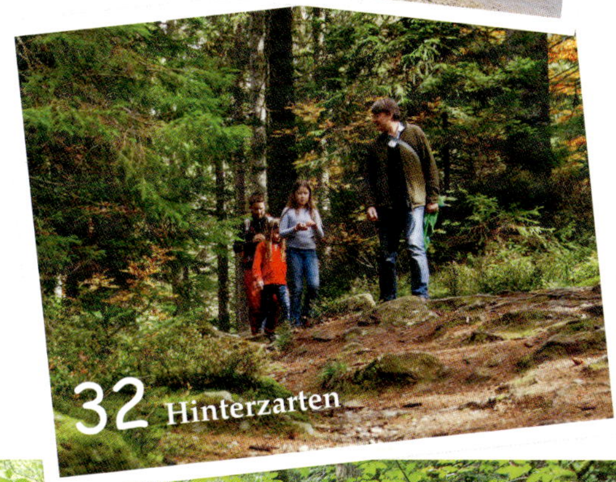
32 Hinterzarten

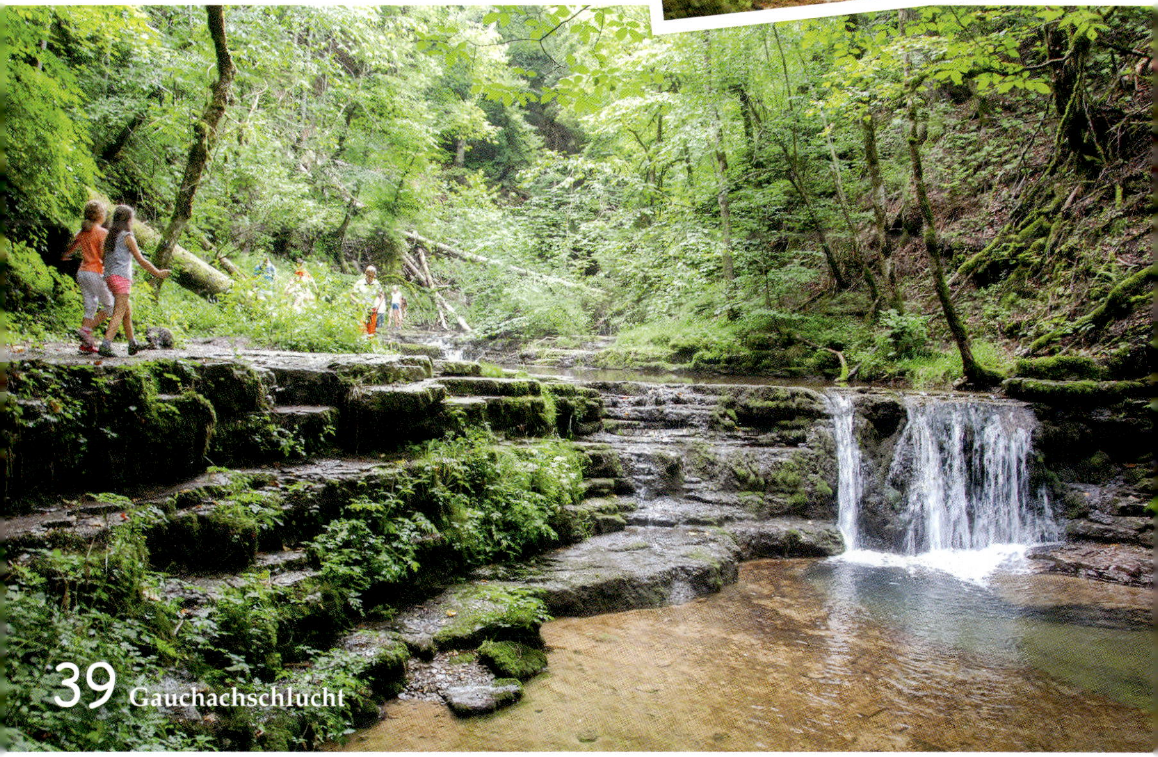
39 Gauchachschlucht

Tourenüberblick

	Tour	Weglänge	Höhenunterschied	Gehzeit	Alter	Laufrad	Kinderwagengeeignet	Einkehr	Tiere	Spielplatz	Besichtigung draußen	Besichtigung drinnen	Baden	Aussicht	Wintergeeignet
1	🔴 Bad Liebenzell – Monbachtal	2,8 km	70 m	1,5 Std.	ab 3			●		●					
2	🔵 Schweinbachtal und Kloster Hirsau	2,2 km	50 m	1 Std.	ab 3			●	●						●
3	🔵 Bad Wildbad – Baumwipfelpfad & Märchenweg	1,3/3,2 km	50 m	1/1,5 Std.	ab 3		●	●		●				●	●
4	🔴 Enzklösterle – Poppelsee	2,2 km	55 m	1,5 Std.	ab 3			●		●					●
5	🔵 Nagoldtalsperre – Eisvogelpfad	600 m	wenige	45 Min.	ab 2		●	●		●			●	●	●
6	🔵 Hallwangen – Barfußpfad	2,4 km	wenige	1,5 Std.	ab 3–4			●		●					
7	🔴 Neubulach – Fledermauspfad	1,3 km	70 m	1,5 Std.	ab 3–4			●		●					
8	🔴 Bad Herrenalb – Felsenpfad	1,8 km	110 m	1,5 Std.	ab 4			●		●			●	●	●
9	🔴 Eyachtal	6 km	65 m	2,5 Std.	ab 3		●	●							●
10	⚫ Baden-Baden – Battert-Rundweg	2,8 km	120 m	2,5 Std.	ab 4–5			●						●	
11	🔵 Baden-Baden – rund um den Merkur	3,5 km	bergab	1,5 Std.	ab 3		●	●	●	●				●	●
12	🔴 Geroldsauer Wasserfall	3 km	75 m	1,5 Std.	ab 3			●							●
13	🔵 Forbach – Glückspfad	4 km	140 m	2 Std.	ab 3		●		●	●					●
14	🔵 Schwarzenbachtalsperre – Seerundweg	3,6 km	wenige	2 Std.	ab 2		●	●					●		●
15	🔴 Baiersbronn – Sankenbachsee & Glasmännlehütte	7/3,3 km	75 m	2,5/1,5 Std.	ab 3–4		●	●	●	●				●	●
16	🔴⚫ Schwarzwaldhochstraße – Luchs- & Wildnispfad	4,5/3,5 km	75 m	2,5/2 Std.	ab 4–5										
17	🔵 Schwarzwaldhochstraße – Mummelsee	1,2 km	wenige	40 Min.	ab 2–3		●	●	●	●				●	●
18	⚫ Schwarzwaldhochstraße – Ruhestein & Wildsee	3,2 km	290 m	2,5 Std.	ab 5			●						●	●
19	🔴 Schwarzwaldhochstraße – Lotharpfad	1 km	75 m	1 Std.	ab 3–4									●	●
20	🔵 Loßburg – Zauberland	500 m	wenige	45 Min.	ab 2–3		●			●			●		●
21	🔴 Wolftal – Glaswaldsee	2 km	140 m	2 Std.	ab 4										●
22	🔵 Gutach – Mit allen Sinnen	2 km	50 m	1,5 Std.	ab 2			●		●				●	
23	🔴 Triberg	2,1 km	120 m	1–2 Std.	ab 3			●	●						●
24	🔵 Schramberg- Waldmössingen	1,4 km	40 m	1,5 Std.	ab 3		●	●	●	●					●
25	🔴 Waldkirch – Ritterweg	2 km	120 m	2 Std.	ab 3		●	●						●	●
26	🔴 Kandel	1 km	25 m	40 Min.	ab 3			●						●	●
27	🔵 Freiburg – Schlossberg	2 km	70 m	1 Std.	ab 3–4		●	●		●				●	●
28	🔵 Staufen	1,4 km	40 m	1,5 Std.	ab 3		●	●						●	●
29	🔵 Schauinsland	3 km	90 m	2 Std.	ab 3–4		●	●		●				●	●
30	🔴 Höllental – Ravennaschlucht	3 km	160 m	2 Std.	ab 3–4			●							●

Weglänge
Höhenunterschied
Gehzeit

Alter
Laufrad
Kinderwagengeeignet
Einkehr

Tiere
Spielplatz
Besichtigung draußen
Besichtigung drinnen

Baden
Aussicht
Wintergeeignet

Tour														
31 ● Hinterzartener Moor	2,4 km	30 m	1 Std.	ab 2		●	●							●
32 ● Hinterzarten – Mathisleweiher	7 km	80 m	3 Std.	ab 3–4		●						●		●
33 ● Titisee – Seeweg	4,4 km	wenige	1 Std.	ab 2		●	●					●		●
34 ● Feldberg – Wichtelpfad	2 km	65 m	1,5 Std.	ab 2			●		●				●	
35 ● Feldberg – ab Rinken	6 km	300 m	3,5 Std.	ab 4–5			●	●	●				●	●
36 ● Todtnau – Wasserfallrundweg	5 km	110 m	1,5 Std.	ab 3–4			●						●	●
37 ● Schluchsee – von Schluchsee nach Aha	5,5 km	wenige	2,5 Std.	ab 3		●	●					●		●
38 ● Schlühüwanapark	2,6 km	55 m	1,5 Std.	ab 2–3		●	●		●			●		●
39 ● Gauchachschlucht	4,4 km	60 m	2 Std.	ab 4–5			●							

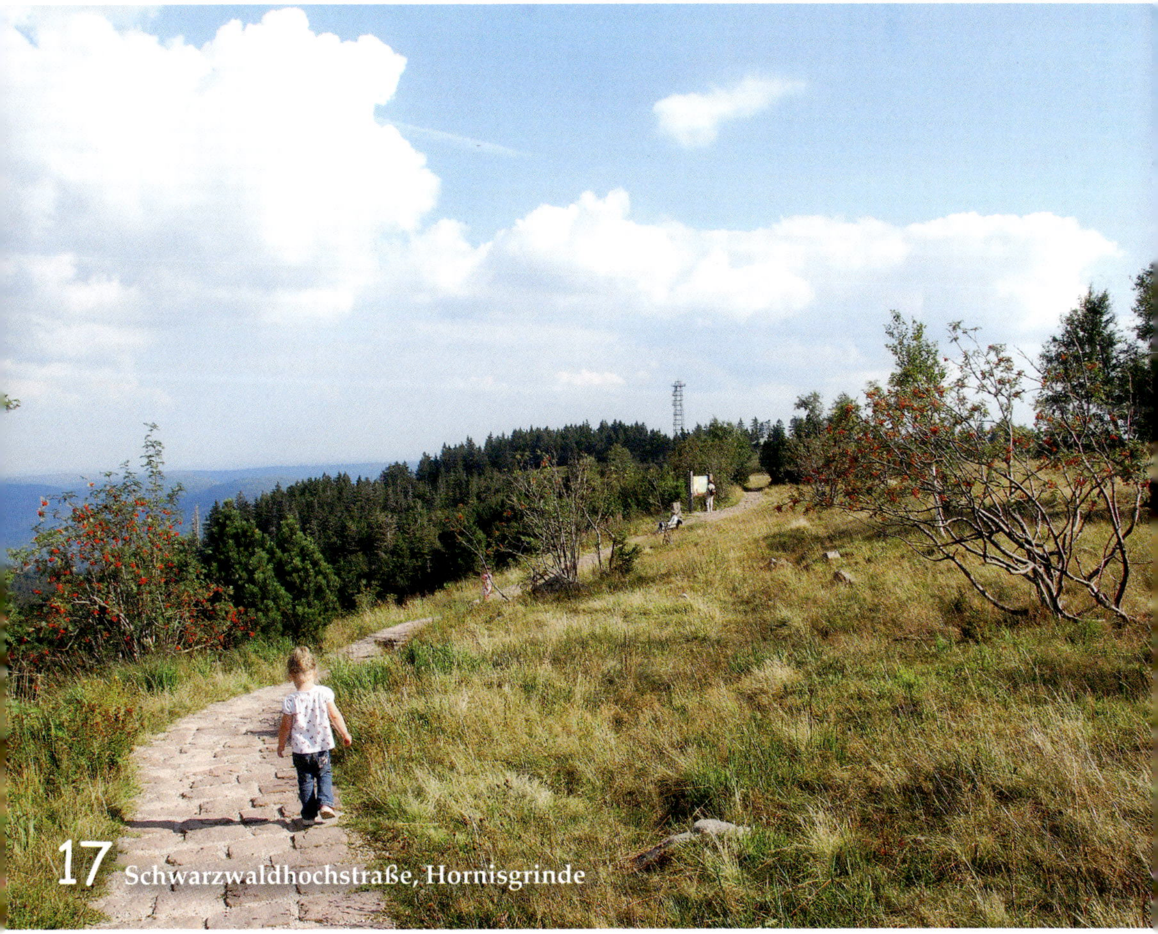

17 Schwarzwaldhochstraße, Hornisgrinde

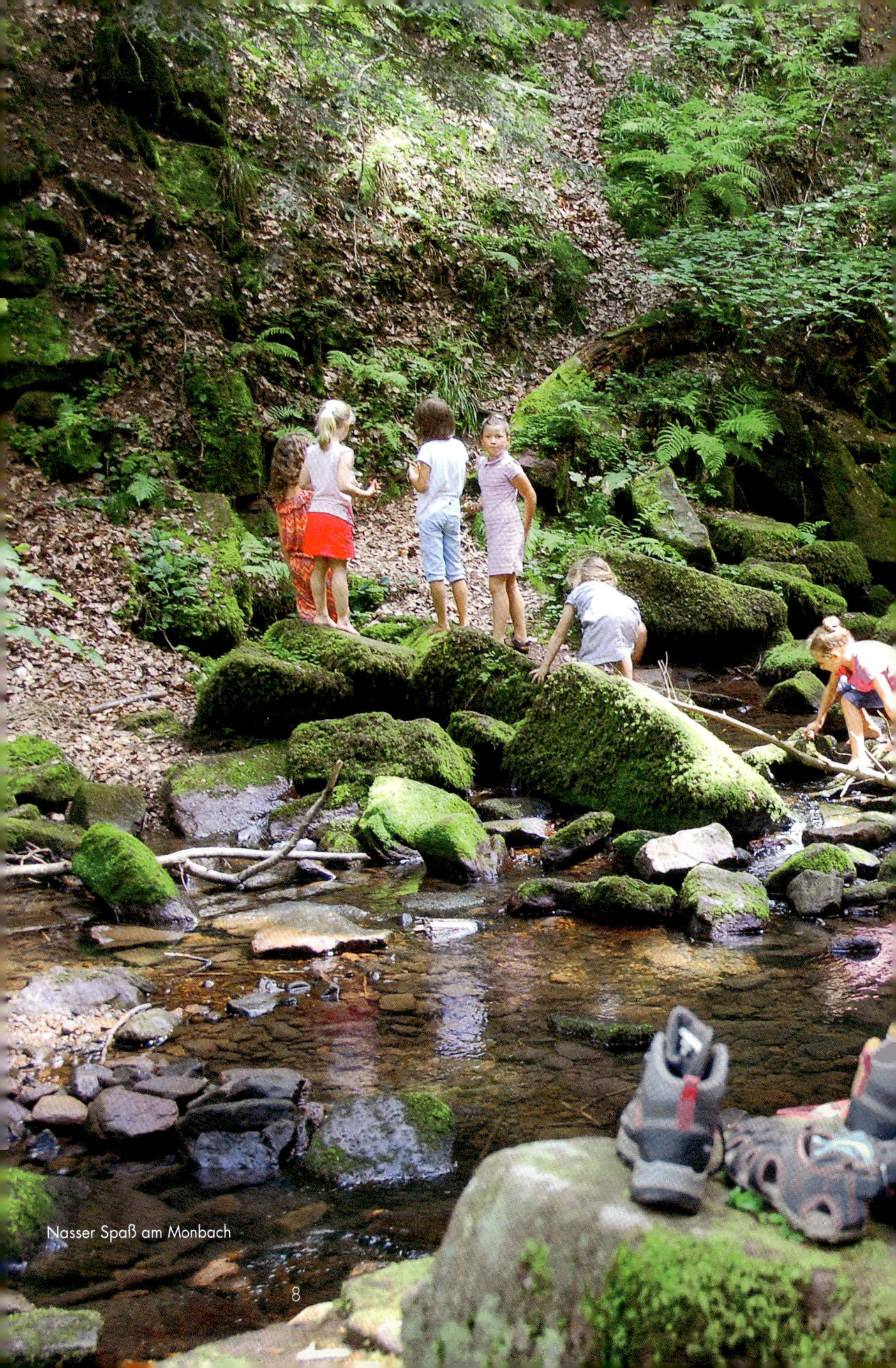

Nasser Spaß am Monbach

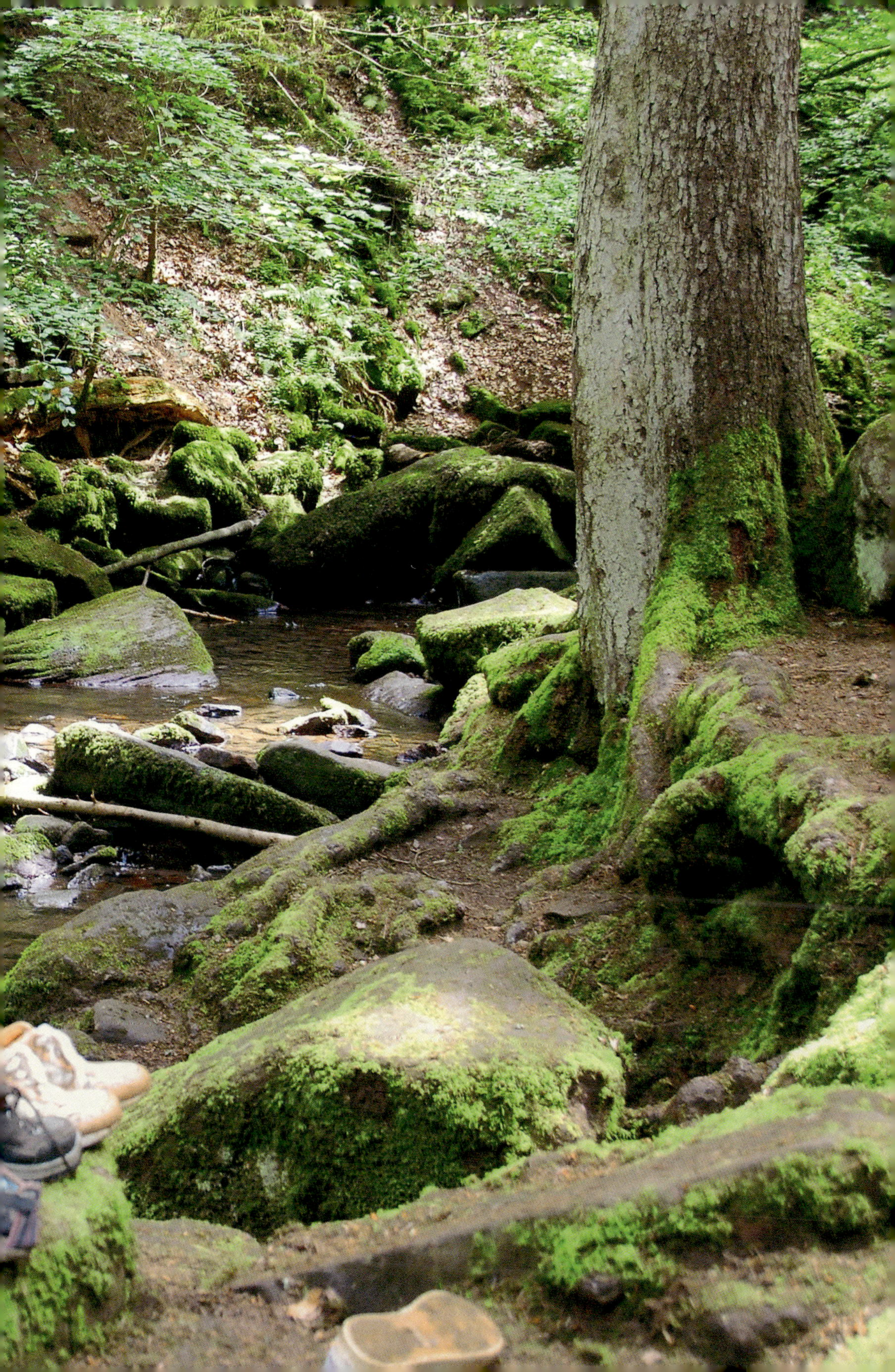

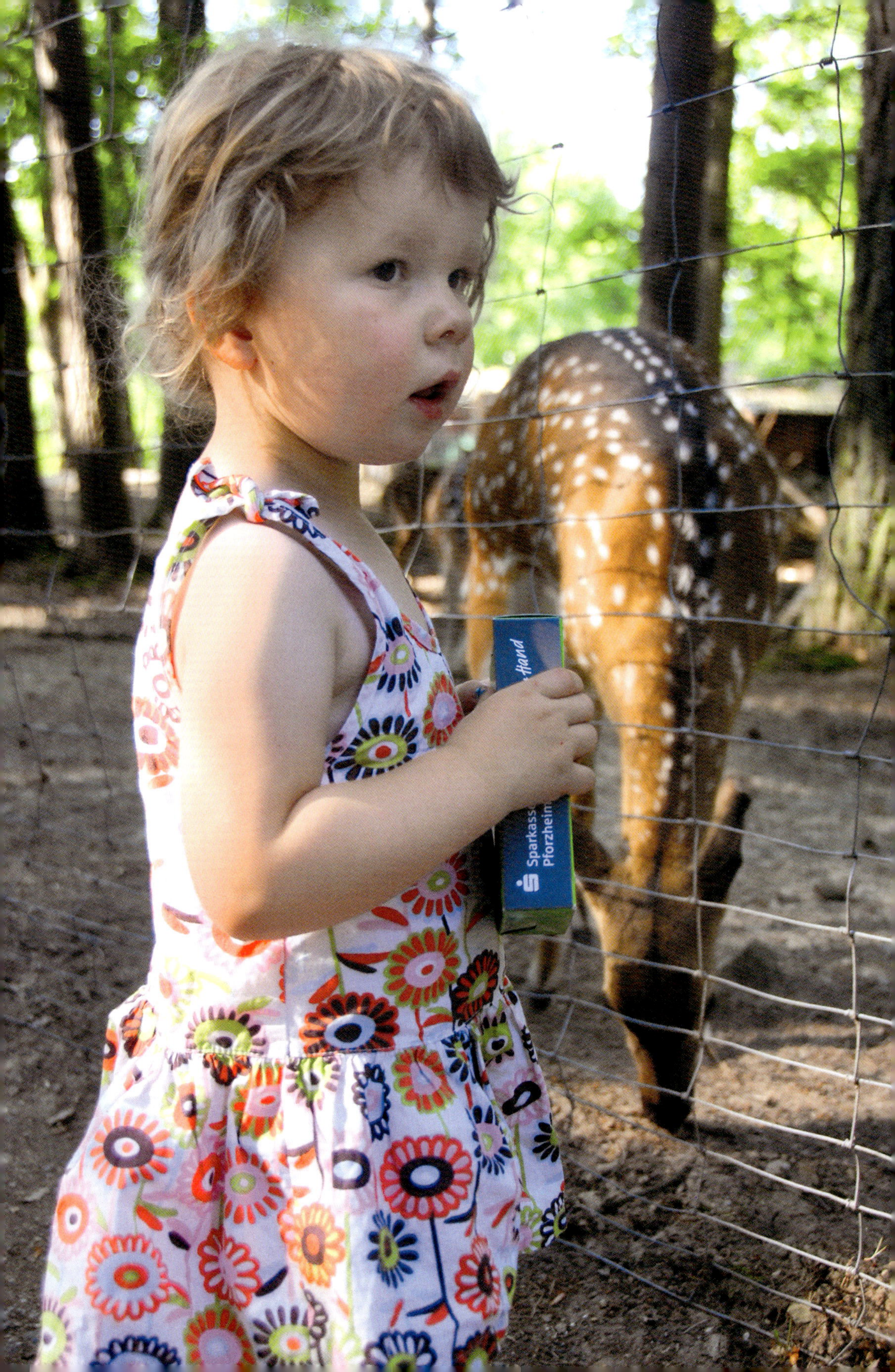

Vorwort

Kurzbeschreibung

Der Schwarzwald erfreut sich als Urlaubsgebiet stetig zunehmender Beliebtheit – und das zu Recht! Er ist eines der schönsten Mittelgebirge Deutschlands und bietet Groß und Klein, Alt und Jung allerlei Erlebenswertes in Form von kleinen Abenteuern, Spaß, Erholung und entspannenden Stunden in der wunderschönen und abwechslungsreichen Natur.
Zur ungefähren Orientierung kann man den Schwarzwald in Nord- und Südschwarzwald einteilen. Für den Nordschwarzwald sind die ausgedehnten Wälder – zumeist Fichte – charak-

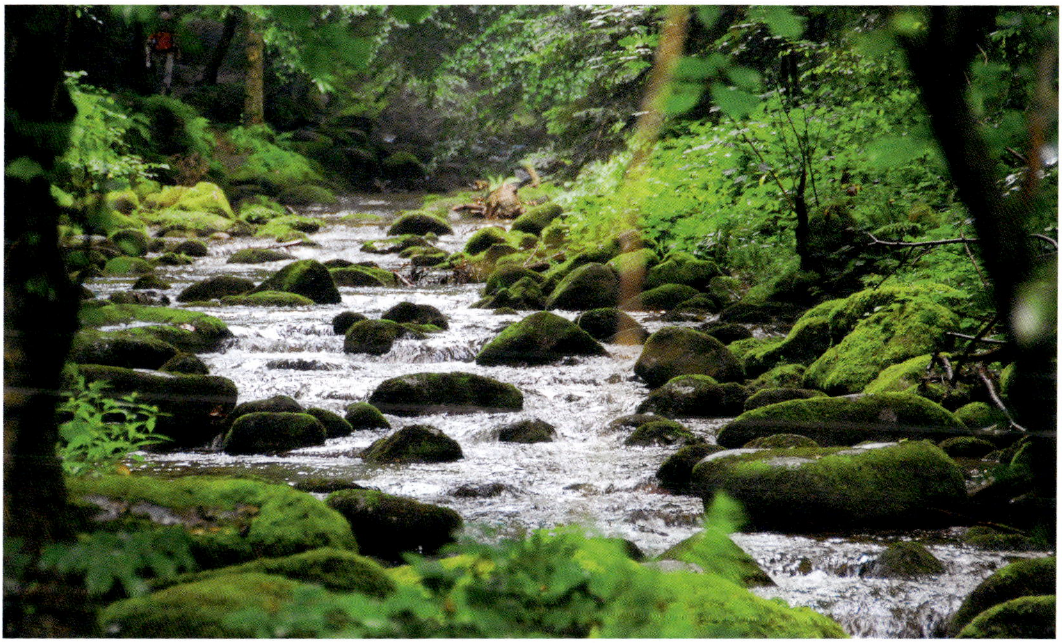

teristisch. Der höchste Berg ist die Hornisgrinde (1163 Meter). Die Hauptattraktion dürften wohl die berühmte Schwarzwaldhochstraße und der Naturpark Schwarzwald Mitte/Nord sein, der drittgrößte Naturpark Deutschlands. Der Südschwarzwald ist rauer, insgesamt höher gelegen und geprägt von Hochebenen, Flusstälern, malerisch gelegenen Bauernhöfen und Weideflächen.

Oben: Am idyllischen Grobbach

Linke Seite: Hat da jemand Hunger?

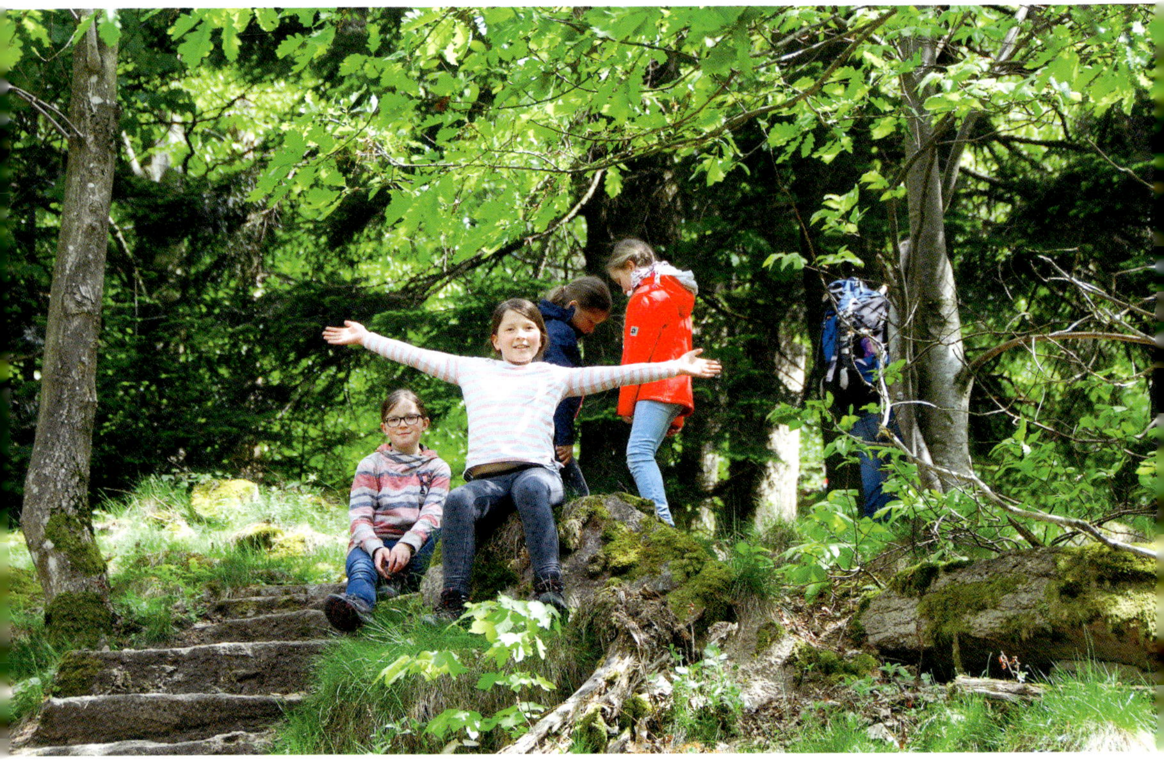

Mit Freunden macht der Battert-Rundweg noch mehr Spaß.

Die Landschaft des Schwarzwalds ist sehr facettenreich und sehenswert. Dieses Buch stellt nur eine Auswahl an Touren vor, die sich für Familien mit kleineren Kindern besonders gut eignen. Ich habe versucht, der Vielfalt, die dieses Mittelgebirge bietet, gerecht zu werden: So gibt es kindgerechte Schluchtenwanderungen, See-Erkundungen, Themenwege, Wald- und Wiesenspaziergänge und vieles mehr.

Kindgerechte Touren

Unserer Erfahrung nach hängt das Durchhaltevermögen und der Spaß am Wandern der Kleinen von verschiedenen Faktoren ab. Erstens, und das funktioniert super zuverlässig: andere Kinder, die mitwandern! Verabreden Sie sich also am besten mit anderen Familien. In einer bunten, lustigen Kindergruppe werden die Füße nicht so schnell müde. Sie können auch das tolle Angebot des Schwarzwaldvereins nutzen. Es gibt zahlreiche Familiengruppen, die Familienwanderungen organisieren, bei denen man auch als Gast teilnehmen kann. Zweitens: Planen Sie nicht zu viel und bleiben Sie offen für die spontanen Entdeckungen am Wegesrand. Das sind oft die tollsten Erlebnisse. Einfach mal auf einen Baumstamm setzen, die Augen schließen und die verschiedenen Waldgeräusche erlauschen. Oder Steine hüpfen lassen, einen Staudamm bauen, Tannenzapfenweitwurf machen, auf einen Baum klettern, auf einem Stamm balancieren, einen Schmetterling beobachten ... damit kann man schon einige Zeit zubringen, ohne „Strecke zu machen". Und falls doch mal die müden Füße plagen, dann hat Mama oder Papa vielleicht ein Überraschungspicknick im Rucksack?

Auch im Herbst ist es schön im Sankenbachtal.

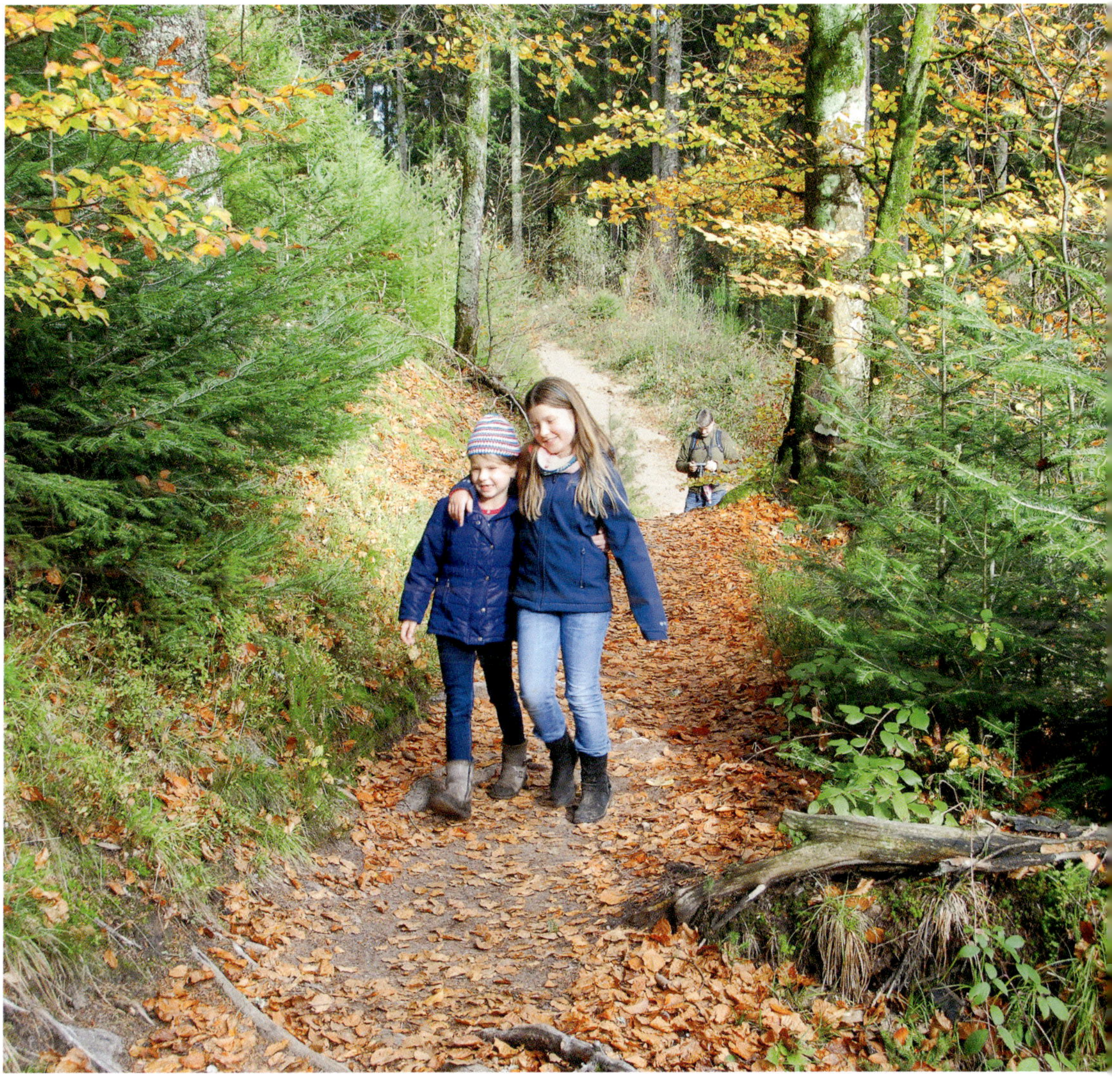

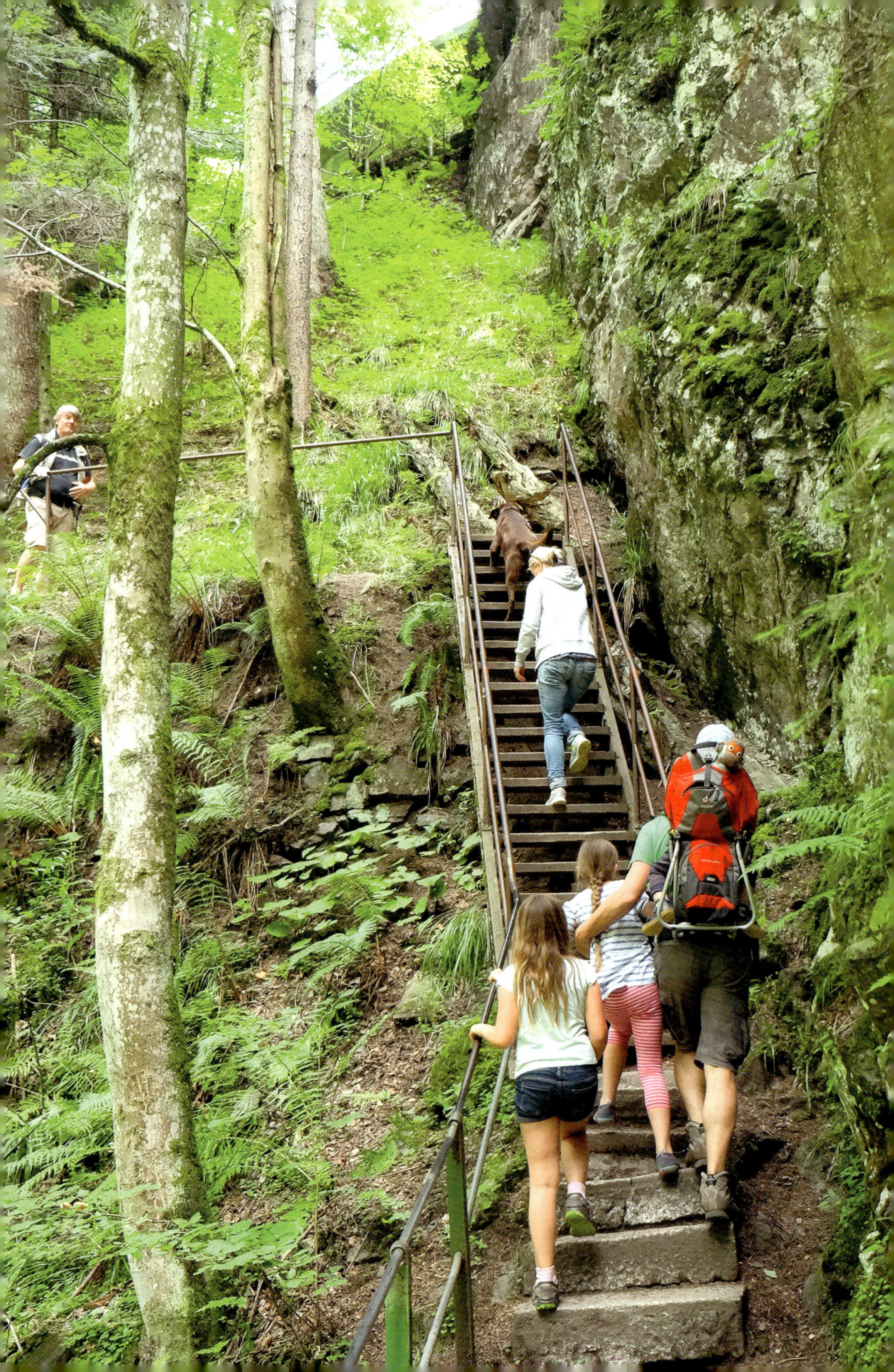

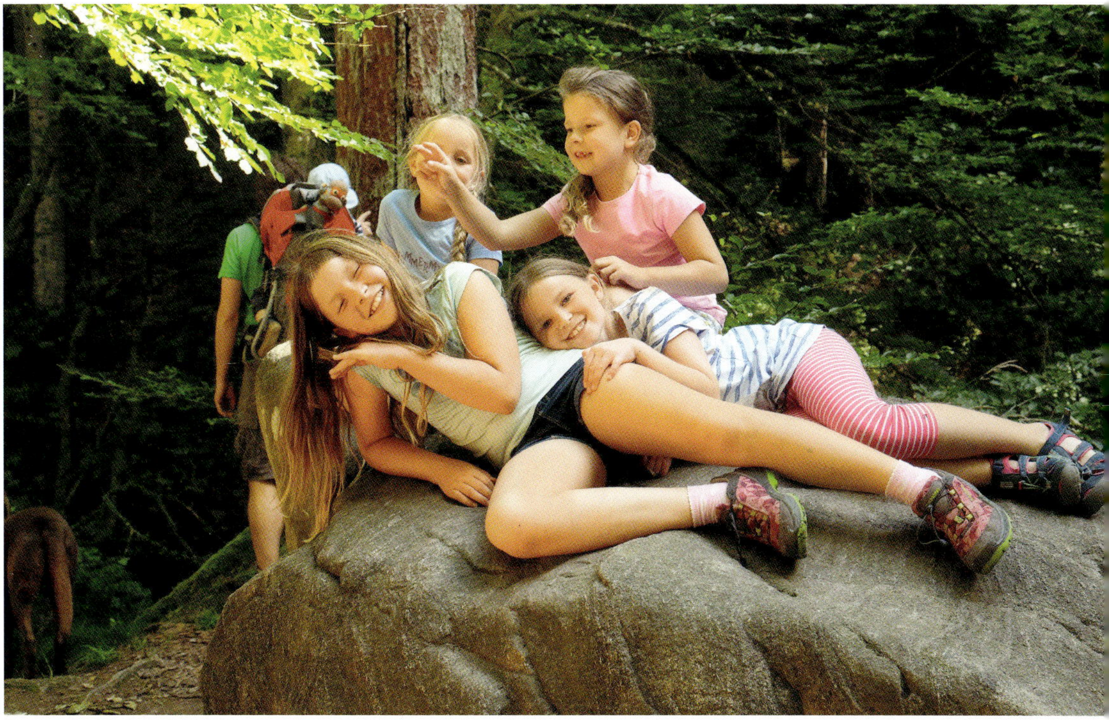

Oben: Bitte lächeln!

Linke Seite: Eine besonders spannende Tour führt durch die Ravennaschlucht.

Tipps zum Buch

Alle Touren sind mit/von Kindern getestet. In der Übersicht finden Sie für jede Tour Angaben zur Schwierigkeit, Länge und eine Altersempfehlung. Letztere soll jedoch nur zur Orientierung dienen: Natürlich ist jedes Kind anders und Sie als Eltern wissen am besten, was Ihr Kind bewältigen kann und was ihm Spaß macht. Die Wegstrecken sind sehr moderat geplant, damit Sie genügend Zeit haben, die Natur zu genießen. Bei fast jeder Tour gibt es Tipps für die nähere Umgebung, falls Sie noch Lust auf weitere Unternehmungen haben.
Die Zeitangaben bei den einzelnen Touren sind ebenfalls Schätzungen. Geht es steil den Berg hinauf oder eben, dafür aber an einem Bach mit vielen Klettersteinen entlang? Es ist nicht immer einfach, mit Kindern Strecke zu machen, denn oft ist die Umgebung viel zu spannend. Setzten Sie sich nicht unter Druck: Dann wird aus einer Wanderung eben ein Ausflug in die Natur.

Viel Spaß und viele schöne Erinnerungen!
wünscht Ihnen
Veronika Beyer

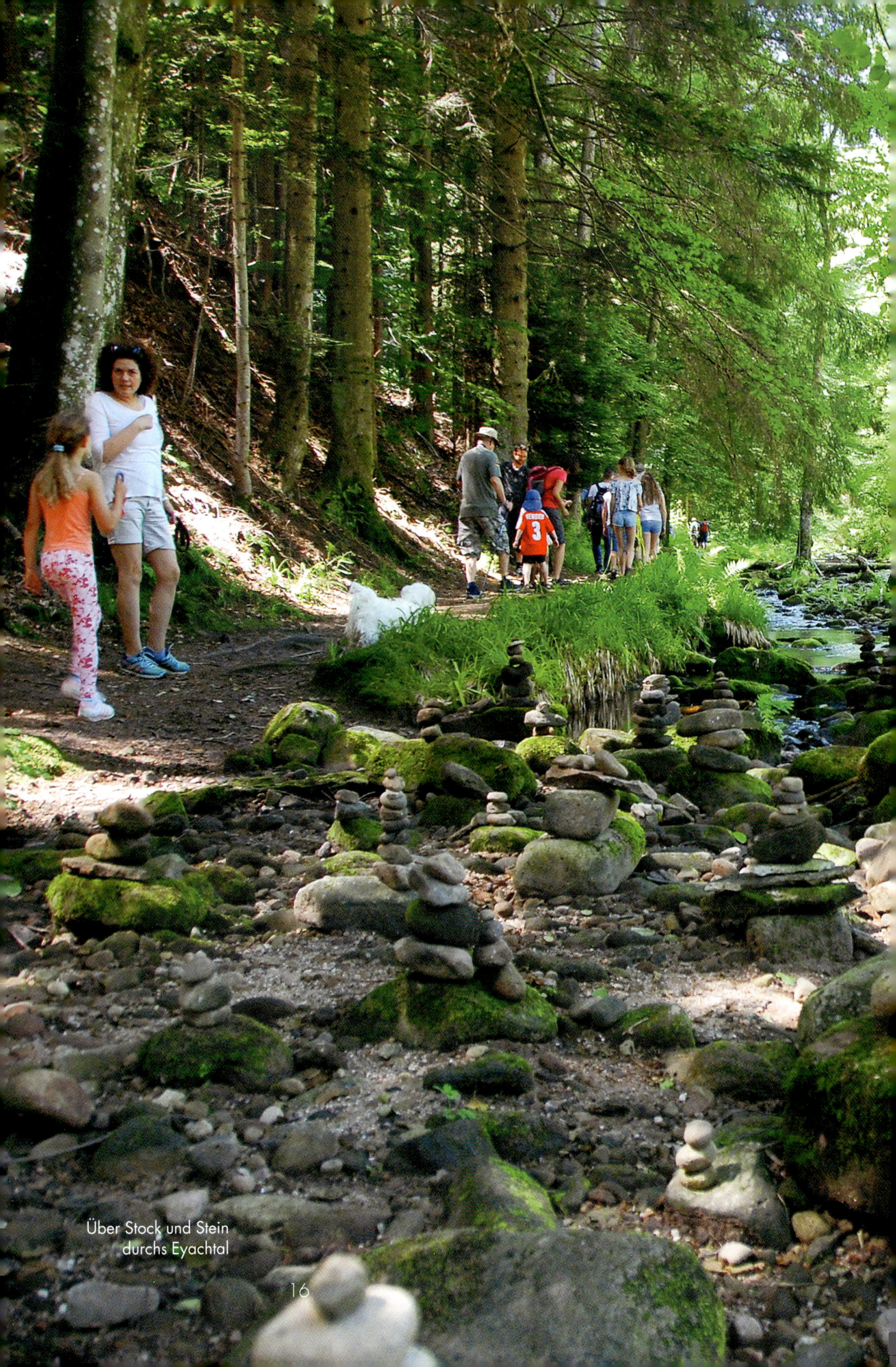

Über Stock und Stein
durchs Eyachtal

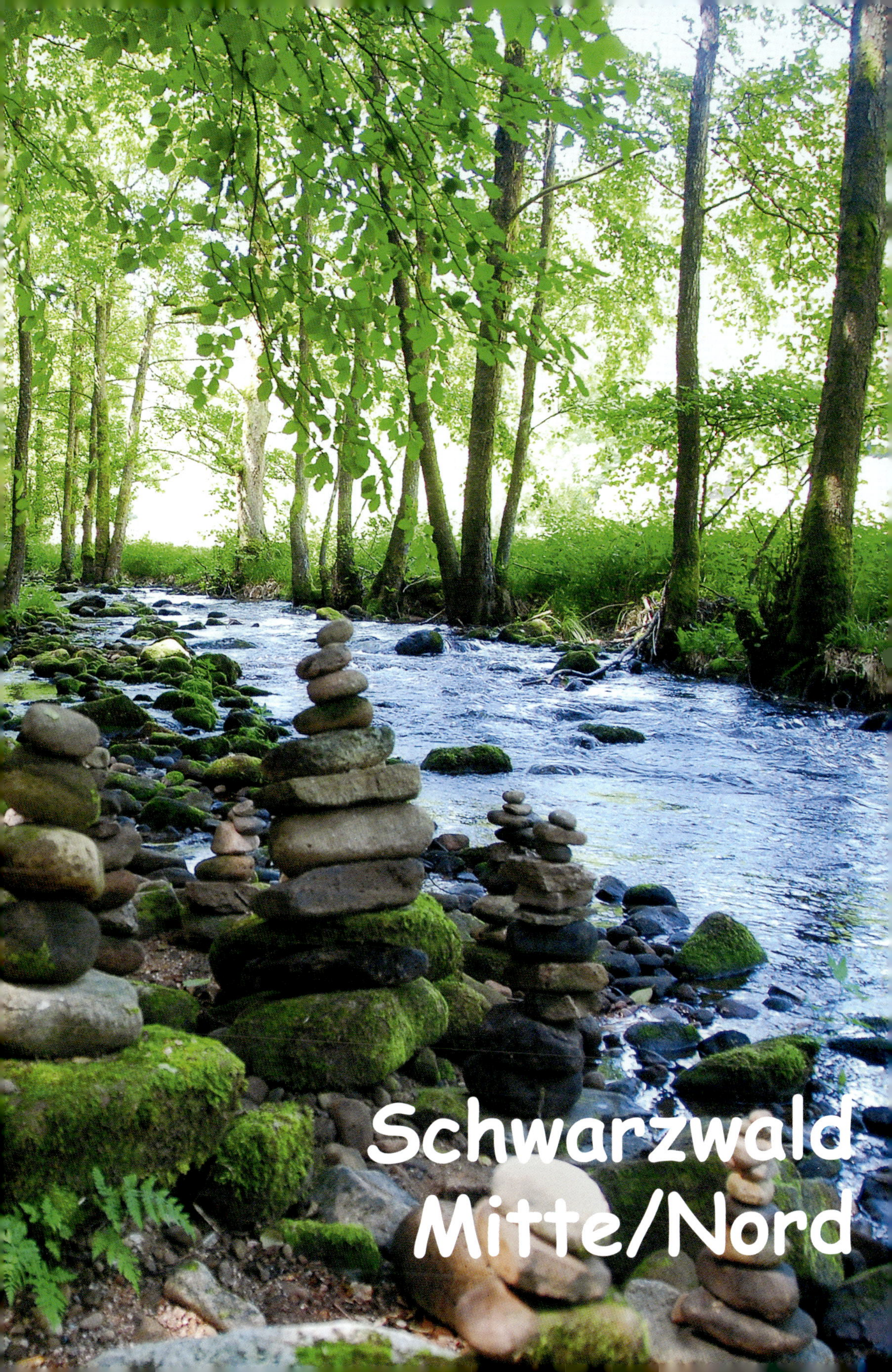
Schwarzwald
Mitte/Nord

1 Bad Liebenzell - Monbachtal

Perfekt für heiße Sommertage

mittel	2,8 km	70 m	1,5 Std.

Tourencharakter
schmale Waldwege, Holzstege und -brücken

Geeignet für
Kinderfüße ab 3 Jahren, Kraxe/Tragetuch

Anfahrt
Über die B463, hinter Bad Liebenzell ausgeschildert; ÖPNV: RB Haltestelle Monbach-Neuhausen (Achtung: nur Bedarfshaltestelle), siehe www.bahn.de

Navi
Im Monbachtal 1,
75378 Bad Liebenzell

Ausgangspunkt
Wanderparkplatz Monbachtal

Einkehr
Cafe Monbach, im Sommer Mo–Fr 13–18 Uhr, Sa–So 12–18 Uhr, jedoch wetterabhängig

Wunderbar schattige Wanderung – perfekt für heiße Sommertage. Es geht im Tal immer sehr idyllisch am Wasser entlang. Die Kinder werden das Monbachtal lieben: tolle Klettersteine, Balancier-Baumstämme, geheimnisvolle Wurzelhöhlen und ganz viel Wasser! Anschließend wartet ein gemütliches Café mit Spielplatz.

Das Monbachtal befindet sich etwa zwei Kilometer nordöstlich vom Kurort Bad Liebenzell. Es gibt eine 7,5 Kilometer lange Rundwanderung, die man am besten in Liebenzell/Monakam beginnt. Für die kleinen Mäuse reicht eine Tour zur Rolf-Hammann-Hütte aber völlig aus, schließlich muss ja auch noch genügend Zeit zum Spielen bleiben. Wir starten also am Wanderparkplatz und gehen am Kiosk vorbei, folgen der Beschilderung Richtung Monbachtal und passieren das Café Monbachtal. Dann bleiben wir auf der Straße Im Monbachtal und spazieren vorbei am Spiel- und Sportplatz, bis es rechts in den Wald und in die Monbachschlucht hineingeht.

Julia: »Wir haben kleine Holzboote schwimmen lassen. Das hat Spaß gemacht.«

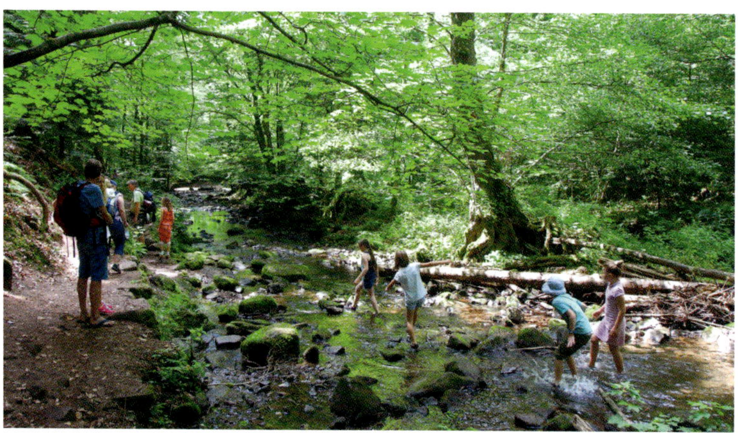

Wasserspaß garantiert

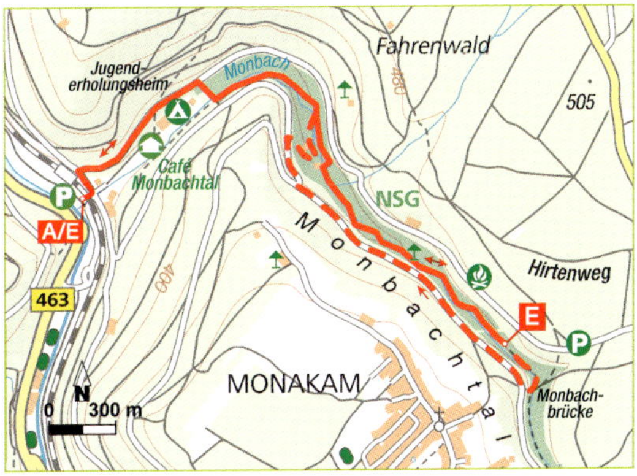

»Schlucht« ist vielleicht ein wenig zu viel gesagt, aber es ist ein sehr reizvolles schmales Flusstal mit Felsen und steilen Hängen rechts und links des Monbachs, der ein Nebenfluss der Nagold ist. Jetzt geht es immer am Bach entlang und manchmal auch darüber hinweg, daher empfiehlt es sich, Wechselkleidung mitzunehmen. Feste Schuhe mit griffiger Sohle sind ebenfalls ratsam, denn man muss das eine oder andere Mal auf Steinen balancierend den Monbach überqueren. Immer wieder gibt es kleine Wasserfälle zu bestaunen und man trifft auf Gumpen, große bemooste Steine und Felsen sowie auf tolles Wurzelwerk – ideal zum Herumklettern. Nach einem guten Kilometer erreichen wir den Jugendzeltplatz. Von hier wandern wir weiter am Bach entlang und gelangen nach einem halben Kilometer zur Rolf-Hammann-Hütte – ein guter Rastplatz mit Grillmöglichkeit. Dies ist zugleich der Endpunkt der Kurzversion dieser Wanderung für kleine Kinderfüße. Zurück geht es auf demselben Weg, und vielleicht halten wir noch auf ein Eis im Café Monbachtal. Wer tatsächlich den 7,5 Kilometer langen Rundweg gehen möchte, der marschiert zunächst weiter, biegt dann Richtung Monakam ab und geht rechts auf dem Hahlenweg, also oberhalb der Monbachschlucht, zurück zum Ausgangspunkt.

Wissenswert

Die hier beschriebene Tour folgt übrigens dem Ostweg, einem der Hauptfernwanderwege im Schwarzwald.

Anna: »Der Heidelbeerkuchen war so lecker!«

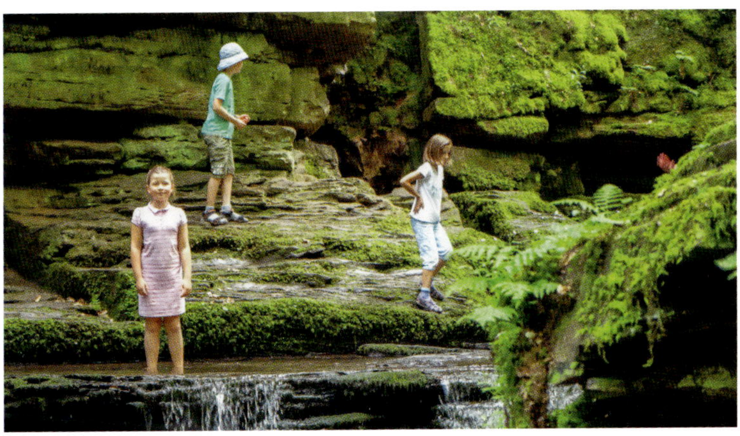

Schön kühl – perfekt für heiße Tage

2 Schweinbachtal und Kloster Hirsau

Natur und Kultur

leicht | 2,2 km | 50 m | 1 Std.

Tourencharakter
Waldwege und -pfade

Geeignet für
Kinderfüße ab 3 Jahren, Kraxe/Tragetuch

Öffnungszeiten
Die Klosterruine ist frei zugänglich

Anfahrt
Über die B 296

Navi
Wildbader Straße 7, 75365 Calw

Ausgangspunkt
Parkplatz an der B 296 gegenüber vom Kloster

Einkehr
Café im Kloster, Klosterhof 7, 75365 Calw, Di–So 12–19 Uhr

Bei diesem tollen Spaziergang auf schmalem Pfad entlang des Schweinbachs genießen wir den schönen Wald und die Natur im idyllischen Flusstal. Anschließend gilt es die spannende Klosterruine von St. Peter und Paul zu entdecken. Beim Durchstöbern der alten Mauern bekommt man einen Eindruck vom Leben anno dazumal und kann sich anschließend im gemütlichen Klostercafé bei einer heißen Schoki mit Sahnehäubchen erholen.

An der B 296, die direkt an der Klosteranlage vorbeiführt, gibt es einige Parkplätze. Von hier müssen wir leider ein Stückchen die Straße entlang, bevor wir links in die Bärentalstraße abbiegen können. Dieser folgen wir am Firmengelände der Firma Seuffer vorbei, bis die Straße in einen schmalen Waldpfad mündet. Wir spazieren, den Schweinbach zur Linken, in den Wald und tauchen ein in die moosig-geheimnisvolle Welt dieses kleinen Seitentals der Nagold. Nach etwa einem halben Kilometer kommen wir zu einem Brunnen und einem kleinen Rastplatz – eine nette Möglichkeit, um in dieser traumhaften Natur zu verweilen. Kurz nach dem Rastplatz erreichen wir eine Wegkreuzung, an der wir uns rechts halten, über die Holzbrücke und dann direkt am Bach entlanggehen. Wenige hundert Meter weiter überqueren wir abermals den Schweinbach und folgen dem Pfad im Zickzack bis auf den oberen breiten, geschotterten Waldweg. Hier wandern

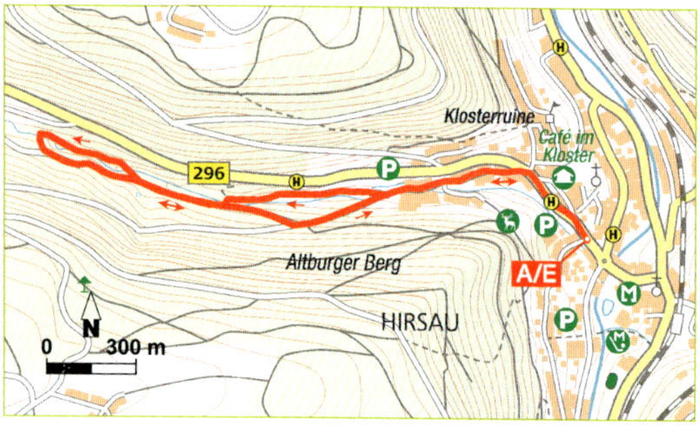

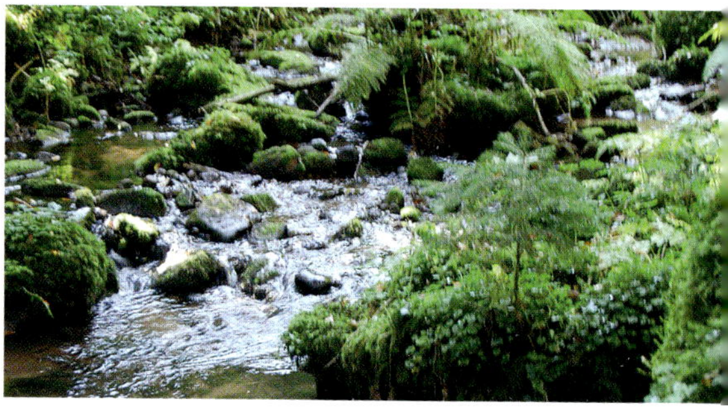

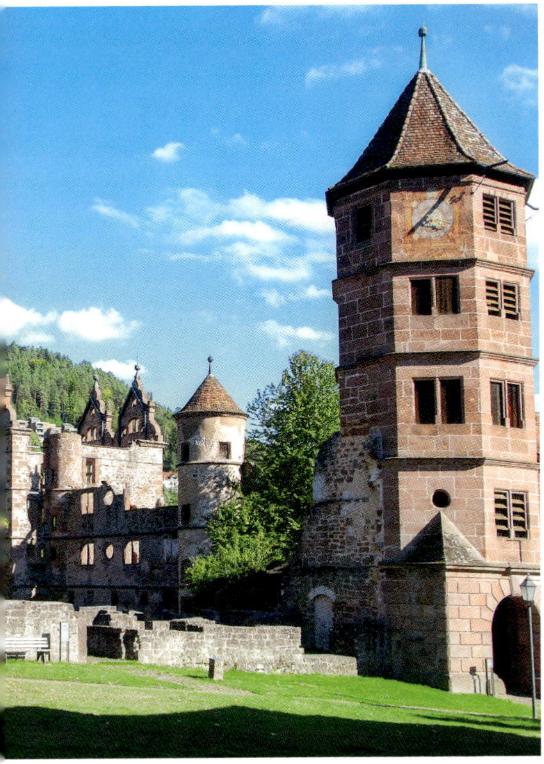

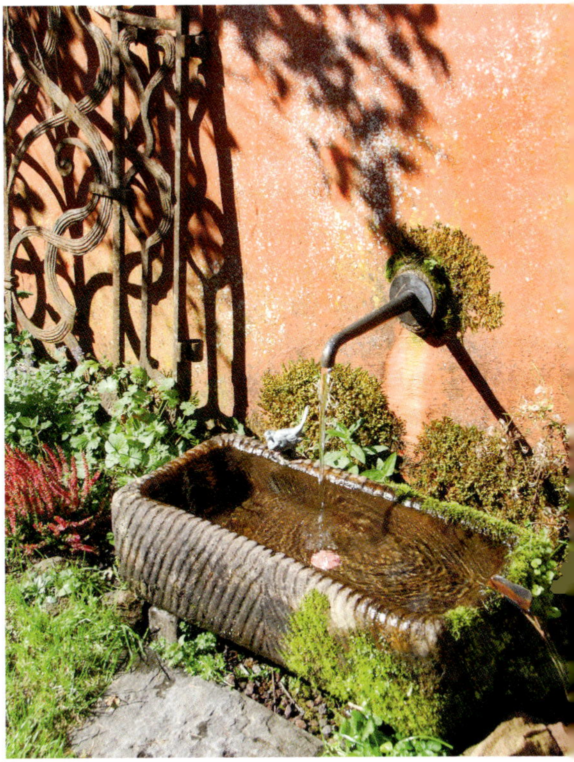

wir nach links, halten uns am Wasserhäusle erneut links und kommen so zurück zum Ausgangspunkt. Erst Natur, dann Kultur! Wir erreichen wieder die Klosteranlage, und wer möchte, kann diese noch besichtigen. Sie ist frei zugänglich und auch für die Kinder sehr spannend. Das Kloster Hirsau, ein ehemaliges Benediktinerkloster, gehörte einst zu den bedeutendsten Klöstern in Deutschland. Im Jahr 1692 brannte die auch für damalige Verhältnisse riesige Anlage aus und verfiel nach und nach. Heute ist es alljährlich Bühne für den Hirsauer Klostersommer, ein Kulturfestival der Extraklasse. Die Kinder möchten noch ein wenig toben? Kein Problem, im Kurpark gibt es einen netten Spielplatz mit Nestschaukel, Wippe, Rutsche und gemütlichen Bänken im Schatten für die Eltern. Dorthin gelangt man, wenn man von der Klosteranlage Richtung Kreisel spaziert und weiter über die Nagoldbrücke. Gleich hinter der Brücke geht es rechts in den Kurpark und an der Nagold entlang zum Spielplatz.

Oben links: Das ehemalige Benediktinerkloster gehörte einst zu den bedeutendsten in Deutschland.

Oben rechts: Schöne Entdeckungen am Wegesrand

Linke Seite: Der Schweinbach ist ein Nebenfluss der Nagold.

Kultur pur

Die Stadt Calw bietet spezielle Klosterführungen für Kinder an. Anmeldung, Termine und weitere Infos unter: www.calw.de/kinderführungen

3 Bad Wildbad – Baumwipfelpfad und Märchenweg

Ein märchenhaftes Vergnügen

leicht	1,3 km/ 3,2 km	50 m	1 Std./ 1,5 Std.

Tourencharakter
Breite Waldwege, Holzbohlen

Geeignet für
Kinderfüße ab 3 Jahren, Kinderwagen oder Kraxe/ Tragetuch
Achtung: Hunde sind am Baumwipfelpfad nicht erlaubt!

Öffnungszeiten
Siehe aktuelle Zeiten unter www.bad-wildbad.de/ sommerbergbahn

Preise
Sommerbergbahn: Kinder bis 6 Jahre frei, Erwachsene 4 € (einfach), Familienticket 10 € (einfach); Baumwipfelpfad: Kinder 6–14 Jahre 9 €, Erwachsene 11 €

Anfahrt
ÖPNV: mit der S 1, Haltestelle Sommerbergbahn

Ausgangspunkt
Talstation Sommerbergbahn

Spannende, sehr abwechslungsreiche Wanderung am schönen Sommerberg. Zunächst geht es mit der Sommerbergbahn hinauf und dann über den Baumwipfelpfad mit seinen vielen Spiel- und Entdeckungsstationen zum Startpunkt des Märchenwegs, auf dem man der Geschichte des Kohlemunk-Peters folgt. Man kann natürlich auch nur einen der beiden Themenwege wandern.

Baumwipfelpfad

Wir beginnen an der Talstation der Sommerbergbahn in Bad Wildbad. Die Standseilbahn mit einer Steigung von bis zu unglaublichen 53 % bringt uns bequem hinauf zum Sommerberg. Es gibt auch einen Fußweg (ausgeschildert), der mit kleinen Kindern oder Kinderwagen aber nicht zu empfehlen ist. Oben angekommen folgen wir der Beschilderung zum Baumwipfelpfad. Auf einem Holzbohlenweg, der auch für Kinderwägen geeignet ist, spaziert man zwischen den Baumkronen in einer Höhe von bis zu 18 Metern. Verschiedene Spiel- und Wissensstationen machen den Pfad zu einem Erlebnis für Groß und Klein. Immer wieder hängen Futterhäuschen rechts und links des Geländers: Wenn man ganz ruhig ist, kann man hier verschiedene Waldvögel beobachten, und mit etwas Glück auch ein Eichhörnchen, das sich am Futterspender bedient. Am Ende des Baumwipfelpfads wartet ein riesiger Aussichtsturm, dessen Höhe wirklich beeindruckend ist – besonders von oben! Wer möchte, kann von dort hinunterrutschen, denn es gibt eine abenteuerliche 55 Meter lange Röhrenrutschbahn, die einen wieder zurück auf den Boden bringt. Die Rutsche ist allerdings nur für Kinder ab 6 Jahren erlaubt. Selbstverständlich führt auch ein kinderwagengerechter Weg wieder hinab.

Julia: »Wir haben ein Eichhörnchen gesehen.«
Anna: »Ich hab's zuerst gesehen!«

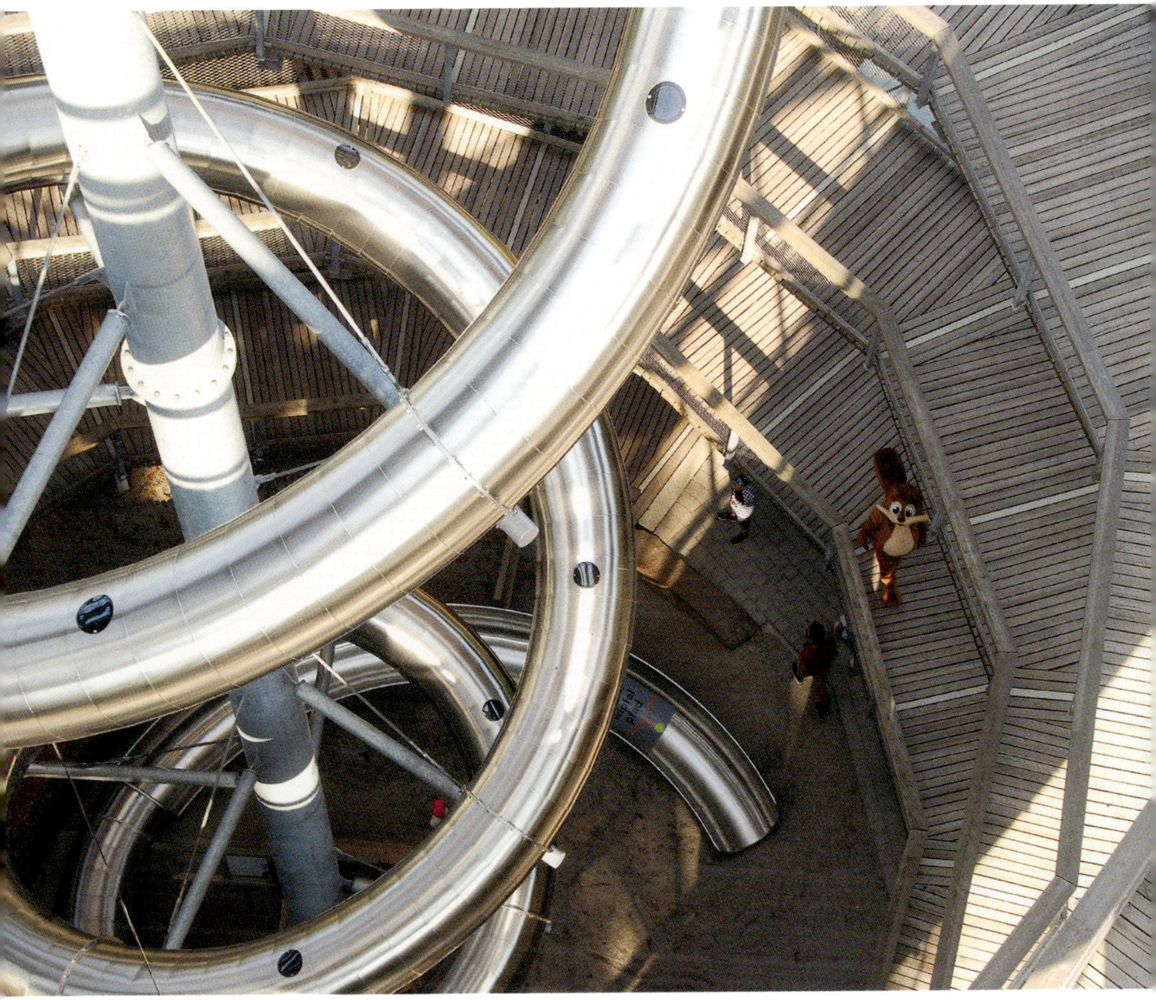

Märchenweg

Wo ist das Eichhörnchen?

Vis-á-vis vom Ausgang des Baumwipfelfads befindet sich der Startpunkt zum Märchenweg – ein großes Holzschild weist darauf hin. Am Eingang stehen drei Figuren aus Blech: das Glasmännlein, der Kohlenmunk-Peter und der Holländer-Michel. Ein paar Meter weiter kann man sich die traditionsreiche Geschichte dazu erzählen lassen. Man muss ordentlich an einer Kurbel drehen und schon geht's los! Die vielen Sagen und Geschichten rund um den Schwarzwald inspirierten den Schriftsteller Wilhelm Hauff zu seinem Kunstmärchen »Das kalte Herz«, in dem der aus einer armen Köhlerfamilie stammende Peter auf der Suche nach dem Glück in falsche Hände gerät. Auf dem Märchen-

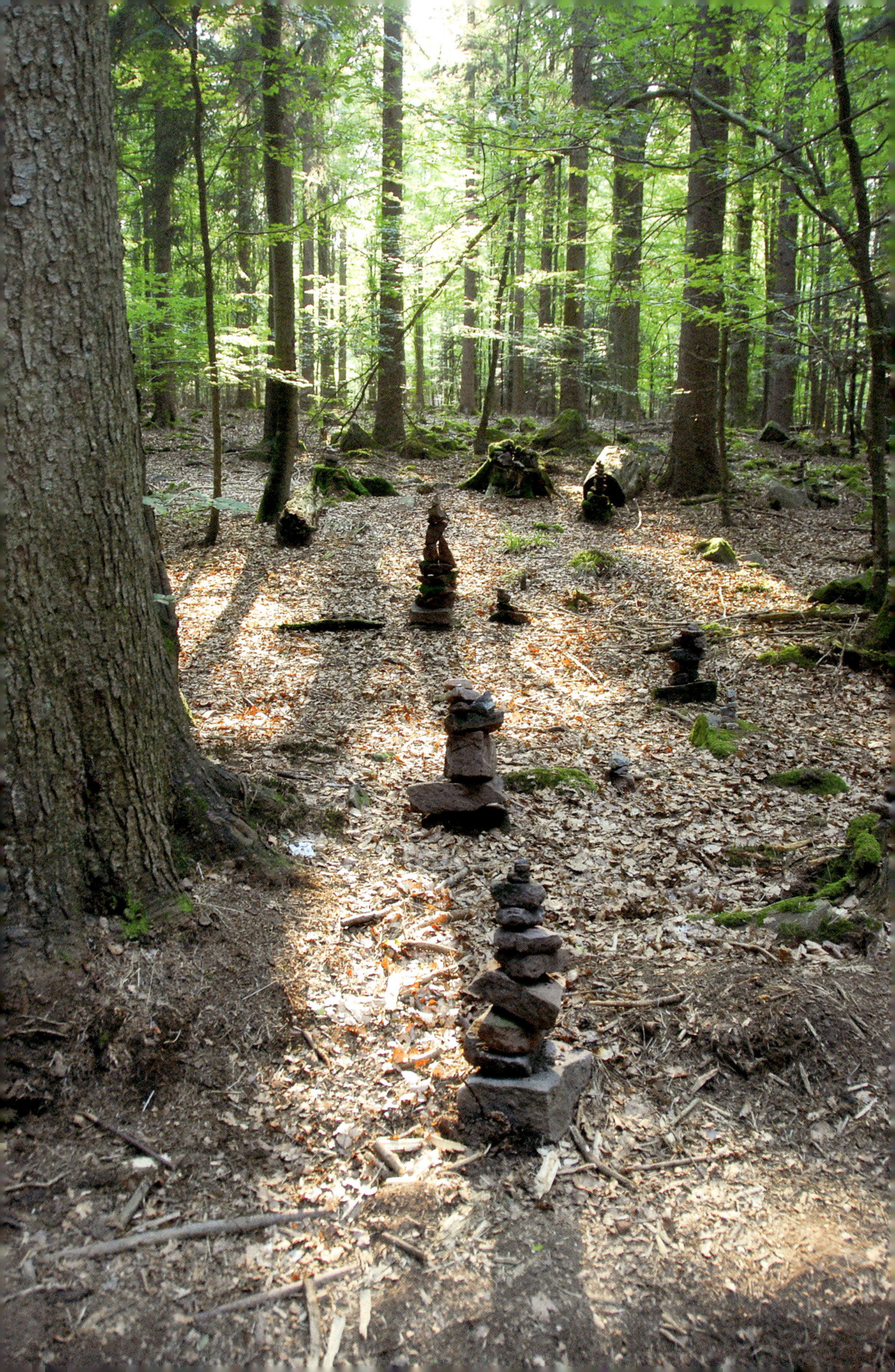

weg lernen wir die Hauptfiguren kennen und erfahren zudem Wissenswertes über die Köhlerei, die Flößerei und die Glasbläserei, die den Schwarzwald stark geprägt haben und auch im Märchen eine wichtige Rolle spielen. Man kann den Märchenweg gut mit dem Baumwipfelpfad kombinieren – ein schöner und abwechslungsreicher Ganztagesausflug, den man möglichst unter der Woche angehen sollte, da es an sonnigen Wochenenden recht voll werden kann. Wenn man sich nur einen der beiden Themenwege vornimmt, ist es ein schöner Nachmittagsausflug.

Hochgefühl!

Neben zahlreichen tollen Rundwanderungen bietet der Sommerberg eine weitere Attraktion: die WILDLINE-Hängebrücke, ein luftiges Erlebnis in 60 m Höhe (Eintritt Erwachsene: 9 €, Kinder 6–14 Jahre 7 €)

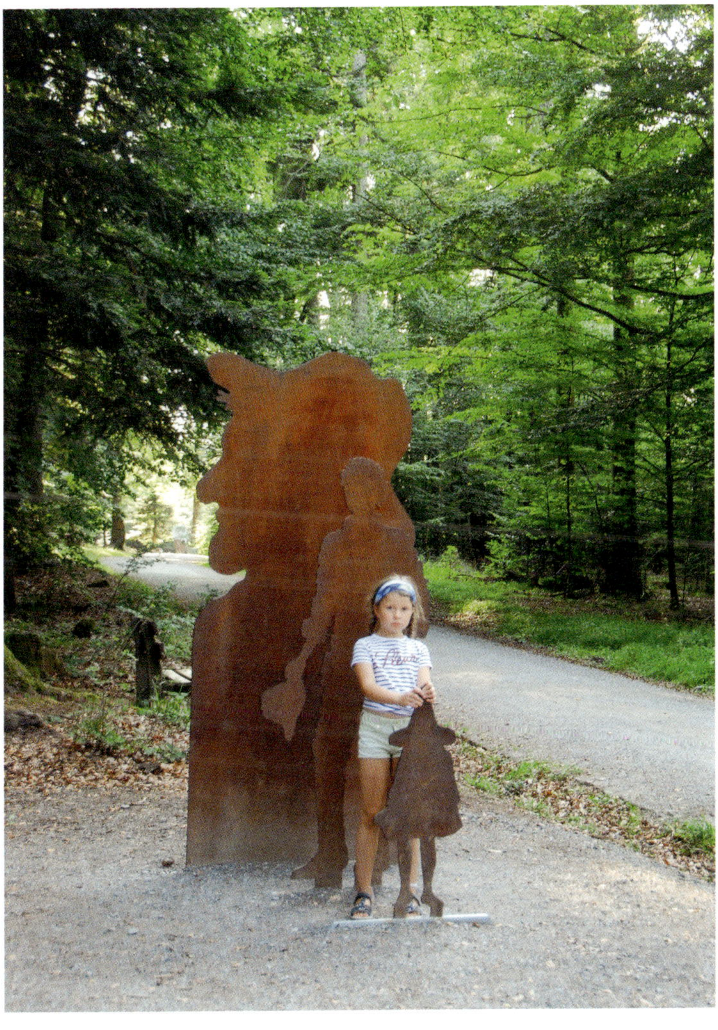

Linke Seite: An drei Stellen können die Kinder parallel zum Hauptweg auf dem Glasmännleinpfad alleine auf Entdeckungstour gehen.

Links: In der Geschichte »Das kalte Herz« geht es darum, wie wichtig es ist, das Herz am rechten Fleck zu haben.

4 Enzklösterle – Poppelsee

Picknick am verwunschenen See

mittel | 2,2 km | 55 m | 1,5 Std.

Tourencharakter
Schmale Waldwege

Geeignet für
Kinderfüße ab 3 Jahren, Kraxe/Tragetuch

Öffnungszeiten
In der Saison tägl. 10–18.30 Uhr, Mo Ruhetag; siehe aktuelle Zeiten unter www.riesenrutschbahn.de

Fahrpreise
Sommerrodelbahn: Ein Erwachsener mit einem Kind unter 8 Jahren 5,50 € (eine Fahrt)

Anfahrt
B 294 und dann Richtung Enzklösterle/Poppeltal abbiegen

Ausgangspunkt
Talstation Sommerrodelbahn

Einkehr
Kiosk (parallel zur Sommerrodelbahn geöffnet)

So stellt man sich den Schwarzwald vor: moosig duftender Waldboden, hohe Tannen und Fichten, dichtes Wurzelwerk und ein plätschernder Bach. Da läuft es sich wie von selbst zum Poppelsee, einem ehemaligen Flößerstausee, den man auf einem spannenden Waldpfad umrunden kann. Anschließend locken die Sommerrodelbahn und kleine Attraktionen wie ein Karussell, ein Trampolin und Elektrofahrzeuge, die man gegen geringe Gebühr nutzen darf.

Vom Parkplatz aus folgen wir einfach der Beschilderung zur Sommerrodelbahn. Zwischen Kassenhäuschen und Kiosk hindurch geht es in Richtung Wald, bis man auf einen Waldweg gelangt, der zunächst ganz schön steil bergauf führt. Nach wenigen Metern erreichen wir aber schon eine beschilderte Kreuzung, an der wir uns links halten und immer am Bach entlang in Richtung Poppelsee spazieren. Der Wald ist wirklich wunderschön, da stört auch die nahe Straße nicht. Verschiedene Moosarten bedecken den Waldboden so dicht wie eine Decke, von manchem

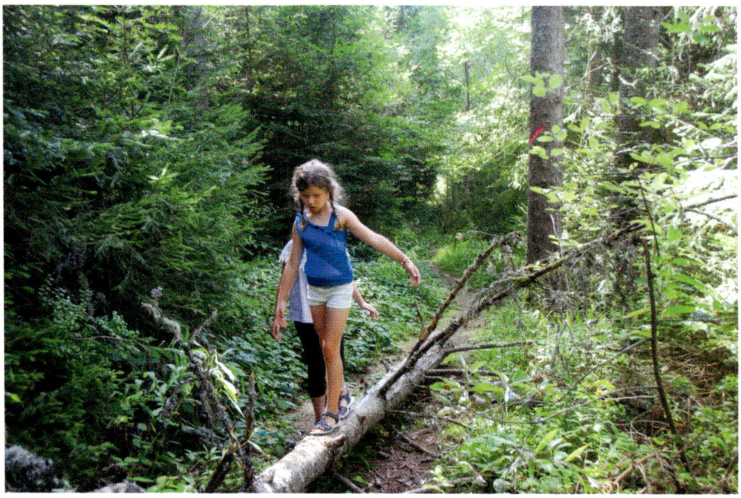

Rechts: So macht Wandern Spaß!

Rechte Seite: Am Poppelsee wird es Zeit für eine Rast.

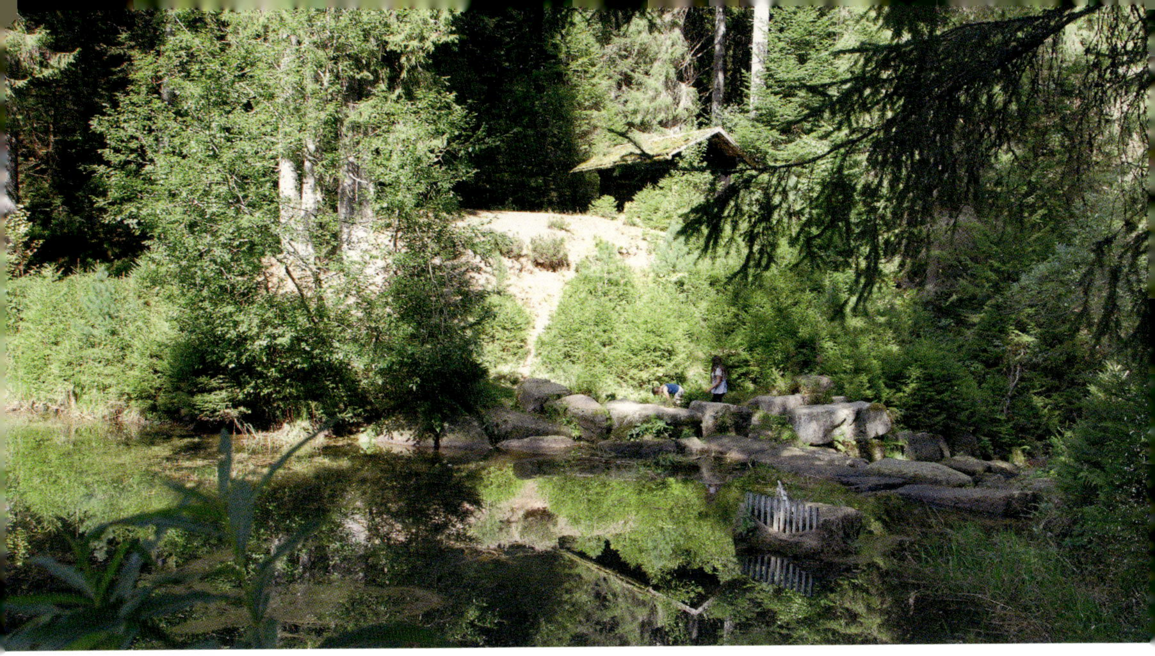

Tannenzweig hängt ein Flechtenbart und interessant geformte Wurzeln und Steine spielen der Fantasie manch einen Streich. Nach etwa einem Kilometer erreichen wir den Poppelsee. Er wurde einst von Flößern angelegt und war damals deutlich größer als heute. Man staute Wasser auf, um die Holzstämme mit der Schwallung das Tal hinunter in Richtung Enz und Neckar und schließlich gen Rhein zu transportieren. Die Holzwirtschaft und besonders die Flößerei prägten den Schwarzwald wie kein anderes Gewerbe und sind maßgeblich für sein heutiges Erscheinungsbild. Um den Poppelsee führt ein schmaler Erkundungspfad herum, dem man zunächst nach rechts folgt. Nachdem man die Schmalseite des Sees über ein paar große Sandsteine gequert hat, gelangt man schließlich zurück zur Schutzhütte. Hier ist auch ein prima Picknickplatz mit herrlichem Blick auf den kleinen geheimnisvollen See. Nach einer Ruhe- und Spielpause geht es zurück in Richtung Sommerrodelbahn, der wohl längsten Rutschbahn Süddeutschlands. Kinder unter 8 Jahren dürfen sie in Begleitung eines Erwachsenen fahren. Wem das zu spannend ist, der kann auch die anderen Attraktionen nutzen, zu denen ein Trampolin, ein Elektrozug und Elektrofahrzeuge sowie Bumperboats zählen, oder einfach ein Eis schlecken. Achtung: Die meisten Attraktionen funktionieren mit Münzeinwurf, man sollte also genügend Kleingeld einpacken. Auf jeden Fall ein toller Wanderausflug!

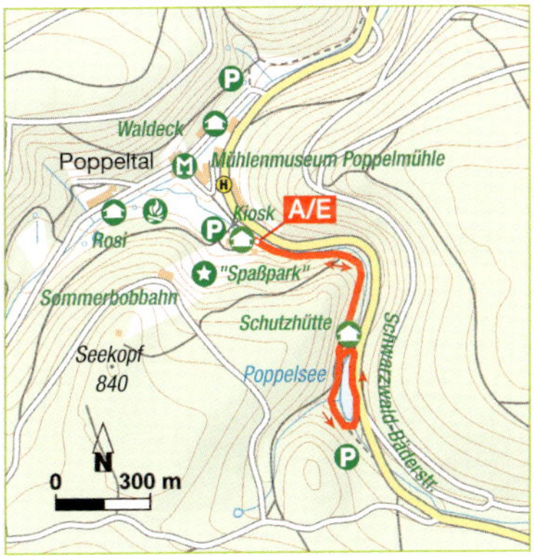

5 Nagoldtalsperre – Eisvogelpfad

Wissen und Wasserspaß

leicht | 600 m | wenige | 45 Min.

Tourencharakter
Schmale Wiesenpfade

Geeignet für
Kinderfüße ab 2 Jahren, Kinderwagen oder Kraxe/Tragetuch

Anfahrt
Über die B 294 Richtung Seefeld/Besenfeld, dann Richtung Erzgrube/Nagoldtalsperre abbiegen

Ausgangspunkt
Infopavillon an der Nagoldbrücke nahe dem Parkplatz in Erzgrube am Vorsee

Einkehr
Zum Seeheiner, Seestraße 81, 72297 Seewald, bei der Brücke am Vorsee, saisonbedingte Öffnungszeiten, Mo & Di Ruhetage, siehe aktuelle Zeiten unter www.seeheiner.de

Tipp
Wer ein Tret-Kettcar leihen möchte, sollte sicherheitshalber vorher reservieren unter der Telefonnummer: 0171/369 41 78.

Die Nagoldtalsperre liegt inmitten eines großen Landschaftsschutzgebiets und ist ein beliebtes Ausflugsziel für Familien mit Kindern. Am östlichen Ende des Sees befindet sich ein Themenweg, der auch für kleinere Kinder gut zu meistern ist. Zum Abschluss wartet noch ein toller Wasserspielplatz oder ein kühles Bad im See – perfekt für heiße Sommertage!

Am besten parkt man am östlichen Ende der Talsperre, also noch im Ort Erzgrube beim ehemaligen Gasthaus Linde. Von hier aus erreicht man ganz bequem nach wenigen Metern (links) den Startpunkt des Eisvogelpfads und auch die kleine Liegewiese am See. Direkt am Parkplatz befindet sich außerdem ein Kettcar-Verleih. Das Besondere an diesen fußbetriebenen Fahrzeugen ist, dass man sie zu zweit oder zu viert fahren kann – auch eine nette Art der See-Erkundung! Zunächst begeben wir uns aber zum Startpunkt des Eisvogelpfads, der sich gleich hinter der Holzhütte am Wasserspielplatz befindet. Wir folgen dem Weg rechts der Nagold, die hier noch ein sehr beschauliches Flüsschen ist, und erfahren an den Infotafeln am Wegrand mehr über die besondere

Die Nagoldtalsperre dient dem Hochwasserschutz und ist einer der großen Wasserspeicher in Baden-Württemberg.

Natur der Flussaue, ihre Bewohner, die Pflanzen und natürlich über den Eisvogel. Der blau-schillernde Eisvogel, übrigens der Vogel des Jahres 2009, ist in ganz Mitteleuropa heimisch. Er ernährt sich hauptsächlich von kleinen Fischen, Insekten, Kaulquappen und Flusskrebsen und ist sehr auf eine intakte Flusslandschaft angewiesen. Erfreulicherweise kann man wieder Eisvögel am Oberlauf der Nagold beobachten. Das scheue Tier haben wir bei unserer kleinen Tour zwar nicht gesehen, dafür aber jede Menge Stockenten und Blesshühner. Wir passieren ein kleines Sumpfgebiet mit dichtem Schilfrohr und einem See und spazieren wei-

Lust auf mehr?

Diese Tour kann man auch wunderbar mit dem Barfußpark Hallwangen (siehe Tour 6) kombinieren.

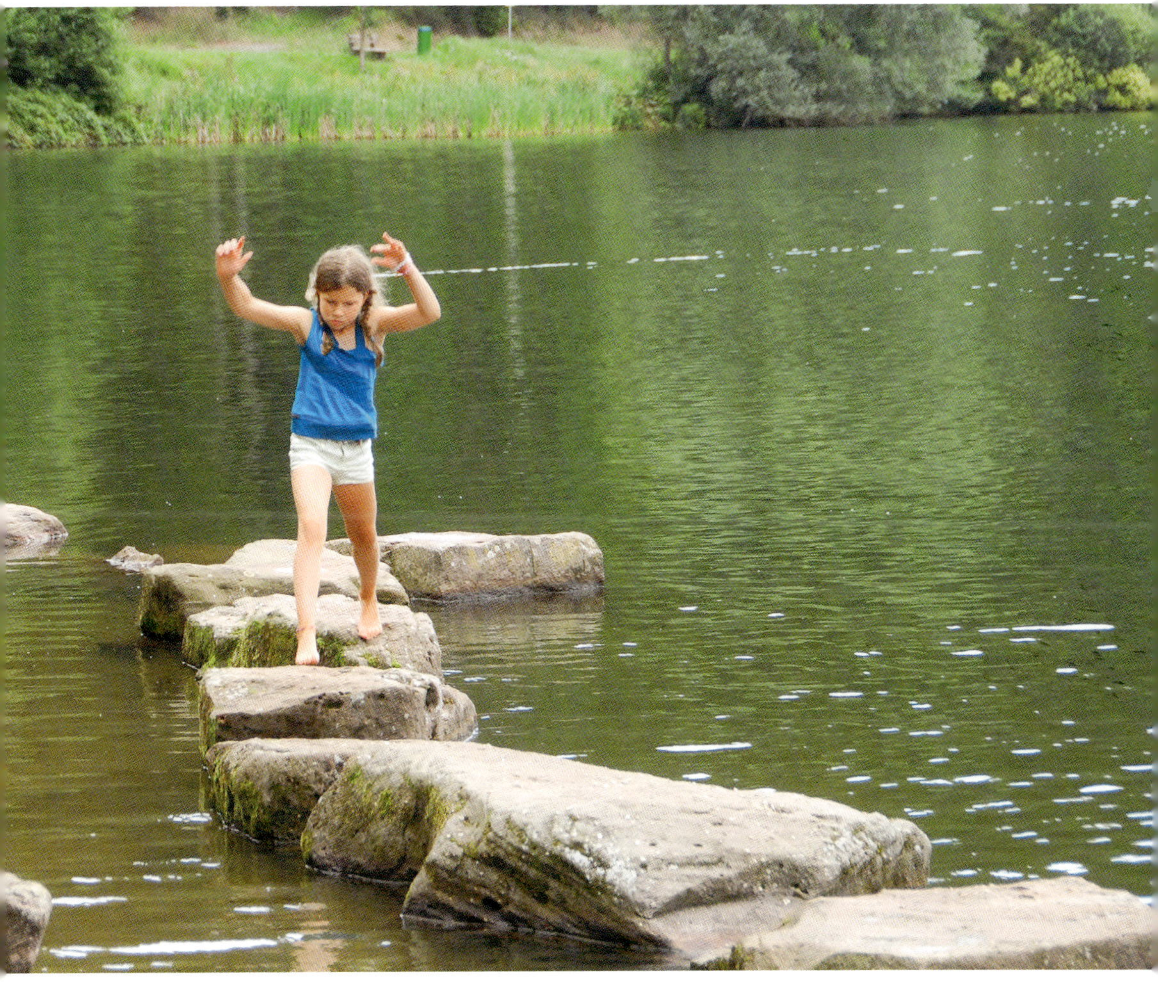

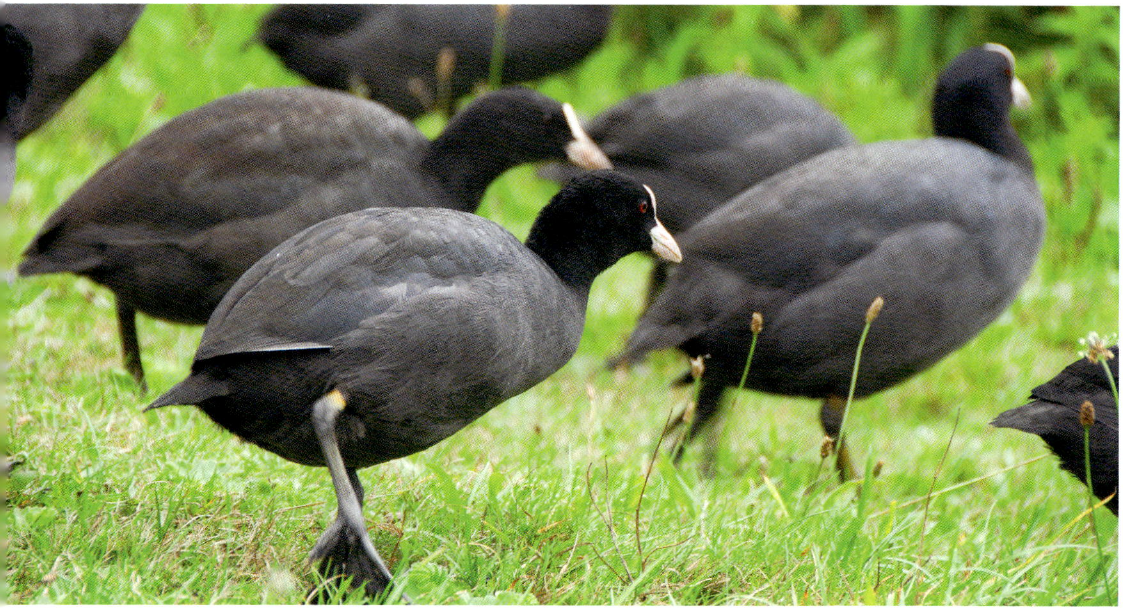

Oben: Die Blesshühner waren recht zutraulich und wir hatten viel Spaß dabei, sie zu beobachten.

Rechte Seite: Wasserspielplatz am Eisvogelpfad

ter über einen Wurzelpfad zur Aussichtsplattform, von der wir alles noch einmal schön überblicken können. Und dann auf zum Wasserspielplatz! Hier können die Kinder ein Nagoldflüsschen im Miniformat nach Herzenslust stauen, umleiten, Hochwasserwellen ins »Tal« schicken oder Bootchen schwimmen lassen. Es gibt auch eine recht große Rasenfläche – perfekt für eine gemütliche Picknickdecke. Unbedingt zu empfehlen ist auch ein Spaziergang am Ufer des Nagoldstausees entlang. Man kann zum Beispiel zur Vorsperre spazieren und mehr über die Geschichte und die Beschaffenheit dieses gigantischen Bauwerks erfahren, das den Talgemeinden als Hochwasserschutz dient. Baden ist hier erlaubt, allerdings nur im Vorbecken; der Hauptsee ist Seglern und Surfern vorbehalten. Ein schöner Grasstrand befindet sich direkt gegenüber vom Eisvogelpfad beziehungsweise vom Wasserspielplatz. Der Themenpfad ist vor allem für kleine Kinder gedacht, aber am Wasserspielplatz und am Stausee haben alle Spaß!

Anna: »Ich hab Blesshühner ganz nah gesehen. Und sie haben Gras gefressen!«

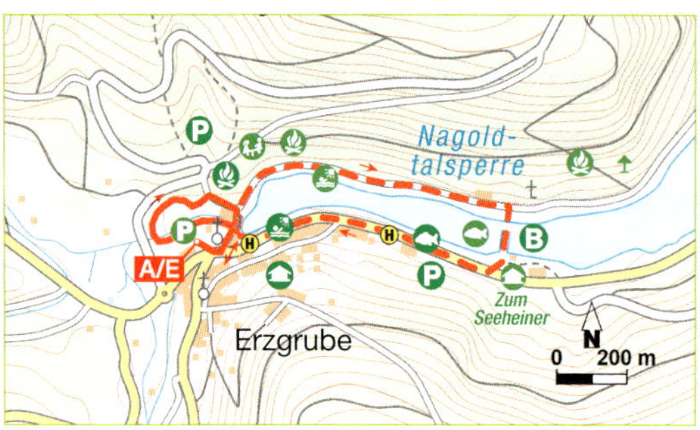

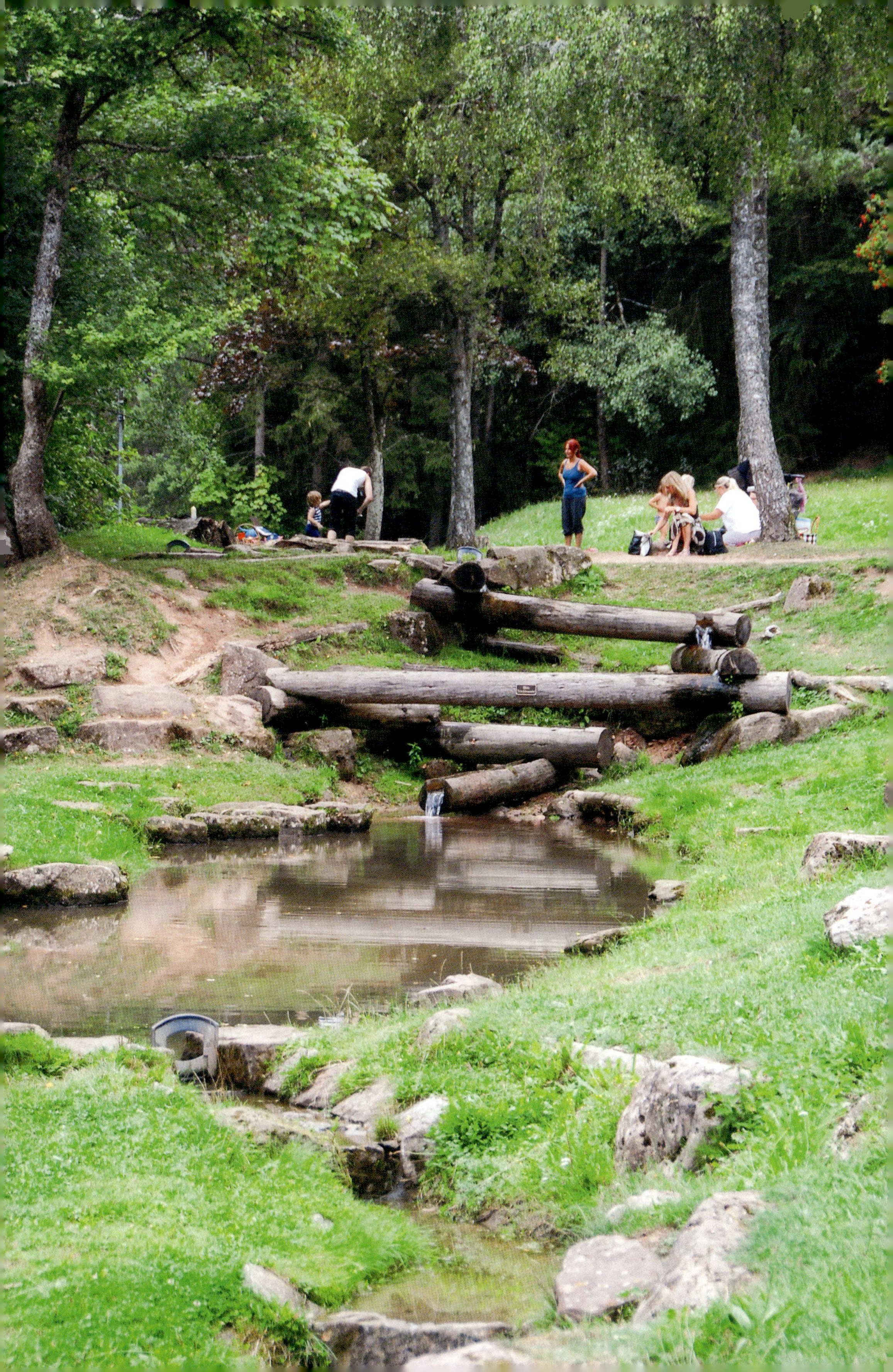

6 Hallwangen - Barfußpfad

Wanderung der besonderen Art

leicht	2,4 km	wenige	1,5 Std.

Tourencharakter
Schmale Waldpfade

Geeignet für
Kinderfüße ab 3/4 Jahren oder Kraxe/Tragetuch; Achtung: Hunde sind nicht erlaubt!

Anfahrt
Über die B 28

Navi
Silberwaldstraße 22, 72280 Dornstetten

Ausgangspunkt
Eingang Barfußpark

Preise
Kostenlos, aber die Parkplätze sind kostenpflichtig, denken Sie also an Münzgeld!

Einkehr
Kiosk, wetterabhängig geöffnet

Der Barfußpark ist wirklich grandios! Man geht, natürlich barfuß, über die verschiedensten Untergründe: Kies, Sand, Kiesel, Holzstückchen und sogar Glas, aber das Highlight für die Kinder ist sicher der Schlamm. Zwischendurch gibt es immer wieder kleine Spiel- und Entdeckungsstationen – einmalig schön!

Der Park wird ehrenamtlich beziehungsweise von der Gemeinde betrieben und ist gut gepflegt und vor allem auch gut besucht. In den Ferien und an sonnigen Wochenenden lohnt es sich deshalb, zeitig da zu sein, um noch einen nahen Parkplatz zu ergattern. Von den Parkplätzen ist der Weg zum Barfußpark gut ausgeschildert. Beim Eingang befinden sich Schließfächer, in denen man gegen 1 € Pfandgebühr Schuhe und andere Dinge einschließen kann – sehr praktisch. Dies ist auch der Endpunkt des Barfußpfads und man kann

Anna: »Schlammige Füße: Das fühlt sich super an!«

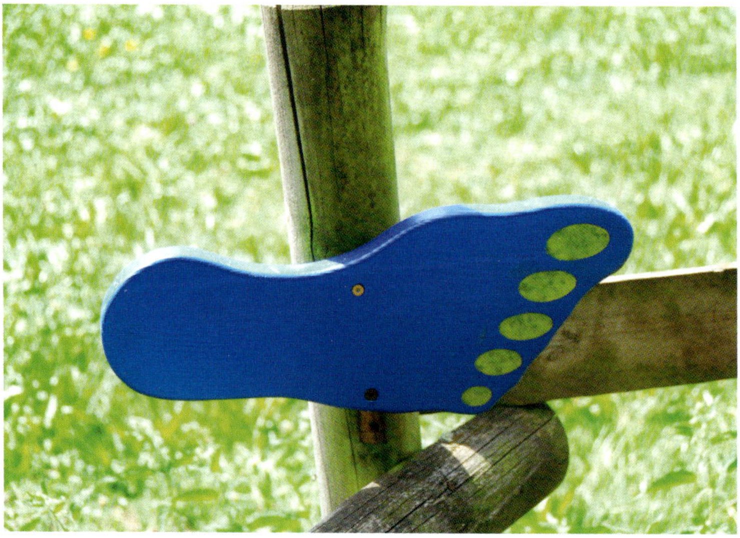

Der blaue Fuß markiert die längere Variante.

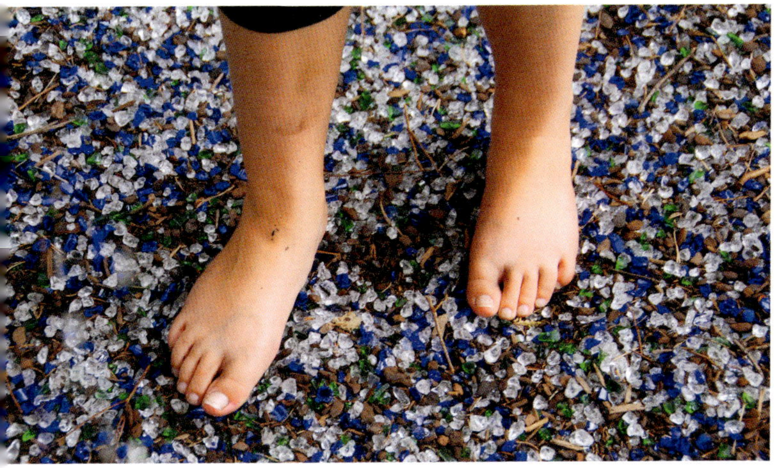

Über Glasscherben gehen – da muss man mutig sein!

hier zum Abschluss seine Füße mit Bürste und Wasserschlauch säubern – ebenfalls praktisch. Und dann geht's auch schon los! Man folgt den Wegweisern – einem gelben beziehungsweise blauen Fuß – und kommt zuerst zu einem Spielgelände. Hier warten schon mal ein tolles Kletternetz, eine Balancierstrecke, Wasserspielgeräte und vieles mehr. Danach spazieren wir durch eine Kneippanlage und über einen Trampolinweg zu den Summsteinen. Kurzum jagt hier ein Highlight das nächste, man sollte also unbedingt genügend Zeit einplanen. Zwischendurch stehen immer mal wieder gemütliche Holzbänke am Weg, auf denen man sich ausruhen oder picknicken kann. Später teilt sich der Weg: Der blaue Holzfuß führt auf die etwas längere Strecke (2,4 km), wer dem gelben Fuß folgt, gelangt bereits nach 1,8 Kilometern zurück zum Ausgangspunkt. Die »Glasscherben«, eines der Toperlebnisse, liegen allerdings auf der längeren Variante. Nach der spannenden Barfußwanderung gönnt man sich am Kiosk vielleicht noch ein Eis und eine schöne Tasse Kaffee. Wer mit älteren Kindern unterwegs ist, dem sei auch der benachbarte Kletterpark empfohlen. Der Barfußparcours führt übrigens unter der langen Seilrutsche hindurch, die zum Kletterpark gehört, und es ist spannend, die Kinder zu beobachten, die über einen hinwegsausen. Interessant ist auch das nahegelegene Schaubergwerk, ein ehemaliges Silbererzbergwerk, das besichtigt werden kann, aber für einen einzigen Ausflugstag ist das vermutlich ein bisschen zu viel.

Julia: »Ich habe zwei ganze Runden im Kneippbecken geschafft, obwohl es so kalt war.«

Lust auf mehr?

Die Barfußwanderung kann man auch sehr gut mit einem Bad im nahe gelegen Nagoldstausee verbinden.

7 Neubulach – Fledermauspfad

Den Flattertieren auf der Spur

mittel	1,3 km	70 m	1,5 Std.

Tourencharakter
Zunächst breiter Waldweg, dann im Flusstal über Stock und Stein

Geeignet für
Kinderfüße ab 3/4 Jahren oder Kraxe/Tragetuch

Anfahrt
Von Neubulach aus über die Wildberger Steige und dann den Hinweisschildern folgen

Navi
75387 Neubulach Ziegelbach

Ausgangspunkt
Eingang Hella Glücksstollen Neubulach

Einkehr
Kiosk Stollenklause am Bergwerk, Di–Fr 14–16 Uhr, Sa/So 11–16 Uhr

Auf dieser Tour erkunden wir die Umgebung rund um das Bergwerk Neubulach und erfahren Wissenswertes über einheimische Fledermausarten. Los geht's am Berwerkseingang und dann hinunter ins Ziegelbachtal. Besonders spannend ist der schmale Pfad, der durch das Ziegelbachtal hinauf zur Poche führt. Die Kinder sollten am besten Gummistiefel anziehen, denn man muss immer wieder den Bach überqueren. Was für ein Spaß!

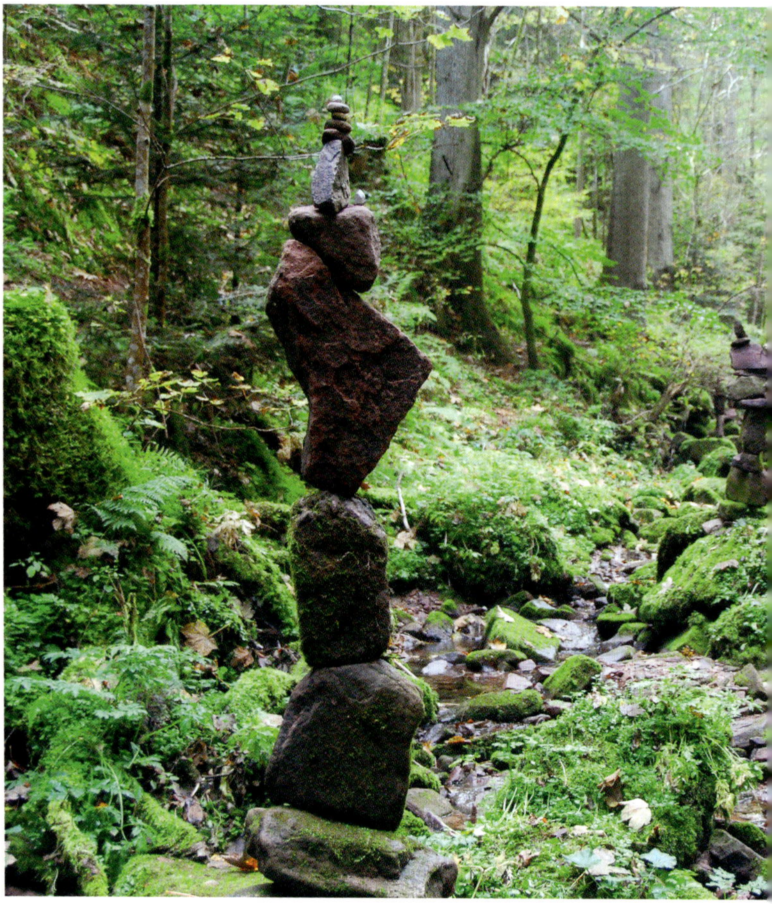

Wer hat denn hier so meisterlich gebaut?

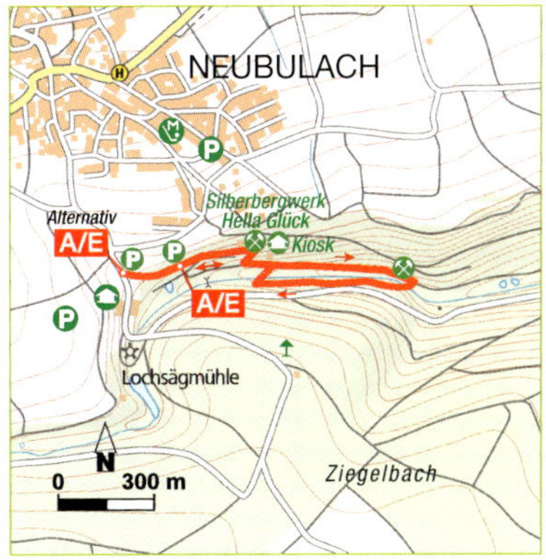

Wenn man mit dem Auto von Neubulach aus über die Wildberger Steige in Richtung Bergwerk fährt, endeckt man zunächst rechts einen kleinen Parkplatz, der durch die Werbefahnen für das Bergwerk gut zu erkennen ist. Man sollte stattdessen aber besser links in den Wald und durch das Tor bis zur Kläranlage fahren und dort parken, dann spart man sich ein gutes Stück Asphaltstraße, das für die Kinder eher uninteressant ist. Vom Parkplatz aus wandern wir in Richtung Bergwerk und sehen bald rechter Hand ein großes Holzschild mit der Aufschrift »Fledermauspfad«. Hier geht es einen Treppenweg entlang und dann links auf einen breiten Schotterweg, an dessen Rand auch schon die ersten Infotafeln stehen. Der Weg führt an einem Steilhang entlang, und immer wieder ragen aus dem Waldboden Felsen aus Sandstein hervor, der in dieser Gegend das Grundgestein bildet. Übrigens ist dieser Weg der alte Arbeitsdienstweg der Bergbauleute. Nach wenigen hundert Metern folgen wir abermals einem Treppenweg hinunter ins Ziegelbachtal, wo es für die Kinder besonders spannend wird. Am Boden des kleinen, schmalen Tals geht es über Steine, Wurzeln und durch den Bach leicht bergauf.

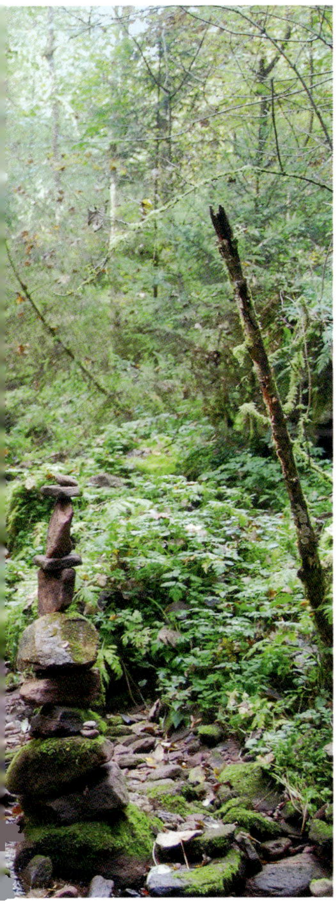

Bergwerk Neubulach

Hella Glücksstollen, Führungen Apr.–Okt. Di–Fr um 14/15 Uhr, Sa/So und feiertags von 11–16 Uhr laufend, siehe www.bergwerk-neubulach.de

Hier sollte man unbedingt genügend Zeit zum Spielen einplanen. Infotafeln erzählen mehr über die Fledermäuse und andere Wald- und Wiesenbewohner. Nach etwa einem halben Kilometer führt ein schmaler, steiler Pfad hinauf zur Poche. Hier wurde einst das aus dem Bergwerk geförderte Gestein mithilfe einer Pochmühle zerklei-

Kilians Erzweg

Los geht's am Parkplatz der Firma Duss in der Calwer Straße. Auf dem 1,6 km langen Weg erfährt man mehr über die Geschichte des Bergbaus.

nert. Heute kann man die nachgebauten Waschherde besichtigen, in denen das Erz mithilfe von Wasser vom übrigen Gestein getrennt wurde. In Neubulach wurde vor allem Silbererz abgebaut. Das Bergwerk kann besichtigt werden, was für Kinder ebenfalls eine spannende Sache ist: Mit Helm und Schutzmantel wagt man sich in den Besucherstollen hinein. Die etwa 45-minütige Führung ist für Kinder ab 4 Jahren gut geeignet. Alternativ genießt man nach einer erlebnisreichen Wanderung ein leckeres Stück Kuchen in der Stollenklause.

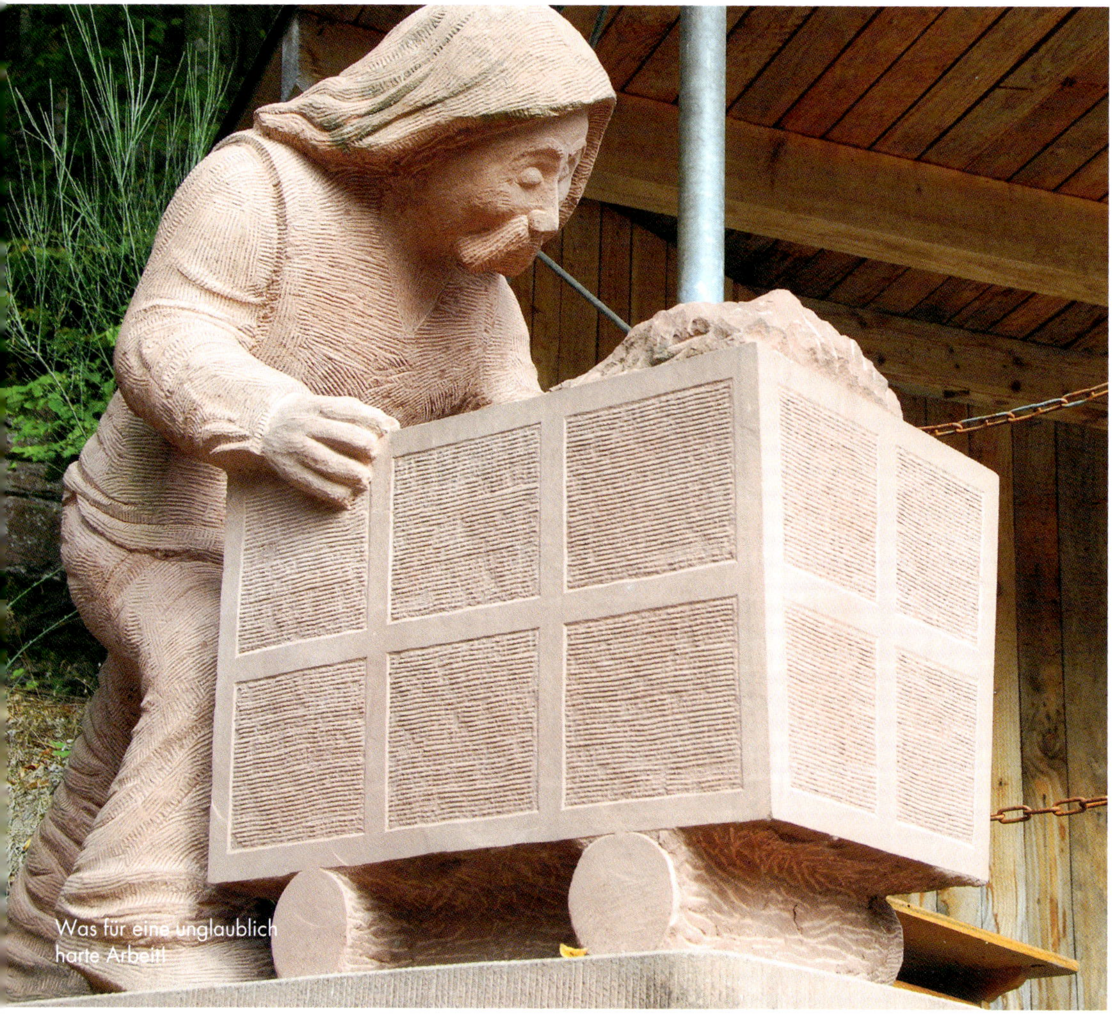

Was für eine unglaublich harte Arbeit!

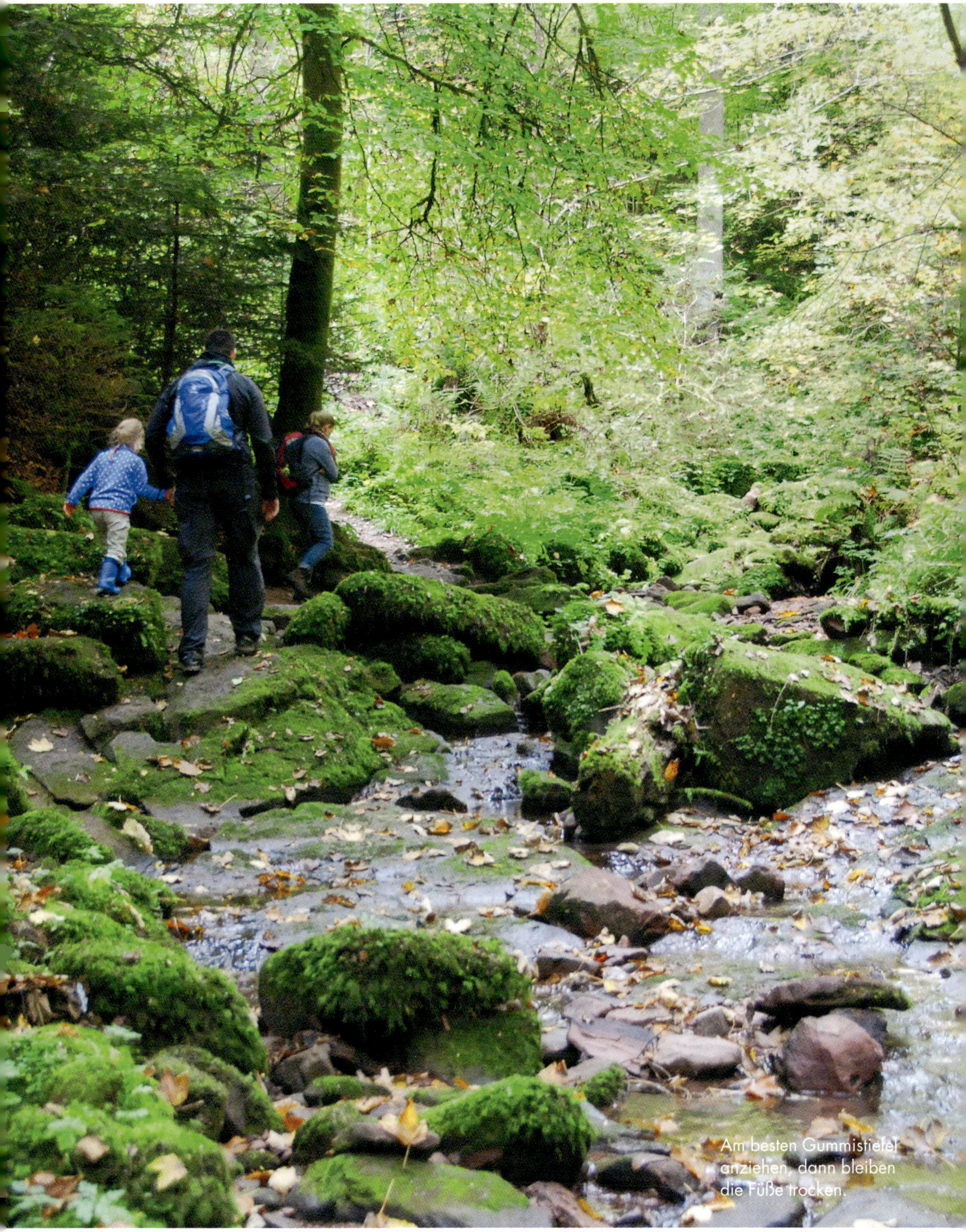

Am besten Gummistiefel anziehen, dann bleiben die Füße trocken.

8 Bad Herrenalb - Felsenpfad

Aussichtsreiche Wanderung im Albtal

mittel	1,8 km	110 m	1,5 Std.

Tourencharakter
Schmale Waldpfade

Geeignet für
Kinderfüße ab 4 Jahren oder Kraxe/Tragetuch

Anfahrt
Über die L564; ÖPNV: mit der S 1 ab Karlsruhe bis Bad Herrenalb Bahnhof

Ausgangspunkt
Bad Herrenalb Bahnhof

Einkehr
In der Bahnhofstraße gibt es ein schönes Eiscafé mit tollem Spielplatz im Park gegenüber, Cafe Paradiso: Di–So 11–18:30 Uhr; Pizza bekommt man am Bahnhof im Linie 1, tägl. ab 10 Uhr

Anna: »In Herrenalb gibt es auch ein schönes Freibad.«

Auf dem höchsten Punkt dieses spannenden Rundwanderwegs im Bad Herrenalber Felsenland wartet ein Felsenplateau, das sich hervorragend für ein aussichtsreiches Picknick eignet. Und wie wäre es nach der erlebnisreichen Wanderung noch mit einem Eis und einer Runde Toben auf dem Wasserspielplatz?

Julia: »Wisst Ihr, woher der Falkenstein seinen Namen hat?«

Wir starten am Bahnhof in Bad Herrenalb und gehen in Richtung Wald links um den Kopfbahnhof herum zur Straße Unter den Felsen. Hinter einem Bürogebäude halten wir uns der Beschilderung folgend links den Berg hinauf. Der Weg steigt mal mehr, mal weniger steil an und führt im Zickzack zu einer T-Kreuzung. Hier halten wir

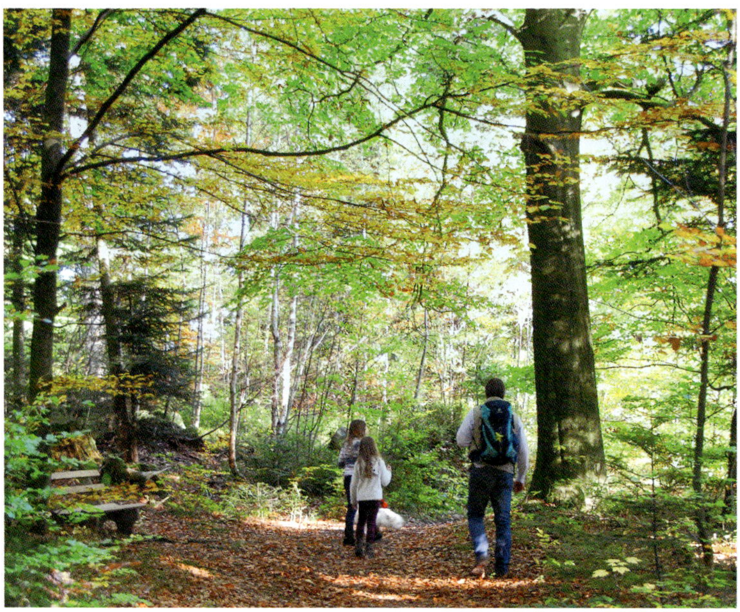

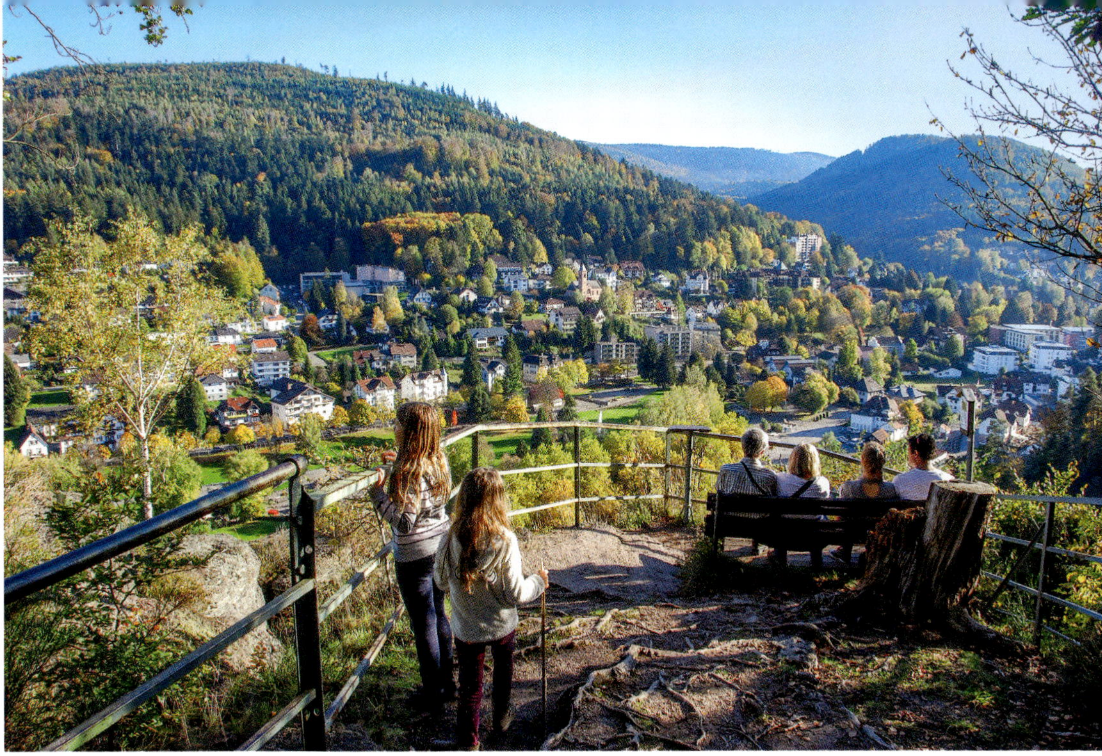

uns rechts und wandern zunächst am Hang entlang, dann zweigen wir bei der Gabelung links ab und gehen weiter bergauf. Wir erreichen die ersten kleineren Felsentürme und spazieren durch einen lichten Mischwald den Pfad entlang bis zum Felsenplateau. Hier steht eine Hinweistafel zu den Falken, die unterhalb des Felsenplateaus nisten, und man hat eine prima Aussicht auf die kleine Kurstadt. Nach einem (Picknick-) Päuschen geht es links herum um den Falkensteinfelsen zurück zur Weggabelung. Ein breiterer Waldweg bringt uns vom Felsplateau zu einem Kiesweg. Diesem folgen wir bergab bis zu einem Hinweisschild auf der rechten Seite mit der Aufschrift »zu den Felsen«. Der Weg führt uns unterhalb der Felsenformation zurück zur Gabelung und weiter bergab zum Ausgangspunkt.

Erlebnispfade

In Herrenalb gibt's den Quellenerlebnispfad (3 km einfach, auch für Kinderwagen) und den Wildkatzenpfad (6 km, Abkürzungsmöglichkeiten).

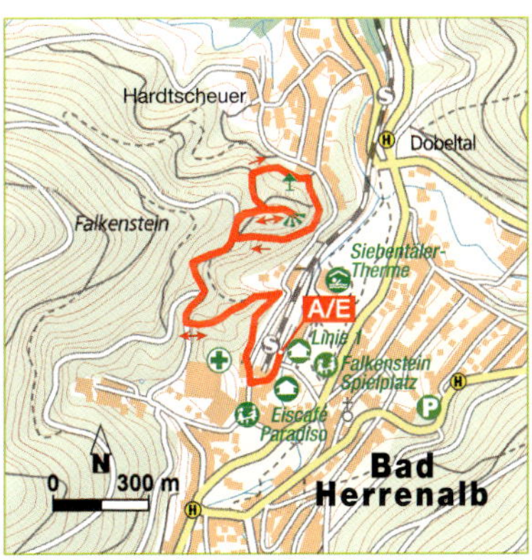

Oben: Vom Felsplateau hat man eine herrliche Aussicht.

Linke Seite: Die Wanderung ist im Herbst besonders schön.

9 Eyachtal

Auf dem Wasserwegle zum Lehmannshof

mittel	6 km	65 m	2,5 Std.

Tourencharakter
Waldwege, schmale Waldpfade

Geeignet für
Kinderfüße ab 3 Jahren, Kinderwagen oder Kraxe/Tragetuch

Anfahrt
Ab Dobel die Wildbader Straße ins Eyachtal oder von der B 294 Richtung Dobel und dann gleich links abbiegen; hier kommt man auch an der Zordel Fischzucht vorbei, wo man fangfrische gegrillte Forellen essen kann.

Navi
Eyachmühle 14, 75335 Dobel

Ausgangspunkt
Wanderparkplatz Eyachmühle, Achtung: nicht Eyachbrücke/zur Alten Mühle

Einkehr
Gasthaus Eyachmühle, Mi–So 11.30–20.30 Uhr, siehe aktuelle Zeiten unter www.eyachmuehle.com

Das idyllische Eyachtal, ein Seitental der Enz, ist ein tolles Ausflugsziel für Familien mit jüngeren Kindern. Diese Tour bietet ursprüngliche Natur, Wasserspaß und einen schönen Rast- und Grillplatz am Lehmannshof. Zum Abschluss gibt es eine wunderbare Einkehrmöglichkeit im Gasthaus Eyachmühle.

Zum Gasthaus Eyachmühle, wo man übrigens ganz hervorragend und in Bio-Qualität essen kann, gelangen wir entweder von Dobel aus, wenn wir hinter dem Kurhaus in die Wildbader Straße abbiegen, oder wir fahren die B 294 in Richtung Dobel, biegen dann gleich links in Richtung Fischzucht Zordel (Eyachtal 1, 75305 Neuenbürg, Mo–So 8–20 Uhr, www.fischzucht-zordel.de) ab und folgen immer weiter der schmalen Asphaltstraße bis zum Gasthaus. Vom Wanderparkplatz gehen wir zunächst auf der fast ebenen asphaltierten Straße weiter an den wenigen Häusern vorbei, links von uns liegt die Eyach, rechts der Wald. Nach etwa zwei Kilometern sehen wir linker Hand eine Heuhütte. Hier zweigt ein schmaler beschilderter Pfad links ab und bringt uns über eine schöne neue Holzbrücke über die Eyach. Wenn man nicht mit dem Kinderwagen unterwegs ist, sollte man auf jeden Fall diesen Pfad nehmen. Das sogenannte Wasserwegle führt direkt an der Eyach entlang durch den Wald zum Lehmannshof. Dieser Weg ist für kleine Entdecker und Beobachter auf jeden Fall ein tolles Abenteuer. Wer mit dem Kinderwagen unterwegs ist, folgt einfach weiter dem breiten Weg – beide Routen treffen sich am Lehmannshof. Dort findet man auch eine Hütte und einen schönen Rastplatz mit Grillstelle.

Vom einstigen Hof ist nicht mehr viel übrig, nur ein mit Gras und Moos bewachsenes Gewölbe zeugt davon, dass hier einst Menschen lebten. 1848 brannte der Hof nieder und wurde nicht wiederaufgebaut. Wer eine Taschenlampe da-

Orchideen

Im Frühjahr zwischen Mitte Mai und Juni blüht hier im Tal auf den Feuchtwiesen das Knabenkraut, eine bei uns heimische Orchideenart.

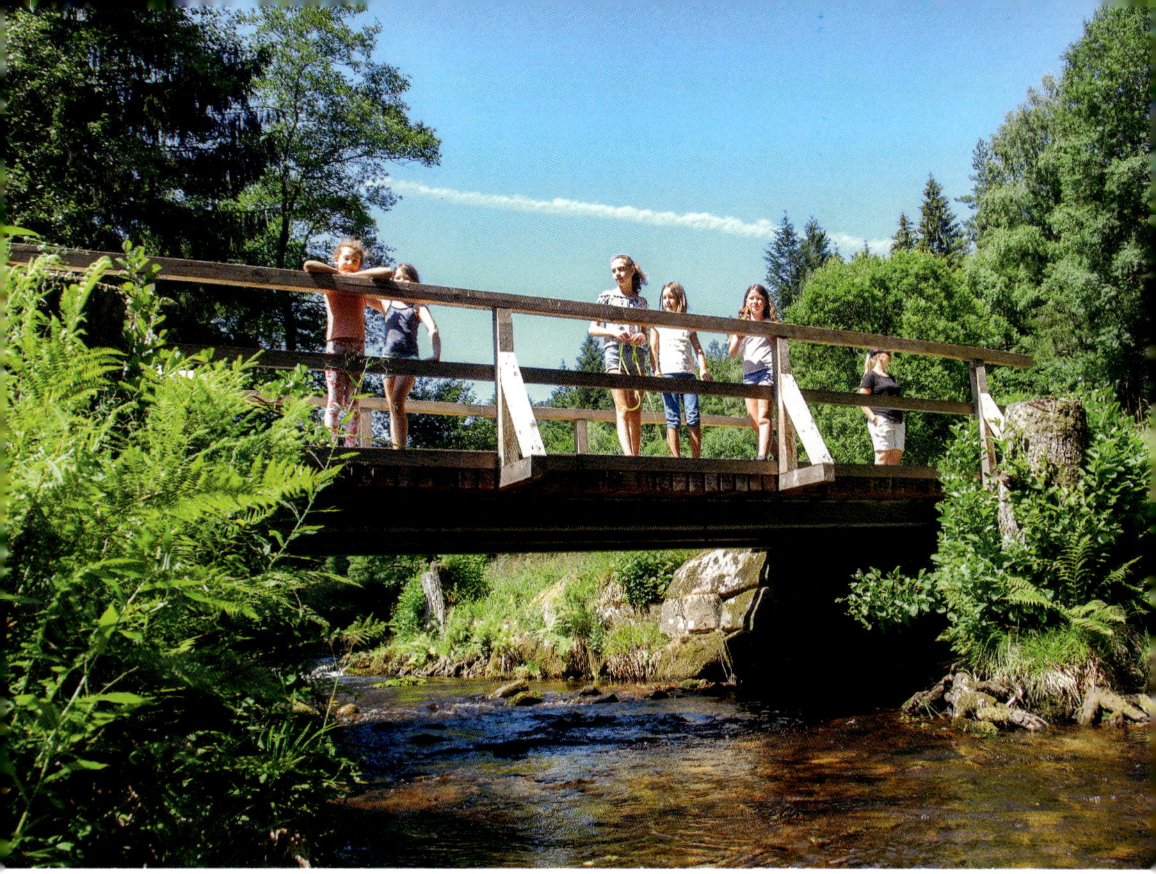

beihat, kann mit den Kindern zusammen das Gewölbe erkunden!
Vom Lehmannshof kann man entweder denselben Weg zurückspazieren oder sich für die rechte Seite der Eyach entscheiden. Hierfür passiert man die Hütte, wandert zunächst kurz bergauf und folgt dann wieder einem breiten, geschotterten Weg.

Nach der Brücke wartet ein tolles Abenteuer auf die Kids: das Wasserwegle.

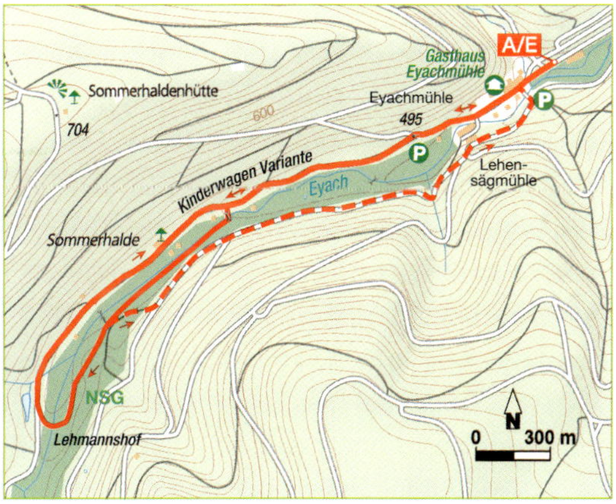

Fischzucht Zordel

Hier kann man in den verschiedenen Becken die Fische beobachten und füttern. Am Kiosk kann man gegrillte Forelle, Eis und Pommes kaufen.
www.fischzucht-zordel.de

10 Baden-Baden – Battert-Rundweg

Kletterspaß in Baden-Baden

schwer | 2,8 km | 120 m | 2,5 Std.

Tourencharakter
Schmale Waldpfade, Treppen und Waldwege

Geeignet für
Kinderfüße ab 4/5 Jahren oder Kraxe/Tragetuch

Anfahrt
Von Baden-Baden über den Alten Schlossweg (ab Zähringer Straße ausgeschildert) oder von Alteberstein über die Hilsbrunnenstraße

Navi
Alter Schlossweg, 76532 Baden-Baden

Ausgangspunkt
Wanderparkplatz Altes Schloss Baden-Baden

Einkehr
Im Alten Schloss, gehobene Küche, Di–Sa ab 17:30 Uhr, So/feiertags ab 11:30 Uhr; es gibt auch einen Kiosk unterhalb der Burg, der wetterabhängig geöffnet ist.

Auf dieser herrlichen Wanderung durch eine bizarre Felsenlandschaft hoch über der berühmten Bäderstadt warten tolle Klettermöglichkeiten für große und kleine Entdecker – wohl etwas für Abenteurer, aber nichts für Leichtsinnige. Die Ruine Altes Schloss Baden-Baden sollte unbedingt eingeplant werden, hier gibt es viele geheimnisvolle Ecken und Winkel zu entdecken.

Anna: »Unterwegs kann man prima Steinmännchen bauen …«

Wir starten am Wanderparkplatz unterhalb vom Alten Schloss und gehen durch den großen Torbogen bergauf. Es kann gut sein, dass man beim ersten Mal gar nicht bis zu den Battertfelsen kommt, denn die Burgruine rechter Hand ist ganz toll und macht den Kindern richtig Spaß. Die Kids sollten allerdings nicht alleine auf Entdeckungstour gehen, weil das Geländer an ein paar Stellen nicht wirklich kindersicher ist. Wir verlassen das Burgareal durch den oberen Torbogen und folgen dem Waldweg weiter bergauf mit einer kurzen, aber steilen Steigung. Als Nächstes gelangen wir zu einer kleinen Schutzhütte auf einem Felsplateau. Von hier aus hat man einen fantastischen Ausblick auf die Burganlage und das Umland. Wir gönnen uns eine Verschnaufpause, bevor es zunächst eben und dann ansteigend nach links zu den ersten bekletterbaren Felsen geht, anschließend folgen wir einem Treppenweg und den Hinweisschildern. Bald sind wir oben auf den Battertfelsen und haben eine wunderbare Aussicht auf weitere Felsentürme und das schöne

Julia: »… und toll herumklettern kann man auch.«

Augen auf!
Mit etwas Glück findet man im Wald am Battert im Herbst Esskastanien.

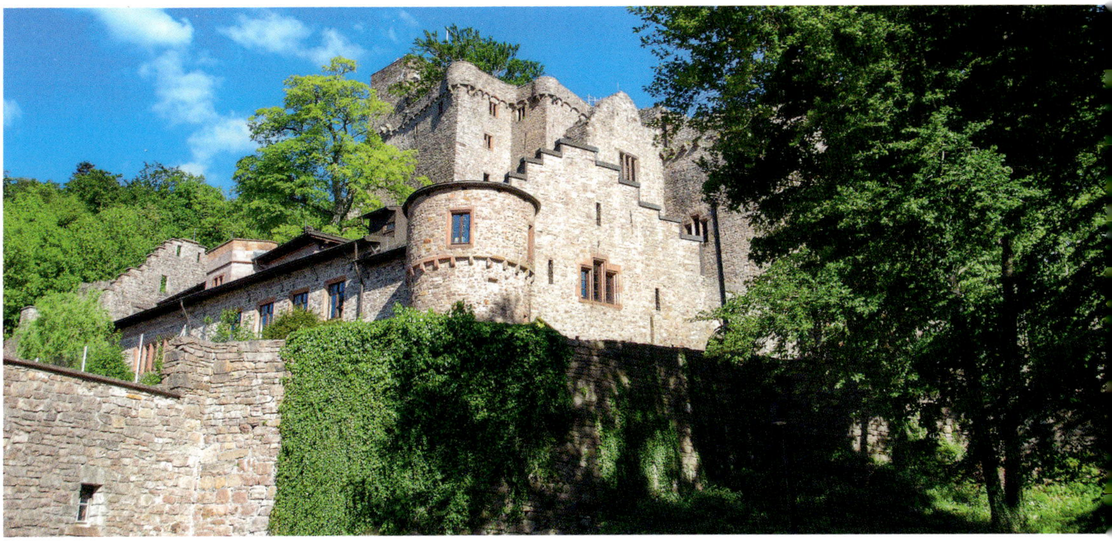

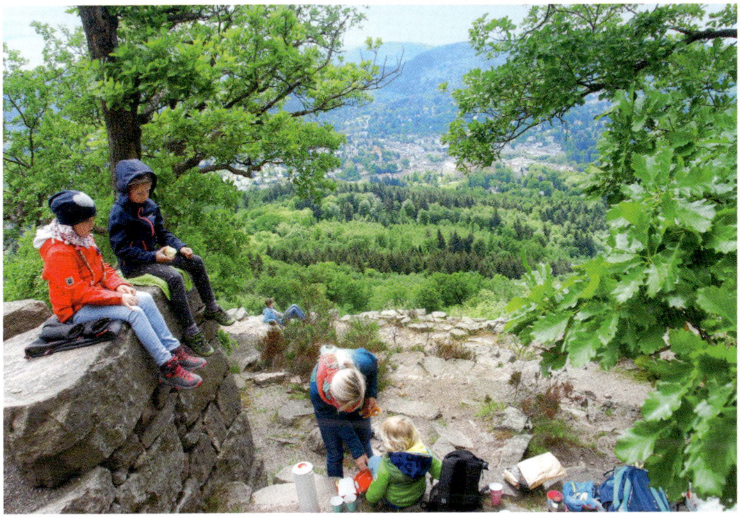

Oben: Das Alte Schloss war einst der Sitz der Markgrafen von Baden.

Links: Was für ein toller Picknickplatz!

Umland. Mit etwas Glück kann man Kletterer beobachten oder sogar Gleitschirmflieger, die vom Merkur starten, dem Hausberg Baden-Badens. Wir spazieren gemäß den Hinweisschildern für den Battert-Rundweg durch den Wald, biegen rechts auf einen breiten Waldweg ab und wandern unterhalb der Felsen zurück zum Alten Schloss und zum Kiosk, an dem es Eis, Getränke und Snacks gibt.

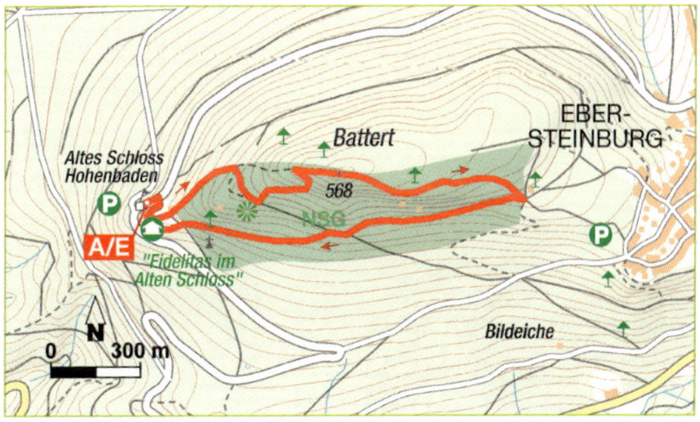

11 Baden-Baden – rund um den Merkur

Auf Baden-Badens Hausberg

leicht | 3,5 km | Nur bergab | 1,5 Std.

Tourencharakter
Wald- und Schotterwege

Geeignet für
Kinderfüße ab 3 Jahren, Kinderwagen, Kraxe/Tragetuch

Anfahrt
ÖPNV: ab Baden-Baden, Linie 204 und 205

Navi
Merkuriusberg 2,
76530 Baden-Baden

Ausgangspunkt
Parkplatz Talstation der Merkurbahn

Preise
Eintritt Merkurbahn: tägl. 10–22 Uhr, Kinder (6–15 Jahre) 3 €, Erwachsene 6 € (Berg- und Talfahrt), siehe aktuelle Preise unter www.stadtwerke-baden-baden.de/merkur-bergbahn

Einkehr
Merkurstüble an der Bergstation der Merkurbahn, tägl. 10–18 Uhr, im Sommer bis 21.30 Uhr. Derzeit wegen Umbau geschlossen, aktuelle Infos unter: www.merkurstueble-baden-baden.de

Für diese wunderbar leichte Wanderung mit schöner Aussicht geht's mit der längsten und steilsten Standseilbahn Deutschlands hinauf auf den Hausberg Baden-Badens. Oben hat man eine tolle Sicht auf das Rheintal und bei gutem Wetter kann man Gleitschirmfliegern beim Starten zusehen. Anschließend geht es gemütlich durch den Wald zurück zum Ausgangspunkt.

Der Merkur, benannt nach einem römischen Gott, ist ein beliebtes Ausflugsziel für Familien und Sportler. Eine Fahrt mit der Bergbahn ist für die Kinder ein spannendes Erlebnis, zumal es wirklich sehr steil nach oben geht. Die Bergbahn ist übrigens über 100 Jahre alt. Von der Bergstation aus führt ein Schotterweg zu einem Aussichtsturm, der unerwarteterweise einen Fahr-

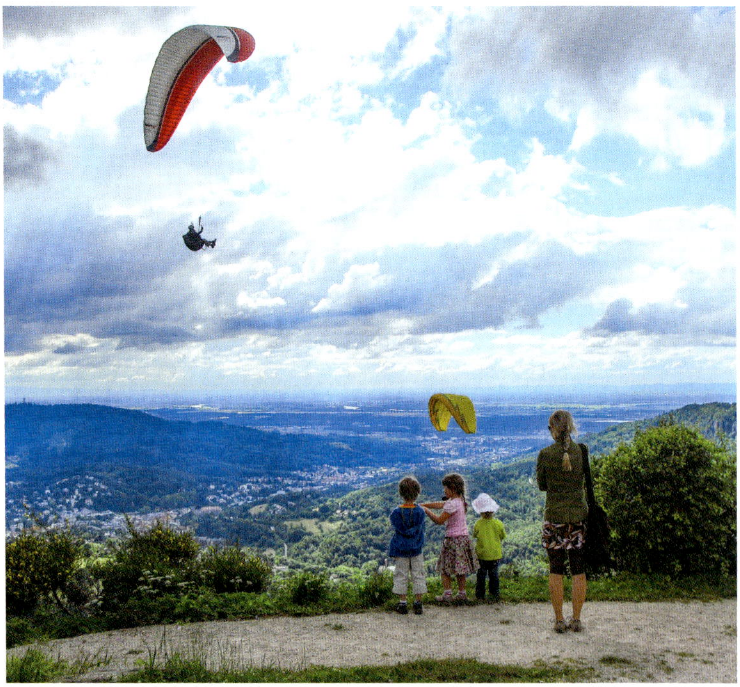

Gleitschirmfliegen – echt spannend!

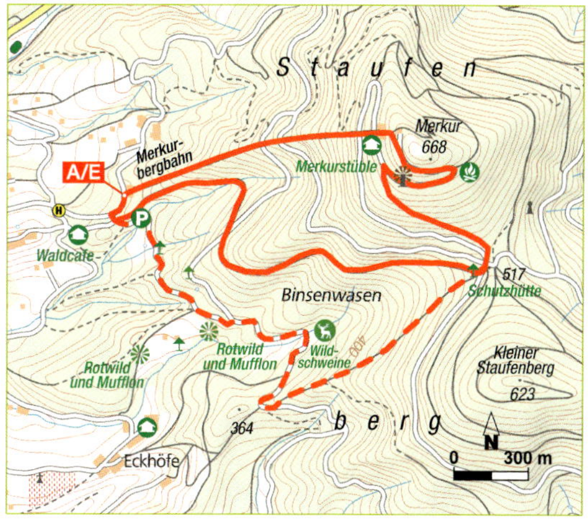

stuhl hat. So gelangt man ganz bequem zur Aussichtsplattform hinauf und kann den fantastischen Blick auf das Rheintal und die Schwarzwaldhöhen genießen. Oder doch lieber Treppenstufen zählen? Neben dem Turm befindet sich ein kleiner Spielplatz, auf dem sich die Kinder ein wenig austoben können. Toll sind auch die Holzliegen, die um den Turm herum aufgestellt sind. Hier kann man sich entspannen und die Sonne genießen. Nach der Erkundung geht es zurück in Richtung Bergstation, wo sich auch der Flugplatz des Gleitschirmvereins Baden befindet. Bei gutem Wetter kann man hier den Gleitschirmfliegern beim Starten zusehen – spannend! Anschließend wandern wir auf einem schönen Waldweg bergab zur Talstation. Jetzt gilt es die Beschilderung zu beachten: Es geht zunächst zum Binsenwasen, einer großen sternförmigen Wegkreuzung einen knappen Kilometer von der Bergstation entfernt, an der eine kleine Schutzhütte steht. Von hier spazieren wir schnurstracks hinunter durch den schönen Mischwald. An der nächsten großen Wegkreuzung hält man sich links, wenn man noch am Wildgehege vorbeigehen will, oder rechts, falls man direkt zur Talstation zurück möchte. Der kleine Umweg lohnt sich aber, denn im Wildgehege kann man Dam- und Rotwild beobachten und auch Wildschweine gibt es zu sehen. Ein 4,5 Kilometer langer Weg führt rund um die Gehege, und Bänke am Wegesrand laden zur Picknickpause ein. Mit kleineren Kindern bietet es sich an, mit der Bergbahn hinauf und auch wieder hinunterzufahren, um mehr Zeit im Wildgehege verbringen zu können. Von der Talstation bringt ein beschilderter Weg (800 m einfach) Besucher gleich zum Gehege.

Anna: »Der Fahrstuhl im Turm war einfach klasse …«

Julia: »… ja, da musste ich nicht so viele Treppen steigen!«

12 Geroldsauer Wasserfall

Moosig, waldig, geheimnisvoll

mittel | 3 km | 75 m | 1,5 Std.

Tourencharakter
Schmale Waldpfade, Holzstege, -brücken

Geeignet für
Kinderfüße ab 3 Jahren oder Kraxe/Tragetuch

Anfahrt
Mit dem Auto über die B 500 von Baden-Baden Richtung Geroldsau und kurz vorm Ortsausgang links abbiegen, über eine Brücke in den Wald fahren und der Straße ca. 2 km folgen

Navi
Wasserfallstraße, 76534 Baden-Baden

Ausgangspunkt
Waldparkplatz oberhalb vom Bütthof

Einkehr
Bütthof, So/feiertags ab 10 Uhr geöffnet, siehe aktuelle Zeiten unter www.buetthof.de

Auf dem Rundweg im märchenhaftem Grobbachtal geht es immer am Bach entlang, an dem wunderschön gelegenem Geroldsauer Wasserfall vorbei, über Holzstege zu einer wunderbaren Einkehrmöglichkeit im Bütthof. Das Tal ist besonders zur Rhododendronblüte sehenswert, wenn die riesigen Büsche rund um den Wasserfall im Blütenkleid das Tal verzaubern.

Vom Waldparkplatz spazieren wir bergab in Richtung Bütthof und folgen dort dem mit »Wasserfallrundweg« beschilderten Weg nach rechts. Im Frühjahr blühen auf beiden Seiten des Wegs imposante Rhododendronbüsche in allerlei Farben. Die nächste Station ist eine kleine Schutzhütte und ihr gegenüber der Wasserfall. Sicherlich ist der Wasserfall die Hauptattraktion in diesem kleinen Tal nahe Baden-Baden, aber den Kindern macht es auch sehr viel Spaß, entlang des Bachs von Stein zu Stein zu hüpfen, an geeigneter Stelle Steinmännchen zu bauen oder kleine Holzstücke den Bach hinunterzuschicken. Von der Schutzhütte kann man entweder

Julia: »Steinmännchen bauen macht Spaß!«

Erlebnisgastronomie

Unweit des Geroldsauer Wasserfalls befindet sich die Geroldsauer Mühle mit Bauernmarkt und Spielplatz, Geroldsauer Straße 54, tägl. ab 9 Uhr

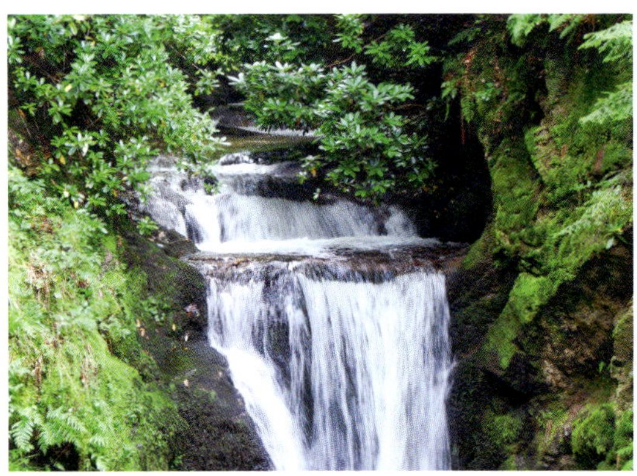

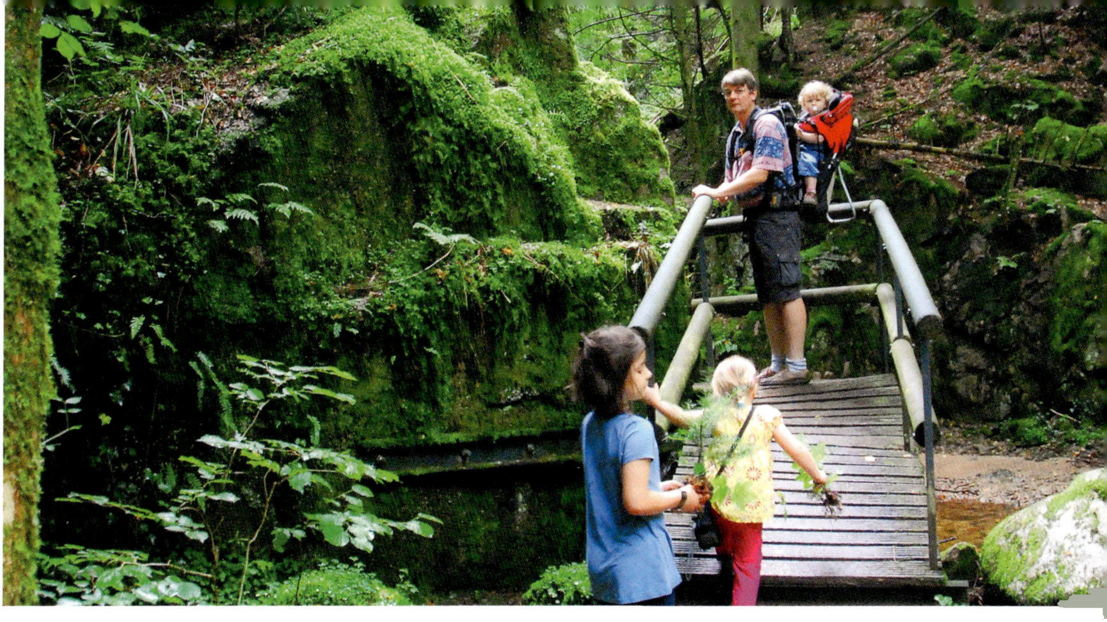

zurück zum Ausgangspunkt wandern oder sich noch ein Stück bachabwärts wagen und dieses verwunschen-romantische Tal erkunden. Es gibt manch Wurzelwerk, moosbewachsenen Stein und flechtenbehangenen Ast zu entdecken. In der wundersamen Natur hier am Grobbach denkt man zwangsläufig an Feen und Zwerge und die Kinder wissen bunte Geschichten zu erzählen. An der neuen Holzbrücke überqueren wir den Bach und gehen am anderen Ufer zurück zum Ausgangspunkt oder kehren in den Bütthof ein. Im Biergarten sitzt man nett und kann noch ein bisschen die besondere Atmosphäre in diesem Tal genießen.

Anna: »Entdeckt ihr vielleicht eine Forelle?«

Oben: Die Rundwanderung führt immer am Grobbach entlang.

Unten: Idyllisch!

Linke Seite: Der Geroldsauer Wasserfall ist etwa sechs Meter hoch.

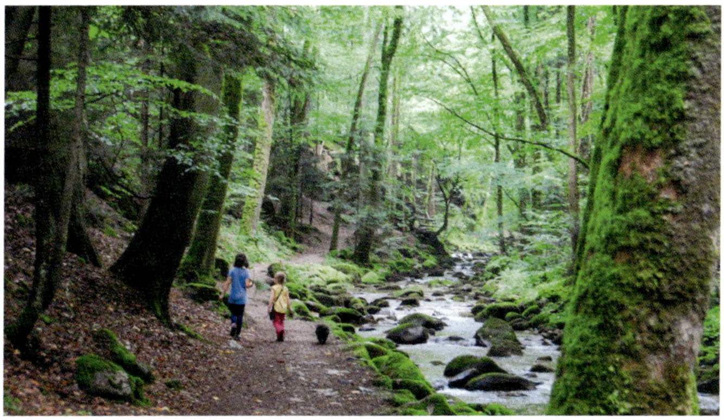

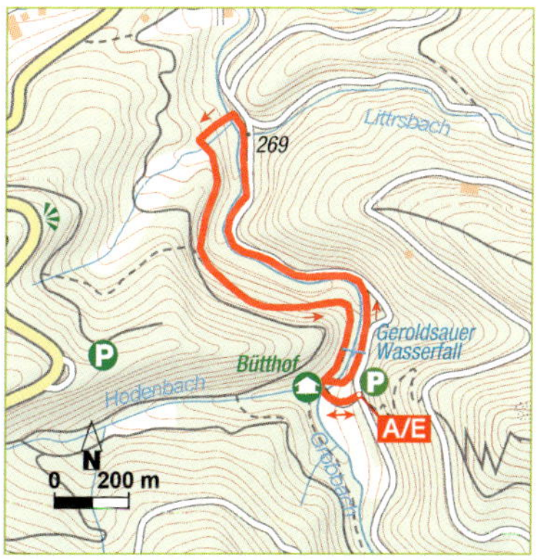

13 Forbach - Glückspfad

Eine Wanderung, die glücklich macht

leicht	4 km	140 m	2 Std.

Tourencharakter
Waldwege, geschottert oder asphaltiert

Geeignet für
Kinderfüße ab 3 Jahren, Kraxe/Tragetuch, Kinderwagen

Anfahrt
Von Forbach in Richtung Bermersbach, Parkmöglichkeiten am Sportplatz

Navi
Mühlweg, 76596 Forbach-Bermersbach (Parkplatz ausgeschildert)

Ausgangspunkt
Infotafel Ortsmitte

Einkehr
Rucksackvesper

Dieser liebevoll gestaltete Themenweg führt uns durch eine für diese Region typische Landschaft. Wir folgen dabei den hübschen Steintierchen und müssen unterwegs kleine Aufgaben lösen. Für die Erwachsenen gibt es Sinnsprüche zum Thema Glück, für die Kinder jede Menge zu entdecken, zu rätseln und zu spielen – ein perfekter Tag draußen in der Natur.

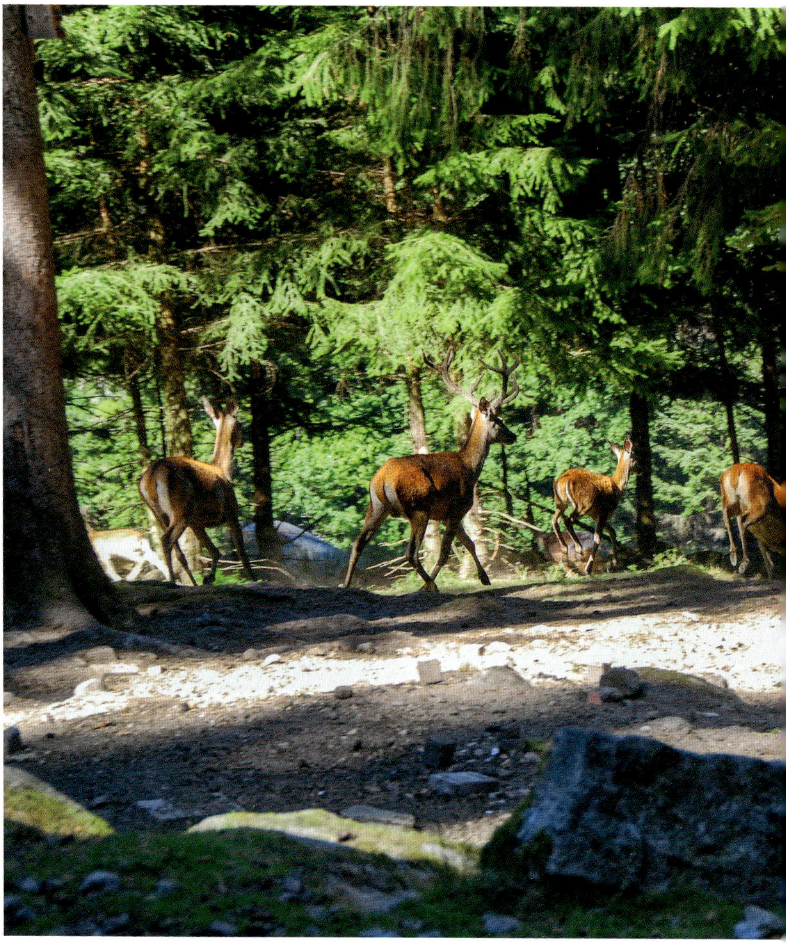

Wandert man auf der anderen Talseite Richtung Bermersbach zurück, kommt man am Wildgehege vorbei.

Julia: »Am schönsten war es, im Bach zu plantschen.«

Wir starten an der Infotafel in der Ortsmitte, direkt gegenüber der Bushaltestelle, wo es auch einen Infoflyer zum Themenweg gibt. Der Weg verläuft zunächst kurz, aber steil durch das idyllisch gelegene Bermersbach. Dafür biegen wir links von der Hauptstraße in die Haulerstraße ab. Wer mit dem Kinderwagen unterwegs ist: Durchhalten, es ist wirklich nur ein kurzes Stück, bevor wir links in einen Schotterweg abbiegen, der uns in ein traumhaft schönes Wiesental führt. Die Heuhütten, die man immer wieder vom Weg aus sieht, sind typisch für das ganze Murgtal. Tiroler Einwanderer, die sich unter anderem hier niederließen, bauten diese besonderen Holzhütten, um darin Heu für ihr Vieh zu trocknen und zu lagern, bis es im Herbst ins Tal geschafft wurde. Wir wandern von Station zu Station, von Geschichte zu Geschichte, von Aufgabe zu Aufgabe, immer am Scheerbach entlang. Unterwegs wartet sogar ein kleiner Spielplatz mit Rutschbahn und Klettersteinen sowie ein schöner Rastplatz am Wasser. Am Ende des Themenwegs kann man sich mit Quellwasser an einem Brunnen erfrischen. An der Schutzhütte, die dort steht, finden wir an der Seite einen Holzkasten, in dem sich ein »Gästebuch« befindet, in das man sich eintragen kann. Wer mit dem Kinderwagen unterwegs ist, geht am besten dieselbe Strecke zurück, als Variante kann man auch auf der anderen Talseite zurückwandern. Hierzu folgen wir der Beschilderung auf der rechten Seite des Bachs in Richtung Bermersbach. Unterwegs gibt es noch ein Wildgehege (Fernglas mitnehmen) und zum Abschluss eine Mühle mit Backhäuschen, bevor man wieder im Dorf angelangt.

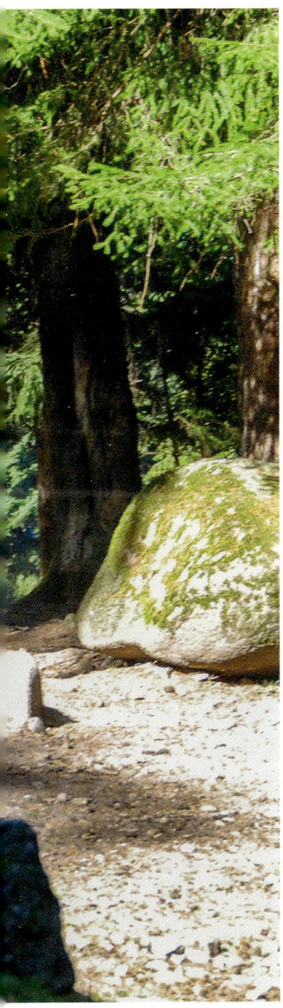

Anna: »Mir haben besonders die Steintierchen gefallen.«

In Bermersbach

Der Ziegenpfad ist ein weiterer schöner Themenweg, und auch die Giersteine und den tollen Spielplatz direkt daneben sollte man mitnehmen.

14 Schwarzenbachtalsperre - Seerundweg

Gemütlicher Spaziergang mit Bademöglichkeit

leicht | 3,6 km | wenige | 2 Std.

Tourencharakter
Geschotterter Waldweg

Geeignet für
Kinderfüße ab 2 Jahren, Kraxe/Tragetuch, Kinderwagen

Anfahrt
Von der B462 bei Raumünzach auf die L83 in Richtung Talsperre abbiegen

Navi:
Schwarzenbach-Talsperre, 76596 Forbach

Ausgangspunkt
Parkplatz an der Talsperre

Einkehr
Kiosk, wetterabhängig geöffnet; Rucksackvesper

Die Schwarzenbachtalsperre ist der größte Stausee im Nordschwarzwald, eingebettet in eine wundervolle Landschaft. Wir bestaunen die beeindruckende Staumauer und spazieren am See entlang zu einem schönen Naturstrand. Das Betreten der Uferzone und Baden sind auf eigene Verantwortung erlaubt.

Vom Parkplatz aus spazieren wir über die beeindruckende Staumauer und genießen einen ersten Ausblick auf den See. Am Ende der Staumauer links befindet sich die erste Infotafel für Technikbegeisterte. Die EnBW, die den Stausee zur Energiegewinnung nutzt, hat hier einen kleinen Lehrpfad angelegt. Auf

Julia: »Wir haben Fische gesehen!«

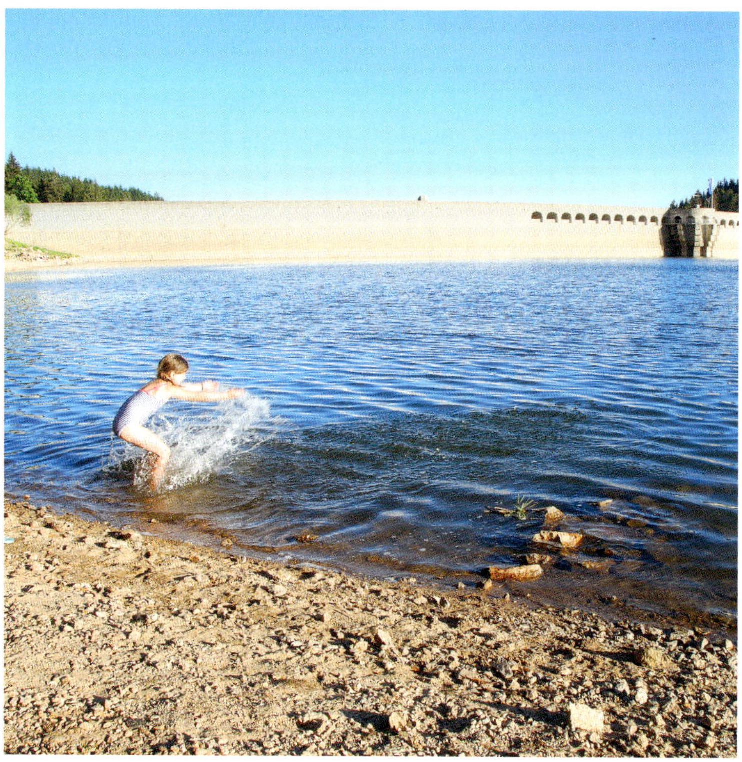

Ganze 400 Meter lang und 65 Meter hoch ist die gigantische Staumauer an der Schwarzenbachtalsperre.

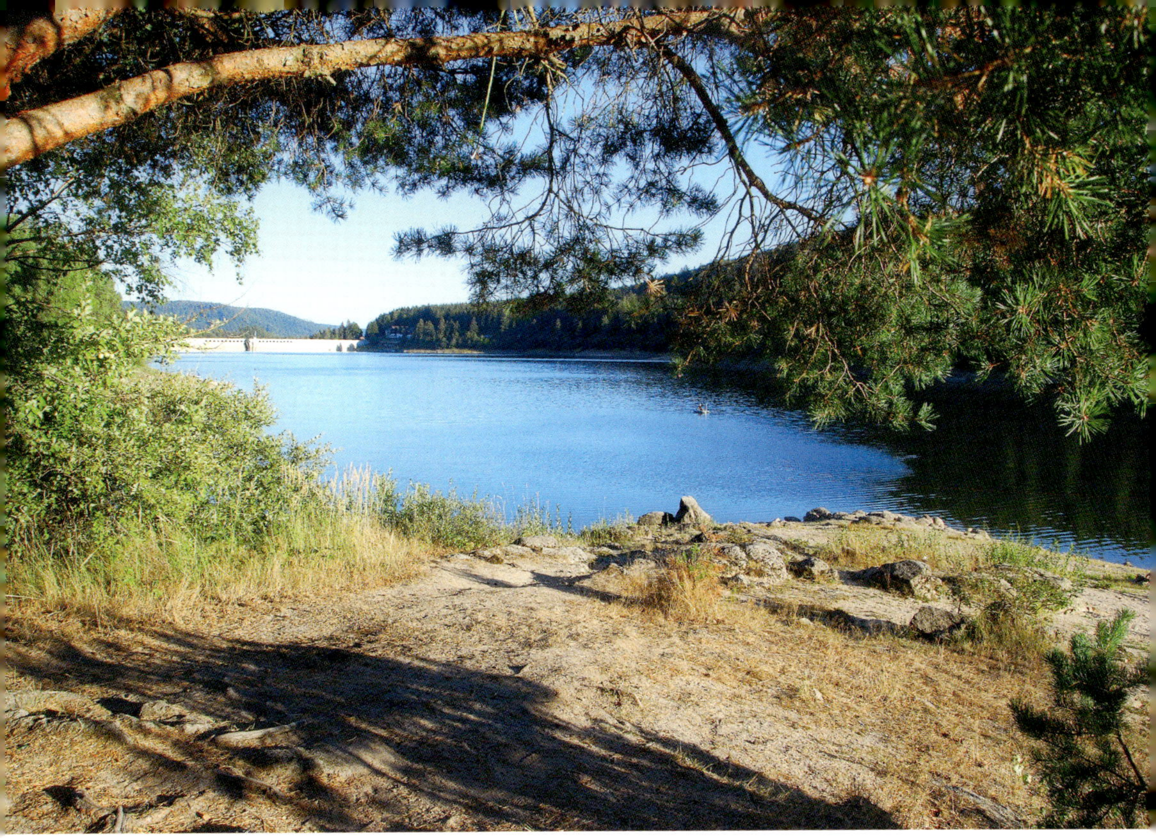

Ein gemütlicher »Strandtag« ist auch im Schwarzwald möglich.

Anna: »Die Mauer ist wirklich riesig.«

den Infotafeln kann man sehen und nachlesen, wie schwierig und zeitaufwendig der Bau der Staumauer war. Wir wandern auf einem breiten kinderwagentauglichen Schotterweg am See entlang und haben immer wieder einen schönen Blick auf das Wasser und die Umgebung. Nach knapp zwei Kilometern taucht rechts hinter einer scharfen Biegung eine kleine Wiese auf, dann folgen wir links einem schmalen Trampelpfad zu einem Grasstrand (oder einem Kies- und Sandstrand, je nach Pegelstand), der perfekt zum Spielen ist. Vielleicht lässt man sich hier zu einem gemütlichen Picknick nieder, streckt die Füße ins Wasser oder baut Steinmännchen. Es gibt auch einen 6,5 Kilometer langen Seerundweg, der gut ausgeschildert ist. Für Familien mit kleineren Kindern ist dieser aber eher ungeeignet. Am besten geht man stattdessen dieselbe Strecke wieder zurück und genießt zum Abschluss am Kiosk noch ein Eis.

Boot fahren

Ungefähr 50 Meter vom Kiosk entfernt befindet sich ein Bootsverleih. Erkunden Sie den See mit dem Tret- oder Elektroboot! Das macht Spaß!

15 Baiersbronn – Sankenbachsee und Glasmännlehütte

Wandern im Wanderparadies

mittel | 7 km/3,3 km | 75 m | 2,5 Std./1,5 Std.

Tourencharakter
Schotter- und Waldwege

Geeignet für
Kinderfüße ab 3/4 Jahren, Kinderwagen (zum Sankenbachsee möglich, zur Glasmännlehütte anstrengend), Kraxe/Tragetuch

Anfahrt
Baiersbronn liegt an der B 462 und an der Bahnstrecke Rastatt-Freudenstadt

Navi
Sankenbachstraße 2, 72270 Baiersbronn

Ausgangspunkt
Der Wanderparkplatz am Sessellift ist ab Baiersbronn Ortsmitte ausgeschildert.

Einkehr
Glasmännlehütte tägl. 10–18 Uhr, Sankenbach Lodge Mi–So 11–18 Uhr, Di Ruhetag

Ein Ausgangspunkt, zwei tolle Touren! Das gilt besonders im Herbst, wenn sich der Wald schön bunt färbt. Zu fuß geht es hinauf zur Glasmännlehütte, wo man urig essen und anschließend gemütlich den Serpentinenweg hinunterspazieren kann. Zum Sankenbachsee geht es immer am Sankenbach entlang und an einem Wildgehege und einem kleinen Spielplatz vorbei.

Glasmännlehütte

Die Murgtalgemeinde Baiersbronn ist nicht nur für ihre Spitzengastronomie bekannt, sondern sie bezeichnet sich selbst auch als Wanderhimmel im Schwarzwald. Es sind auch zwei wirklich tolle Touren, die hier auf uns warten, und beide haben ihren Startpunkt am Wanderparkplatz unterhalb des Sessellifts. Leider

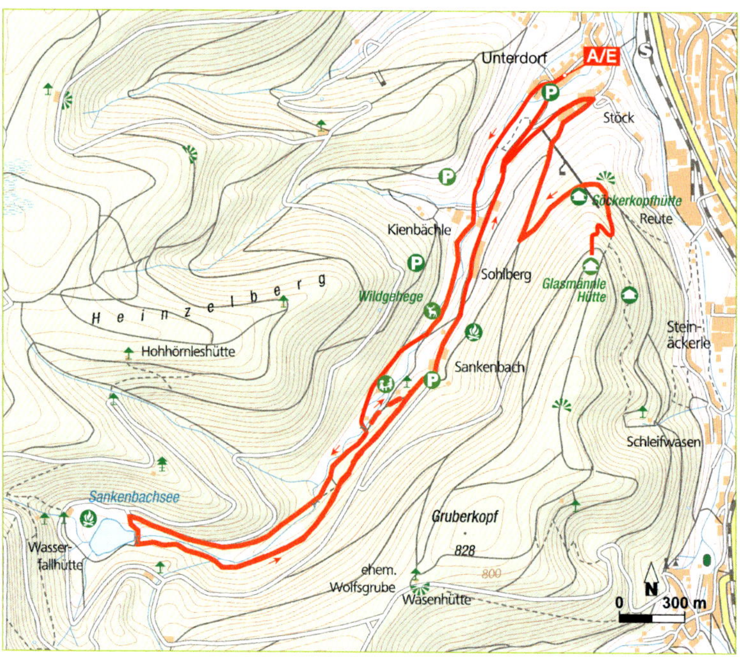

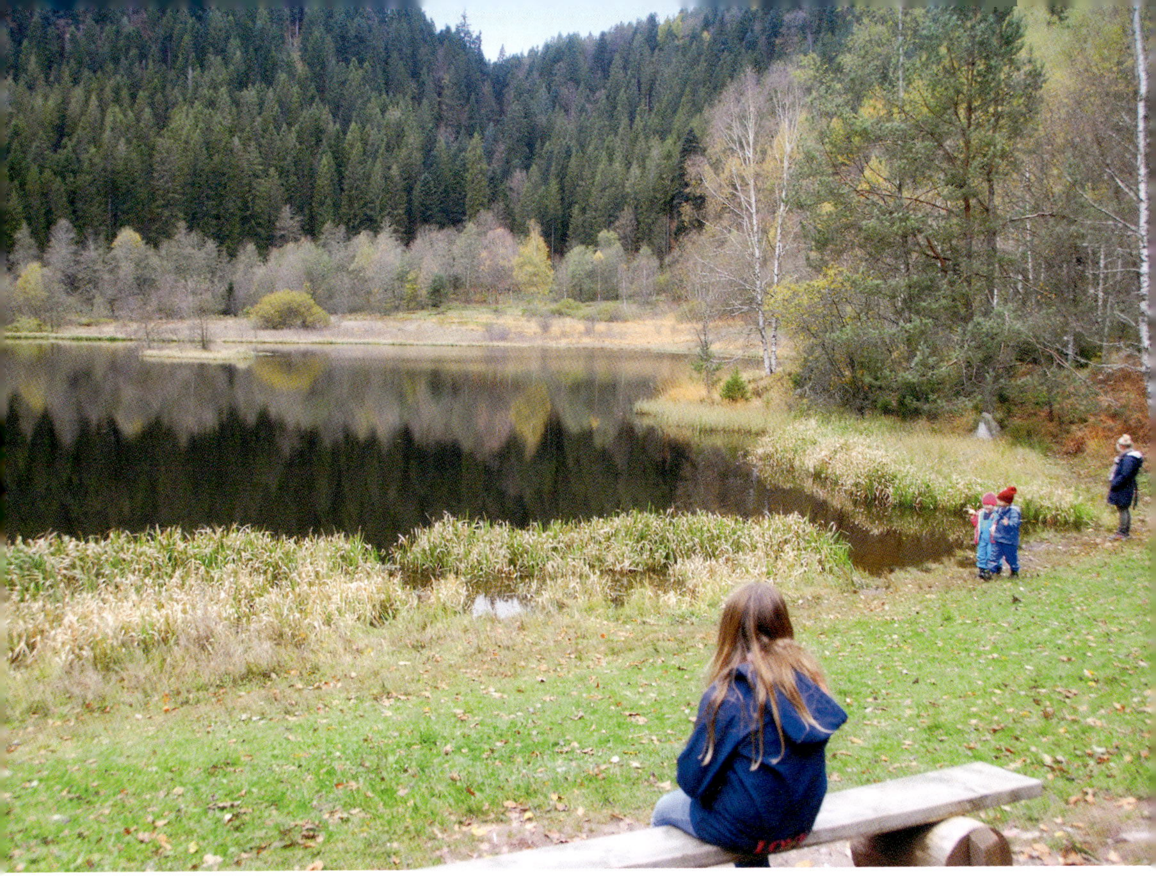

hat der Sessellift nach über 50 Jahren zugemacht. In Serpentinen geht es etwa 1,5 km hoch zur Glasmännlehütte. Von der Terrasse des urigen Wanderlokals hat man dann einen tollen Blick auf das Tal. Außerdem gibt es hier wirklich leckeren Kuchen. Nach einer Stärkung folgt man dem Serpentinenweg wieder talwärts, mal im Wald, mal auf der Wiese, und immer wieder bietet sich eine fabelhafte Aussicht.

Der Sankenbachsee ist ein Karsee und in der letzten Eiszeit entstanden.

Sankenbachsee

Um zum See zu gelangen, überqueren wir vom Parkplatz aus zunächst den Sankenbach und wandern dann nach links. Der Weg ist für Kinderwagen geeignet, allerdings muss man kurz vor dem See, hinter dem Waldspielplatz, dem Wirtschaftsweg anstelle des Waldpfads folgen. Bis zum Sankenbachsee ist der Weg auch mit »Genießerpfad« gekennzeichnet. Es geht sehr idyllisch durch das Sankenbachtal, links der Bach, rechts Wiese und Wald. Nach etwa 800 Metern erreichen wir das Wildgehege, wo man mit etwas Glück Rotwild beobachten kann. Wenige Meter nach dem Wildgehege kommen wir zu einem kleinen Spielplatz mit

Wippe, Rutschbahn und Klettergerüst – Zeit für eine Spielpause! Anschließend verläuft die Strecke ein kurzes Stück bergab, dann über eine Holzbrücke und schließlich rechts an der Viehweide entlang bachaufwärts. Wer mit dem Kinderwagen unterwegs ist, wendet sich hinter der Holzbrücke nach links und bald darauf wieder nach rechts und folgt dem Wirtschaftsweg bis zum See. Der Sankenbachsee ist eigentlich ein Karsee. Eine kleine Staustufe verhindert, dass er verlandet. Im Wasser kann man riesengroße Karpfen beobachten und vielleicht mit ein paar Krümeln vom Vesperbrot anlocken. Zu den Sankenbachfällen ist es nun auch nicht mehr weit. Ein kurzer Abstecher lohnt sich! Hierzu folgt man einfach dem Wegweiser. Bevor es zum Wasserfall hinaufgeht, passiert man einen netten Grillplatz. Bei schönem Wetter ist hier allerdings meist einiges los. Zurück kann man links oder rechts des Sankenbachs gehen, vor dem Parkplatz treffen sich die beiden Wege wieder.

Lust auf Spielplatz?

Noch ein bisschen toben? In Baiersbronn, im Park an der Freudenstädter Straße 33, gibt es einen tollen Mehrgenerationen-Spielplatz.

Unten: Auf dem Weg zum Sankenbachsee

Rechte Seite: Gibt es hier Fische?

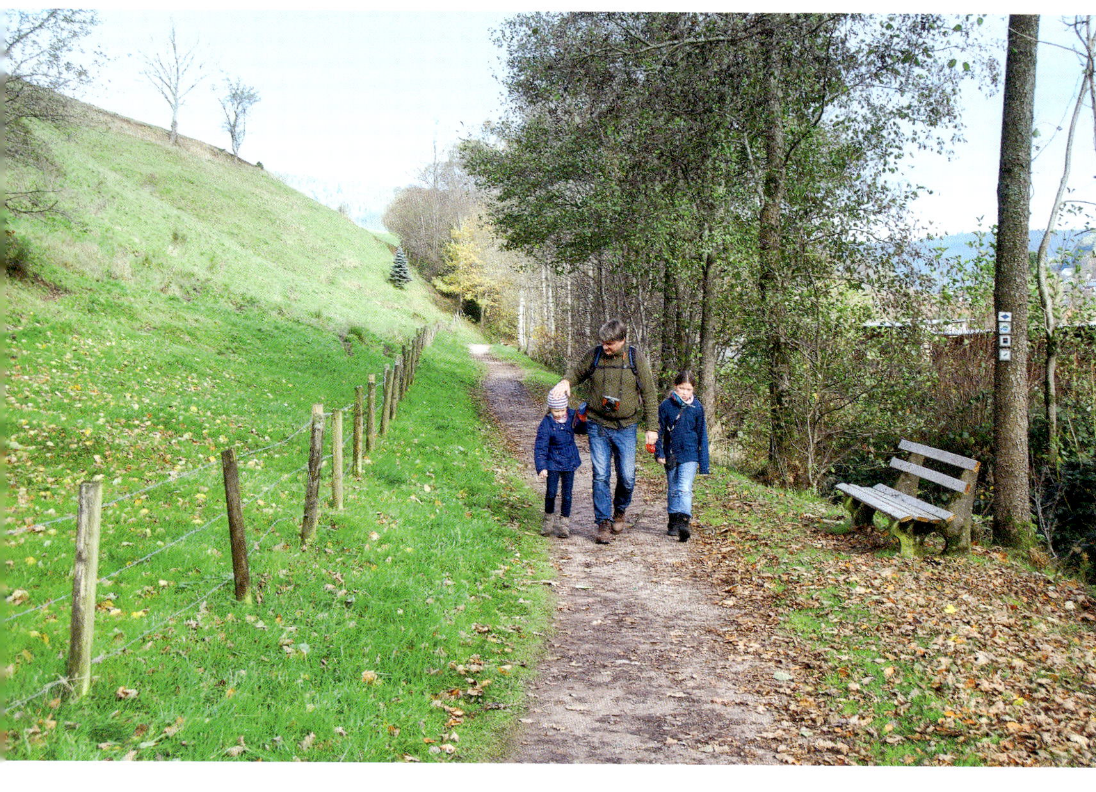

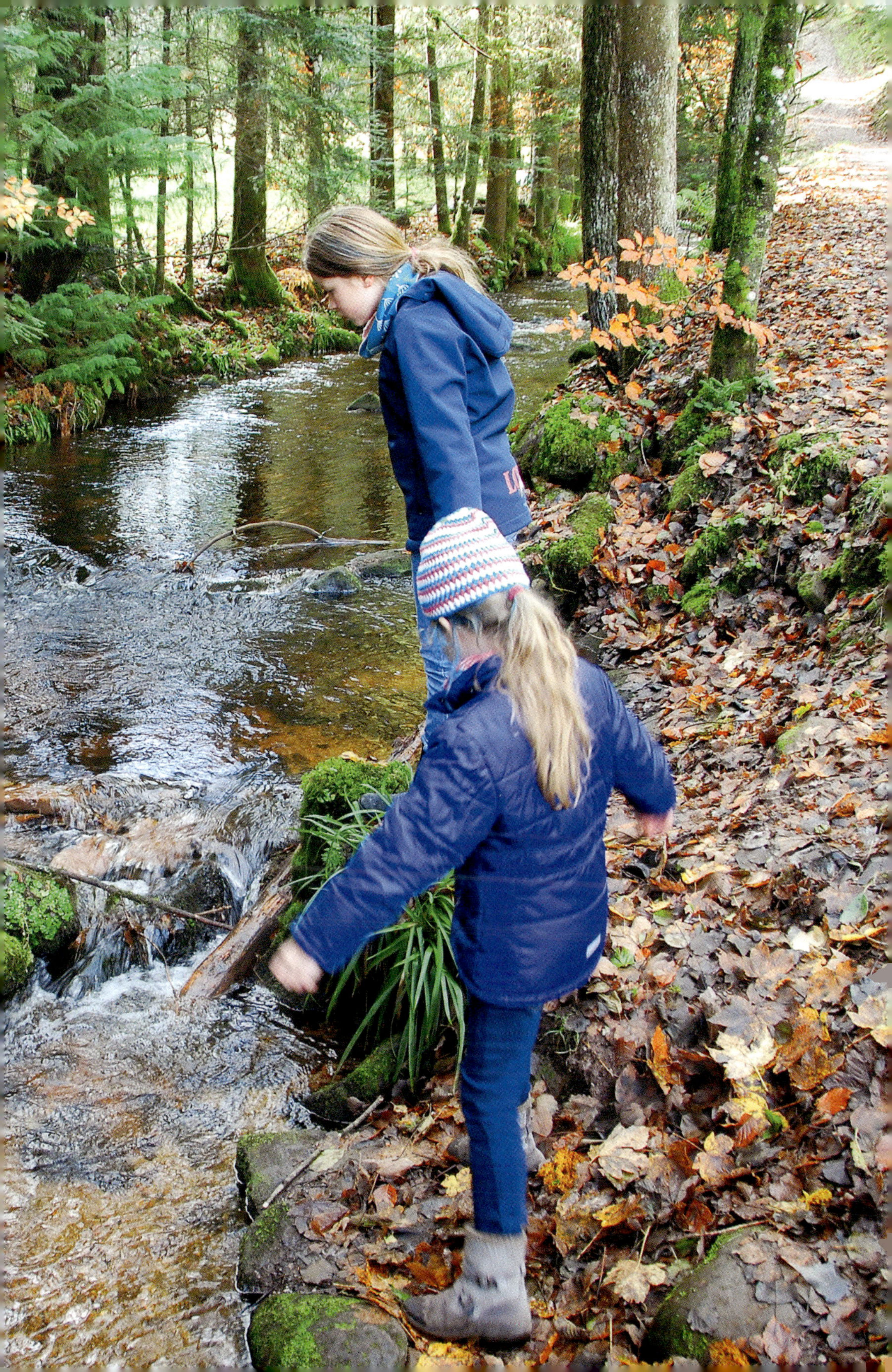

16 Schwarzwaldhochstraße – Luchs- und Wildnispfad

Zwei Themenwege an der Schwarzwaldhochstraße

mittel/schwer	4,5 km/3,5 km	75 m	2,5 Std./2 Std.

Tourencharakter
Schmale Waldpfade, Bohlenwege, Stufen

Geeignet für
Kinderfüße ab 4/5 Jahren, Kraxe/Tragetuch

Anfahrt
über die B 500; ÖPNV: Bus Linie 245 ab Baden-Baden

Ausgangspunkt
Wanderparkplatz Plättig

Einkehr
Rucksackvesper; Gasthaus Kolhbergwiese, Kohlbergstraße 4, 77830 Bühlertal, Mi–So 11–18 Uhr

Hier locken gleich zwei schöne Themenwege, bei denen man den Wald mit allen Sinnen erleben kann. Über Stock und Stein und auf schmalen Wurzelpfaden geht es durch die Natur. Am Wildnispfad ist auch Klettern und Kraxeln angesagt, und unterwegs gibt es Wissens- und Spielstationen sowie kleine Rätsel. Super!

Julia: »Der Wildnispfad hat mir super gefallen!«

Wir erreichen die Themenwege über die B 500 – die Schwarzwaldhochstraße. Sie ist eine der ältesten und auch eine der bekanntesten Panoramastraßen Deutschlands. Die Straße führt von Baden-Baden nach Freudenstadt und steht bei vielen Schwarzwaldbesuchern ganz oben auf der Liste. Unterwegs bieten sich zahlreiche herrliche Ausblicke und Ausflugsziele wie der Mummelsee, der Ruhestein oder der Schliffkopf. Seit 2014 gibt es den Nationalpark Schwarzwald Mitte/Nord, der sich größtenteils über ein Gebiet zwischen der Bühler Höhe und dem Ruhestein erstreckt. Aktuell wird ein neues Naturparkzentrum am Ruhestein gebaut. Unsere Tour beginnt am Wanderparkplatz am Plättig. Hier finden wir auch Übersichtskarten und Infotafeln.

Unbedingt beachten
Man sollte nur bei trockenem Wetter wandern, auch nicht direkt nach einem Regenguss – der Weg könnte rutschig sein. Festes Schuhwerk einpacken!

Luchspfad

Wir überqueren die Straße und folgen der Beschilderung, die zunächst noch für beide Themenwege gilt. Der Luchspfad eignet sich eher für etwas größere Kinder, da die Strecke länger ist. Beim Wildnispfad kann man immer wieder abkürzen, weswegen er auch für jüngere Abenteurer geeignet ist, aber beide Themenwege fordern die Kids. Es geht am ehemaligen Luxushotel Bühlerhöhe vorbei zu einer Weggabelung, an der man

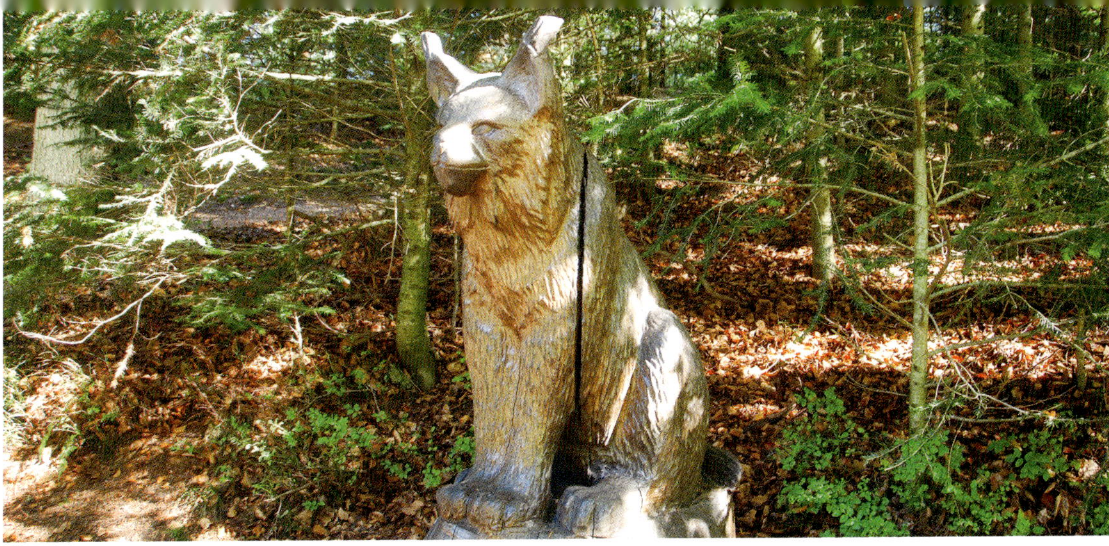

Was für ein prächtiger Luchs!

sich in Richtung Kapelle wendet, wenn man den Luchspfad gehen möchte. Nach etwa 300 Metern erreichen wir den Ausgangspunkt für diesen: die Informationshütte. Hier stehen interessante Infotafeln zu Lebensraum, Verhalten und Lebensweise der Tiere. Nun führt der Weg an der Luchsstatue vorbei über Steintreppen, Brücken, Bohlen und Wurzelwerk durch den Wald. Etwa auf halber Strecke befindet sich ein schöner Rastplatz, und immer wieder gibt es Wissenstafeln und kleine Aufgaben zu bewältigen: Ohren spitzen, aufpassen und schleichen! Der Luchspfad eignet sich sehr gut für den naturinteressierten Nachwuchs.

Anna: »Die Hängebrücke am Adlerhorst war ganz schön wackelig.«

Wildnispfad

Da gleicht der Wildnispfad schon eher einer Art Abenteuerspielplatz. Hier sind eher Beweglichkeit und Ausdauer gefragt, denn es muss manche Stiege erklommen und manch ein Baumstamm überklettert werden. Höhepunkt des Wildnispfades ist der Adlerhorst, eine Aussichtsplattform mit Hängebrücke hoch oben in den Baumkronen. 1999 fegte der Orkan Lothar über die Schwarzwaldhöhen und richtete unter anderem hier am Plättig großen Schaden an. Der Wildnispfad hat diese Naturgewalt zum Thema gemacht und veranschaulicht. Hier entwickelt sich ein neuer Wald, der ohne nennenswerte Eingriffe wachsen und werden darf. Fazit: Beide Themenwege sind toll!

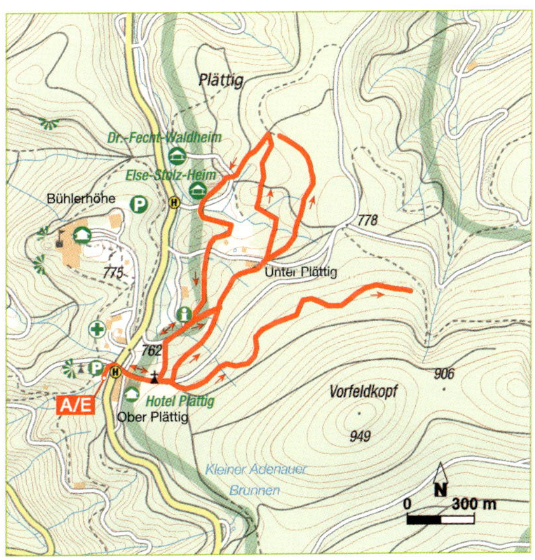

17 Schwarzwaldhochstraße – Mummelsee

Besuch beim Mummelseekönig

leicht | 1,2 km | wenige | 40 Min.

Tourencharakter
Schmale Waldpfade, Bohlenweg

Geeignet für
Kinderfüße ab 2/3 Jahren, Kinderwagen oder Kraxe/Tragetuch

Anfahrt
über die B 500; ÖPNV: Busverbindung Mummelsee-Hornisgrinde, Buslinie 7123 ab Achern, Ottenhöfen, Oppenau, der Bus verkehrt von 1. Mai bis 1. Nov., siehe aktuelle Abfahrtszeiten unter www.bahn.de/suedwestbus/view/angebot/buslinien/panoramalinie.shtml

Navi
Schwarzwaldhochstraße 11, 77889 Seebach/Mummelsee

Ausgangspunkt
Parkplatz Mummelsee

Einkehr
Berghotel Mummelsee, Küche tägl. 11.30–21 Uhr, im Winter wetterabgängig

Der Mummelsee steht bei vielen Schwarzwaldbesuchern auf der To-Do-Liste, weswegen es an schönen Tagen hier auch recht lebendig zugeht. Nichtsdestotrotz ist er einen Ausflug wert, denn es gibt einen interessant angelegten Kunstpfad rund um den See, der auch den Kindern Spaß macht. Außerdem kann man unterwegs einiges über die Sagenwelt rund um den Mummelsee erfahren.

Wir gehen vom Parkplatz aus in Richtung See, vorbei am Souvenirladen, in dem man neben frisch gebackenem Holzofenbrot (lecker!) auch »original cocoo clocks« kaufen kann. Dann spazieren wir nach rechts um den See herum. Zunächst gelangen wir zu

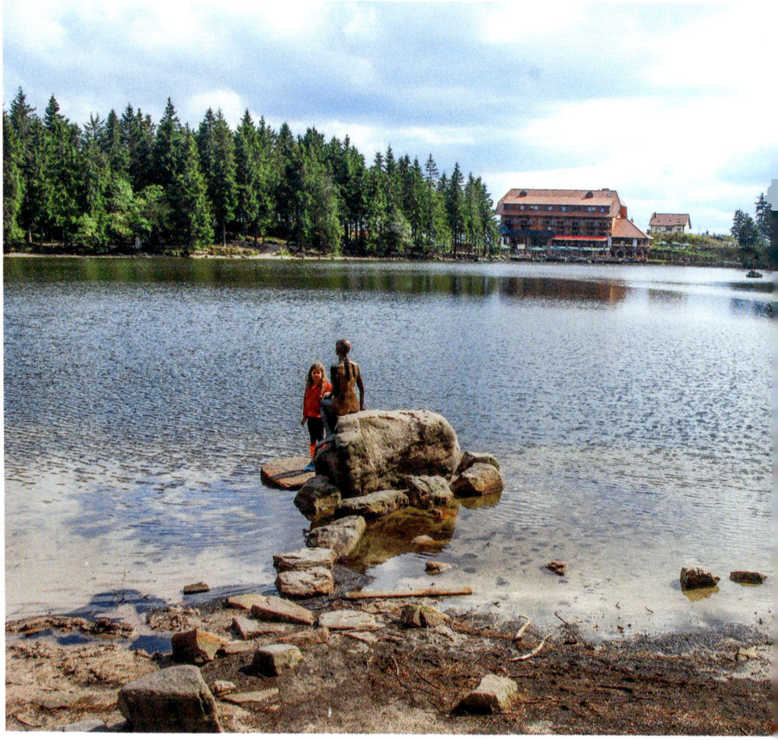

Besuch bei der Wassernixe

einem kleinen Spielplatz mit Rutsche, Schaukel und Klettergerüst, kurz darauf zu einem Ziegengehege. Direkt dahinter geht es rechts hoch zum König vom Mummelsee, einer schön geschnitzten Holzfigur. Um den Mummelsee, einen der größten Karseen im Schwarzwald, ranken sich viele Legenden und Geschichten. Eine von ihnen erzählt vom Mummelseekönig und seinen Wassernixen, die in einem kristallenem Schloss am Grunde des Sees wohnen und jede Nacht hinaufsteigen, um zu singen und zu tanzen. Wir folgen dem Weg weiter und entdecken weitere Kunstwerke, die alle einen Bezug zur Natur und Sagenwelt des Schwarzwalds haben. Fast genau gegenüber vom Berghotel sitzt eine kleine Wassernixe auf einem Stein. Bei niedrigem Wasserpegel können die Kinder von Stein zu Stein hüpfen und die Nixe besuchen. Der Weg führt weiter zur geschnitzten Figur des Jägers und schließlich wieder zum Ausgangspunkt.

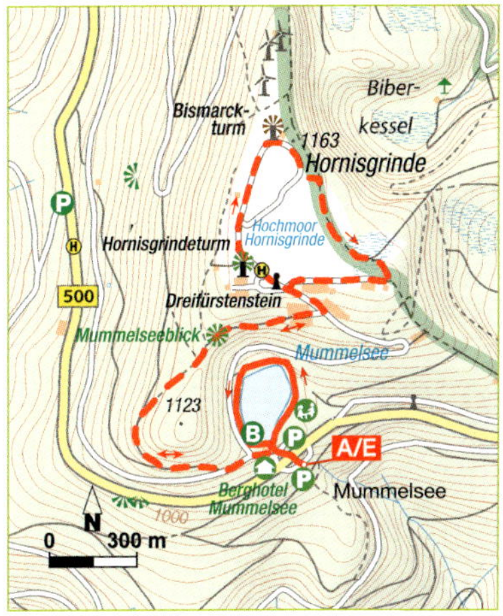

Wer mehr Zeit hat, dem sei der Grindenpfad empfohlen. Vom Berghotel aus fahren in der Saison regelmäßig Busse hinauf zur Hornisgrinde, der höchsten Erhebung im Nordschwarzwald. An den zwölf Stationen des Themenpfads erfahren wir Wissenswertes über die Hochmoorlandschaft, die typisch für den Nordschwarzwald ist, ihre Bewohner und die Pflanzen, die hier wachsen. Kleine Spielstationen bieten Spaß und Entspannung. Der Pfad führt auf Bohlenwegen durch diese charakteristische Landschaft und passiert Aussichtspunkte und Besonderheiten – ein toller Weg! Der Startpunkt für den Grindenpfad befindet sich hinter dem Hornisgrindeturm. Wer hochwandern möchte (1,5 km), sollte nicht die Asphaltstraße gehen, es sei denn, man ist mit dem Kinderwagen unterwegs. Es ist zwar die kürzeste Strecke, aber wesentlich schöner ist der Westweg, der ebenfalls hinaufführt. Die Abzweigung befindet sich hinter dem Berghotel und ist ausgeschildert.

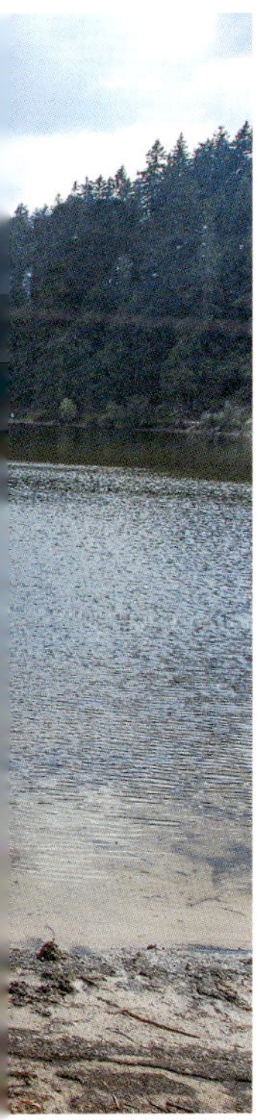

Kinder aufgepasst!

Immer samstags können die Kinder selbst Holzofenbrot backen – natürlich unter Anleitung. Mehr Infos unter: www.mummelsee.de

18 Schwarzwaldhochstraße – vom Ruhestein zum Wildsee

Wandern im Nationalpark

schwierig 3,2 km 290 m 2,5 Std.

Tourencharakter
Mal schmalere, mal breitere Waldwege

Geeignet für
Kinderfüße ab 5 Jahren, Kraxe/Tragetuch

Anfahrt
Über die B 500; ÖPNV: Buslinie 7123 ab Achern, Ottenhöfen, Oppenau

Navi
Schwarzwaldhochstraße 11, 77889 Seebach/Mummelsee

Ausgangspunkt
Wanderparkplatz Ruhestein

Preise
Bergfahrt mit dem Sessellift: Kinder 2 €, Erwachsene 3 €, am Wochenende und an Feiertagen 9.30–18 Uhr, wetterabhängig geöffnet, siehe aktuelle Zeiten unter www.skilift-ruhestein.de

Einkehr
Ruhesteinschänke an der Talstation, parallel zu den Betriebszeiten des Sessellifts geöffnet; Darmstädter Hütte, tägl. ab 10 Uhr

So schön und bei jedem Wetter ein tolles Erlebnis! Mit dem Sessellift geht es hinauf ins Wanderparadies. Von der Bergstation aus hat man die Möglichkeit, direkt zur Darmstädter Hütte zu wandern – eine urig-gemütliche Berghütte –, oder man steigt hinunter zum romantischen Wildsee und von dort zur Darmstädter Hütte oder gleich zurück zum Ruhestein. Egal wie, auf jeden Fall begeisternd!

Wir beginnen am Wanderparkplatz neben dem Naturparkzentrum unterhalb des Sessellifts und gehen in Richtung Lift am Restaurant vorbei. Wer nicht mit dem Sessellift fahren möchte, kann auch zu Fuß die etwa 1,4 Kilometer Serpentinen hinaufgehen. Von der Bergstation folgen wir dem Wegweiser in Richtung Wildsee und wandern durch eine ganz besondere

Julia: »Die Fahrt mit dem Sessellift war cool.«

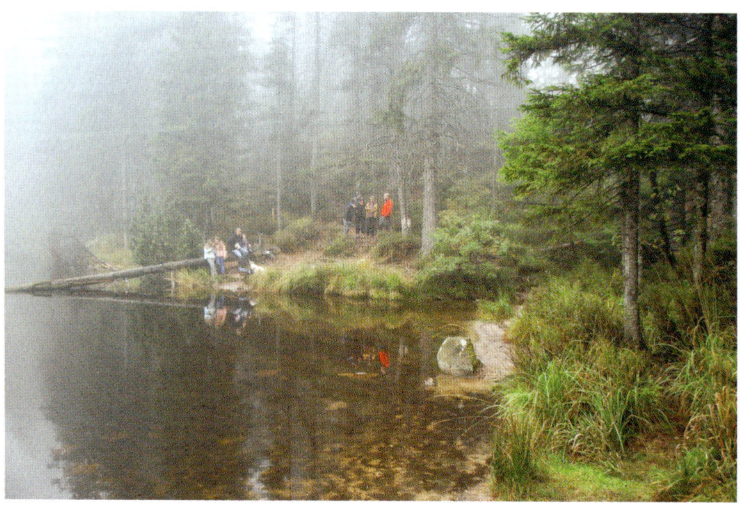
Rast am Wildsee

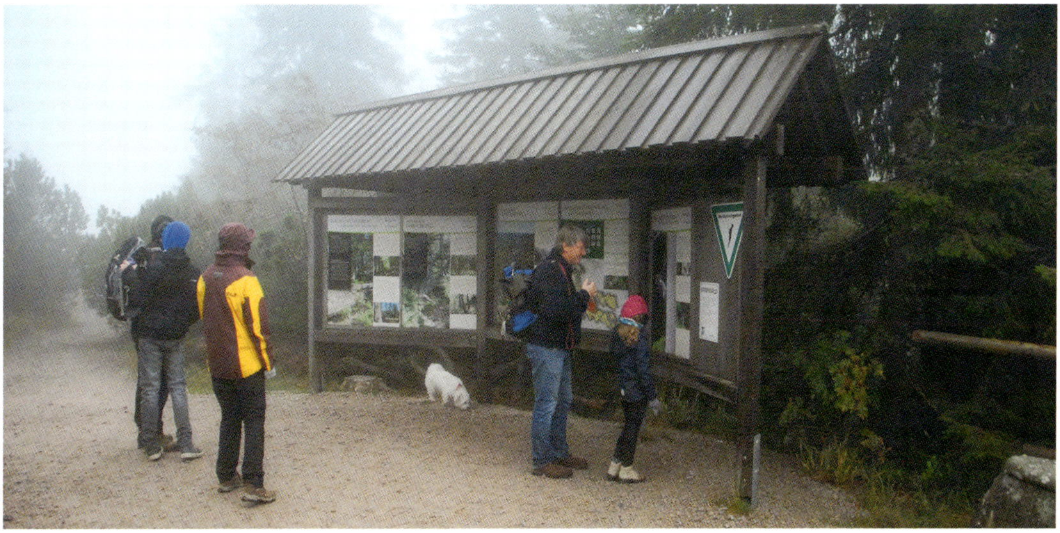

Wanderwetter ist immer!

Landschaft, die von Heidekraut und kleinen Kiefernbäumen geprägt ist. Mit ihren fast sieben Kilometern ist die Tour für Kinder ganz schön lang und teilweise auch anstrengend. Unsere Kids sind die Strecke aber ganz problemlos gelaufen, denn es gibt hier so viel zu sehen und zu entdecken, da bewegen sich die Füße wie von selbst. Besonders der Abstieg zum Wildsee ist ein Highlight, auch wenn er teilweise etwas mühsam ist. Am besten geht man den Weg, der mit dem Hinweis »Nur für Trittsichere« versehen ist. Dieser ist nicht gefährlich und für Kinder ungemein spannend. Ab und zu müssen Mama oder Papa eine Hand geben, dann schafft der Nachwuchs den Weg ohne größere Probleme.

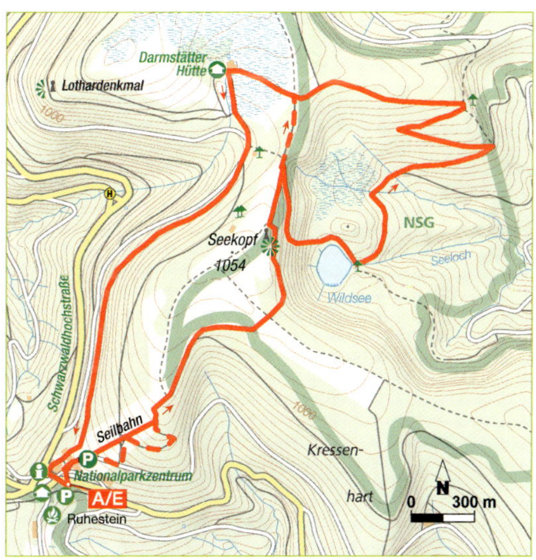

Der Wildsee ist wie so viele andere Schwarzwaldseen ein Karsee. Er ist von einem Bannwald umgeben, in dem schon seit 1911 kein Baum mehr gefällt worden ist. Die Landschaft hat einen sehr ursprünglichen Charakter und es ist auch nur ein kleiner Bereich des Sees für Wanderer zugänglich, sodass man einen einzigartigen und »wilden« Blick auf den See und seine Umgebung hat. In der Saison sind hier regelmäßig Ranger unterwegs, die auf die Einhaltung der Naturschutz-

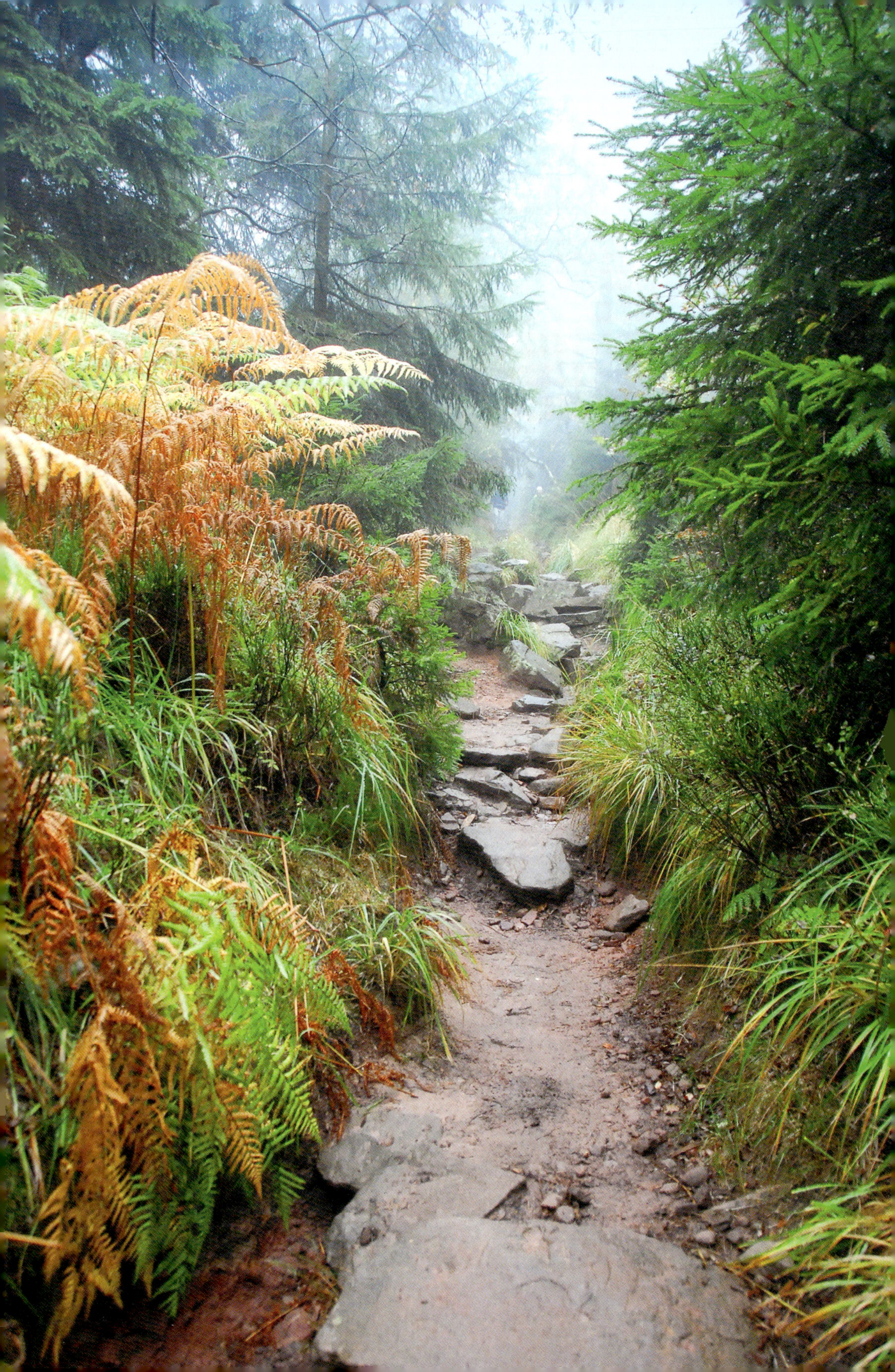

regeln achten, aber auch sehr gerne Auskunft über den Wald und seine Bewohner geben. Den See im Rücken, geht es vom kleinen Sandstrand aus weiter in Richtung Darmstädter Hütte, also nicht auf dem »Weg für Trittsichere«, über den wir gekommen sind. Zunächst führt uns die dank dem Schwarzwaldverein gut ausgeschilderte Strecke eben und dann leicht bergauf zurück auf die Höhe und dann nach rechts zur Darmstädter Hütte. Auf dieser geht es zu, wie es auf so einer Hütte zugehen muss: Es gibt stärkenden Erbseneintopf und hausgemachte Kuchen. Von der Hütte aus wandern wir nach links zurück zum Sessellift. Wer die Strecke komplett ablaufen möchte, folgt den Schildern bergab in Richtung Ruhestein und hält sich dann rechts, immer bergab. Am Ruhestein entsteht ein neues Nationalparkzentrum, das bis Herbst 2020 fertiggestellt sein soll. Im Moment kann man noch im alten Gebäude eine kleine Ausstellung zum Thema Natur besuchen.

Anna: »Der Ranger hat erzählt, dass es hier Auerhähne gibt, aber wir haben leider keine gesehen.«

Wissenswertes

Im Nationalparkzentrum am Ruhestein kann man eine Ausstellung zur Kulturgeschichte des Schwarzwalds sehen (Di–So 10–18 Uhr, Eintritt frei).

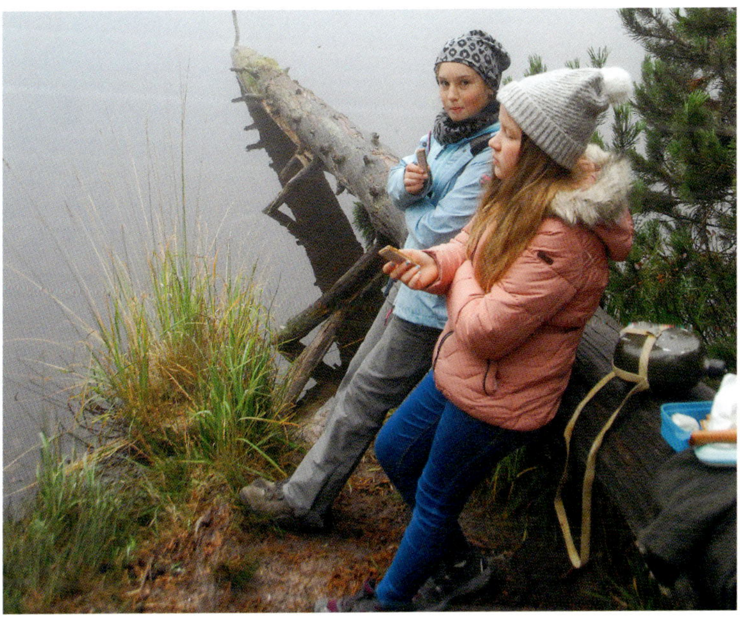

Links: Vesperpause

Linke Seite: So sehen spannende Wanderwege aus.

19 Schwarzwaldhochstraße - Lotharpfad

Auf den Spuren des Orkans

mittel | 1 km | 75 m | 1 Std.

Tourencharakter
Schmale Waldpfade, Bohlenwege, Treppen

Geeignet für
Kinderfüße ab 3/4 Jahren, Kraxe/Tragetuch

Anfahrt
Über die B 500, ÖPNV: Bus Linie F2 ab Freudenstadt, siehe aktuelle Zeiten unter: www.fahrplan-bus-bahn.de/baden-wuerttemberg/freudenstadt/bus_linie_bus_f2

Ausgangspunkt
Wanderparkplatz Lotharpfad, ca. 3,5 km vom Schliffkopf in Richtung Freudenstadt, ausgeschildert

Einkehr
Kniebishütte, Straßburger Str. 347, 72250 Freudenstadt, tägl. 11–19.30 Uhr

Auf einem aufwendig angelegten Themenweg geht es kreuz und quer durch eine wunderbare Landschaft. Die Kinder haben viel Spaß beim Erkunden, denn es warten Bohlenwege, Balancierstrecken und Aussichtspunkte – herrlich! Der Lotharpfad ist ein Rundweg der besonderen Art.

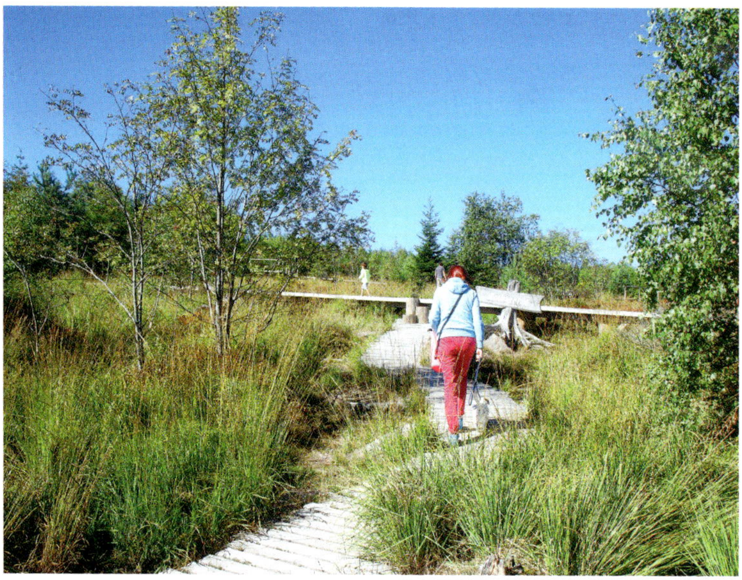

Schliffkopf

Im Spätsommer und Herbst wartet hier eine schöne Rundwanderung (4,2 km, Start und Ziel: Wanderparkplatz unterhalb des Hotels am Schliffkopf).

Im Dezember 1999 richtete der Orkan Lothar im Schwarzwald großen Schaden an – und das in unglaublich kurzer Zeit. Auf weiten Flächen knickten die Bäume einfach um, als wären sie Streichhölzer. Hier am Lotharpfad wurde der Wald sich selbst überlassen und die Natur erobert nun nach und nach diese sogenannten Sturmwurfflächen ohne Einwirkung des Menschen zurück: Ein Bannwald entsteht. So wie

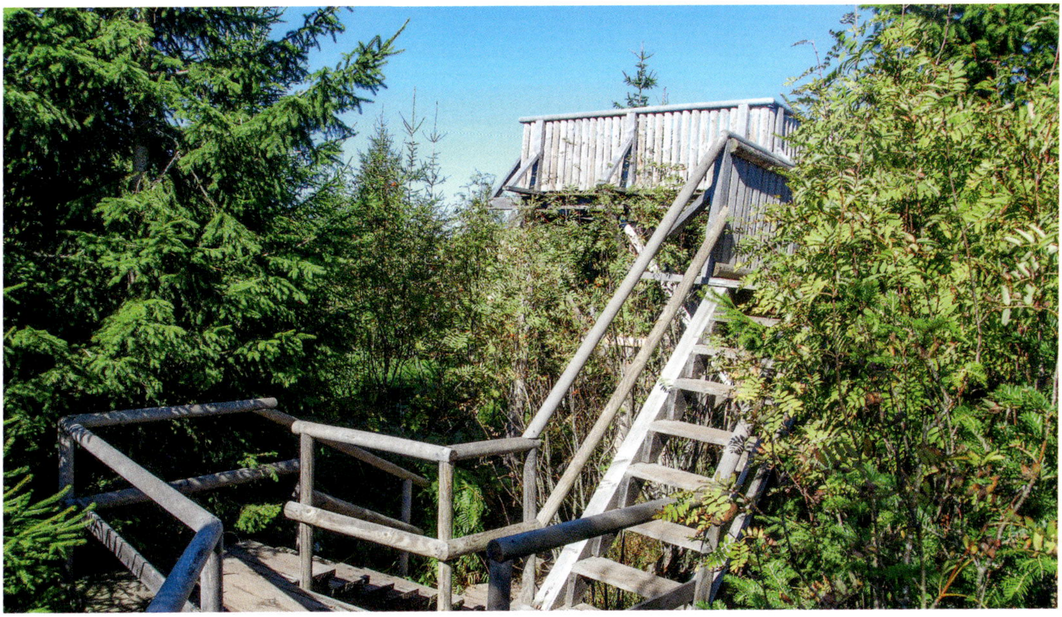

Von der Aussichtsplattform hat man einen tollen Blick auf den Nordschwarzwald.

Linke Seite: Auf Bohlen geht es durch Moos.

auch der Wildnispfad am Plättig hat sich der Lotharpfad dieses Naturereignis zum Thema gemacht. Der Lehrpfad ist aufwendig gestaltet und macht sehr viel Spaß. Über Bohlenwege, Treppen, Leitern, kleine Parcours und Aussichtsstationen geht es kreuz und quer immer der Beschilderung nach durch Heide, Moos und Wald. Am Ausgangs- und Endpunkt des Lehrpfads warten Tische und Bänke für ein gemütliches Picknick. Wer mehr von der einzigartigen Landschaft hier oben an der Schwarzwaldhochstraße sehen möchte, kann den Lotharpfad auch schön mit dem Panoramaweg (4 km) kombinieren. Dieser ist ebenfalls ab dem Wanderparkplatz ausgeschildert.

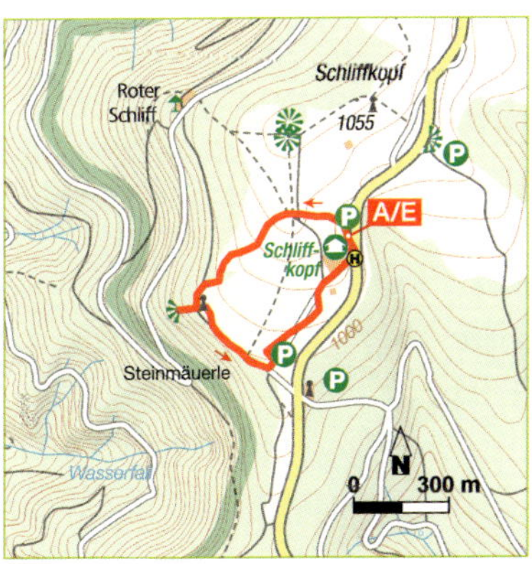

Kniebishütte

Wer mit dem Auto da ist, sollte ein paar Kilometer weiter Richtung Freudenstadt zum Kniebis fahren: Die Kniebishütte ist ein uriges Lokal mit Terrasse (tägl. 11–19 Uhr).

20 Loßburg - Zauberland

Zauberhafter Wassererlebnisweg

leicht | 500 m | wenige | 45 Min.

Tourencharakter
Wald- und Wirtschaftswege, Wurzelpfade

Geeignet für
Kinderfüße ab 2/3 Jahren, Kinderwagen, Kraxe/Tragetuch

Anfahrt
Über die B294 zum Freibad Loßburg, Schömberger Straße; ÖPNV: ab Freudenstadt mit der Bahn in Richtung Offenburg bis Haltestelle Loßburg Rodt oder ab Freudenstadt Buslinie 31, siehe aktuelle Zeiten unter www.vgf-info.de beziehungsweise www.bahn.de

Navi
72290 Loßburg, Schömberger Straße

Ausgangspunkt
Infopavillon Zauberland

Einkehr
Café und Bistro Kaminstube Schröder, In Lossburg, Pflegersäcker 2, Mi–So 12–21 Uhr. Es gibt Kuchen, Eis und kleine warme Gerichte.

Rund um den Kinzigursprung befindet sich das Loßburger Zauberland. Verschiedene Themen, Spiel- und Wissensstationen fordern mutige Entdecker. Die Wasser-Erlebnisrunde macht schon den Allerkleinsten viel Spaß und es gibt einen tollen Spaziergang zum Vogteiturm. Vom Aussichtsturm hat man einen grandiosen Blick über das Loßburger Land, bei gutem Wetter sogar bis zur Schwäbischen Alb.

Man kann das Loßburger Zauberland auf vielfältigen Wegen erkunden. Auf der Wasser-Erlebnisrunde begleiten wir das kleine Wassertropfenmädchen Winni auf ihrer Reise durch das Zauberland. Die liebevoll gestalteten Stationen machen viel Spaß. Es gibt jetzt auch ein Pixibuch mit Winnis Geschichten, Mal- und Rätselspaß – man kann das Büchlein für 5 € in der Loßburg Information (Hauptstraße 46, 72290 Loßburg) kaufen.

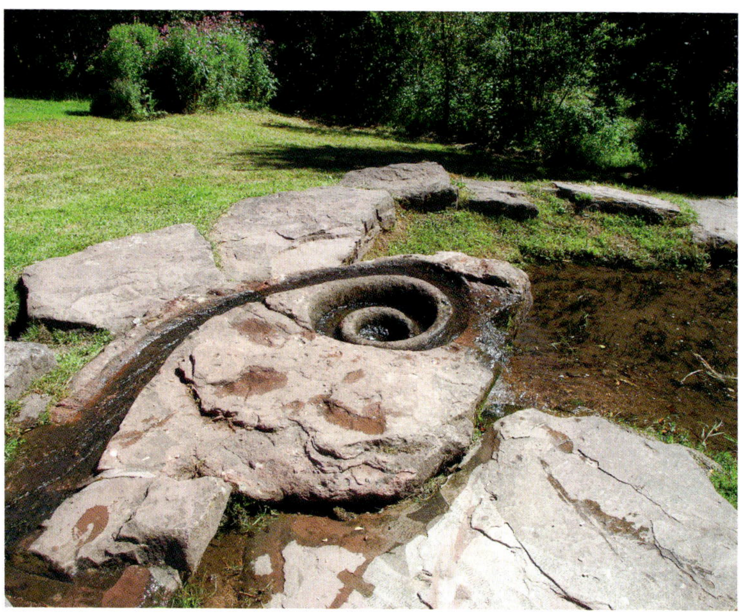

Hier dreht sich alles um das Element Wasser.

Rechte Seite: Besser Wechselkleidung mitnehmen, dann können die Kleinen entspannt spielen.

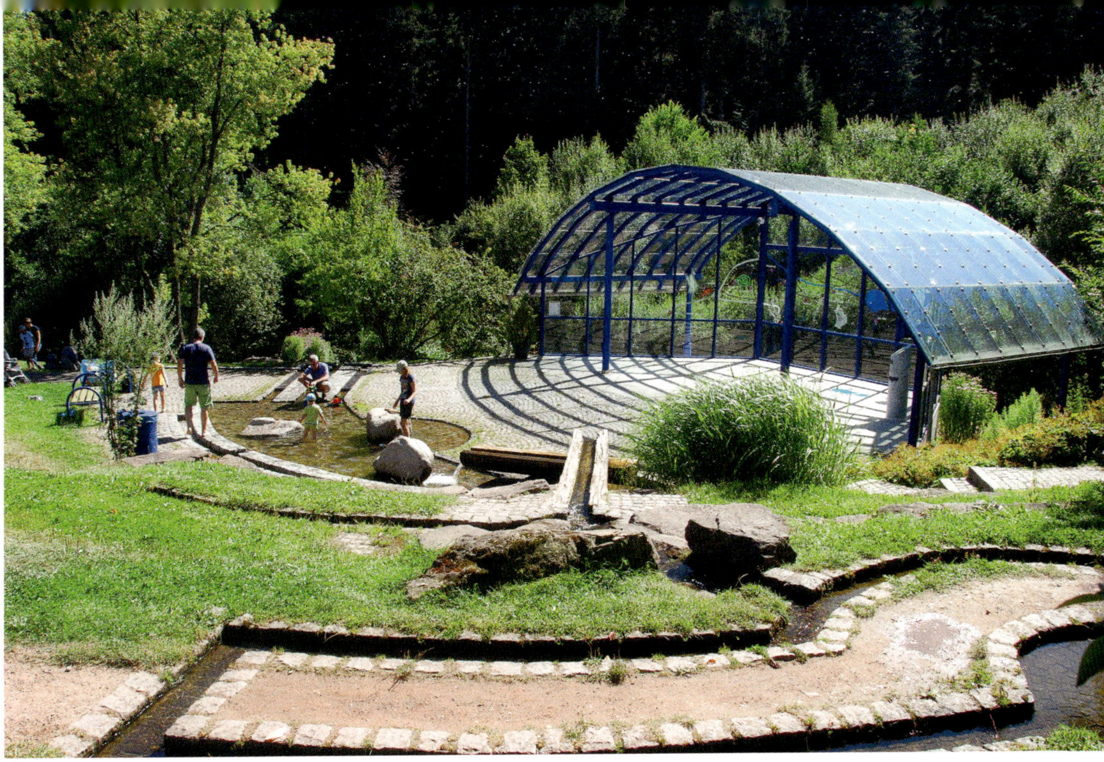

Wir starten am Infopavillon gegenüber vom Loßburger Freibad, an dem man eine Übersichtstafel und erste Infos findet. Gleich daneben wartet die erste Wasserspielstation. Wasser ist nicht nur faszinierend, sondern bekanntlich auch nass, man sollte daher an Wechselkleidung denken. Der Weg führt idyllisch durch den Wald bis zum Kinzigsee, unterwegs erwarten uns kleine Geschichten, Rätsel, Kletter- und Spielstationen.

Viel zu entdecken

Wir wollen nicht zu viel verraten, aber das Zauberland hält viele tolle Überraschungen bereit!

Nachdem wir dann auf der schwimmenden Brücke den kleinen Kinzigsee überquert haben – spannend! –, können wir entweder noch weiter bis zum Kinzigursprung wandern oder zurück zum Ausgangspunkt. Alternativ spazieren wir zum Vogteiturm (etwa 1 km) und genießen dort die herrliche Landschaft von oben.

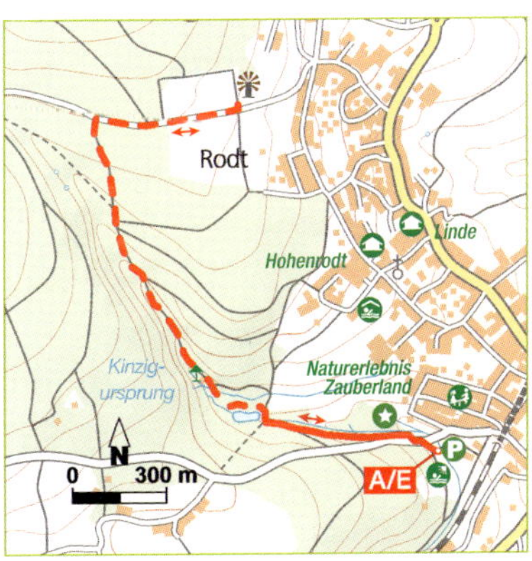

21 Wolftal - Glaswaldsee

Eine steile Sache

mittel | 2 km | 140 m | 2 Std.

Tourencharakter
Geschotterte Waldwege, Wurzelpfade

Geeignet für
Kinderfüße ab 4 Jahren, Kraxe/Tragetuch, Kinderwagen (anstrengend, aber möglich)

Anfahrt
Von Bad Rippoldsau-Schappach in Richtung Glaswald/Wolfach, dann rechts auf die schmale Straße abbiegen (ausgeschildert mit »Glaswaldsee 5 km«)

Ausgangspunkt
Parkplatz Glaswaldsee

Navi
Glaswaldstraße 24, 77776 Bad Rippoldsau-Schapbach

Einkehr
Rucksackvesper

Der steile Anstieg wird belohnt: Der Glaswaldsee, auch das blaue Auge des Schwarzwalds genannt, ist ein Karsee inmitten eines sehenswerten Naturschutzgebiets. Die Bänke am Ufer bieten Gelegenheit zu einem echten Schwarzwald-Picknick.

Es gibt viele Wege, die zum Glaswaldsee führen. Er ist vom Westweg oder vom Wanderparkplatz Mülbensattel aus zu erreichen, und auch Bad Griesbach und die Alexanderschanze sind nicht weit, so ist der Glaswaldsee, besonders im Hochsommer, ein beliebtes Ausflugsziel. Der Name erinnert an die Glasmacherei, die auch in dieser Region ihre Geschichte hat. Schon die Anfahrt ist ein Erlebnis: Schwarzwaldromantisch windet sich die schmale Straße durch das Seebachtal hinauf zum Wanderparkplatz. Ab hier geht es einen Kilometer immer bergauf bis hinauf zum See. Für die Kinder kann das durchaus eine Herausforderung sein, aber es ist ja nur ein kurzes Stück und einige »Ich-sehe-was-was-du-nicht-siehst« später ist man auch schon oben. Zunächst erreichen wir die Staumauer, die ursprünglich angelegt wurde, um das benötigte Wasser anzustauen, um Baumstämme ins Tal flößen zu können. Dank der Staumauer ist der Wasserspiegel im See höher und dies wirkt einer Verlandung entgegen. Am besten spaziert man rechts herum um den See, zunächst an einigen Rastbänken vorbei, über Steine und Wurzeln, durch Heidelbeergestrüpp oder am Ufer

Anna: »Wir waren auch im Bärenpark. Das war sooo toll!«

Anna: »Man kann dort die Bären ganz aus der Nähe sehen!«

Bärenpark

Rippoldsauer Str. 36/1, 77776 Bad Rippoldsau-Schapbach, Familienticket 25 €, Hunde erlaubt, tägl. 10–18 Uhr.

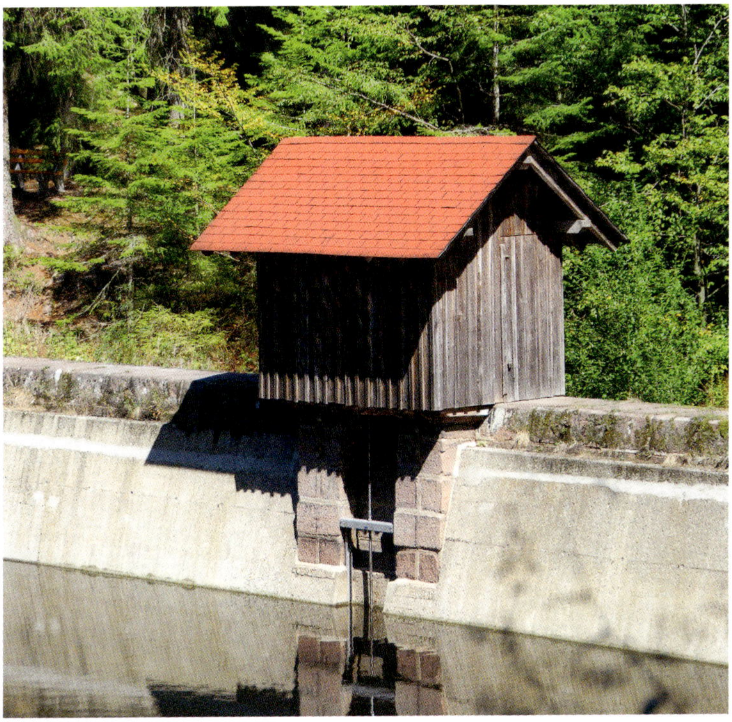

Der Glaswaldsee ist wie auch der bekannte Mummelsee in der letzten Eiszeit entstanden.

entlang bis zur Hütte, die sich fast genau gegenüber der Staumauer befindet. Hier am Ufer ist auch ein schöner Rastplatz. Weiter um den See und eher rechts halten, dann kommt man auf einen Wanderweg und zur Staumauer zurück. War der Hinweg auch anstrengend und steil, geht es zurück schön gemütlich bergab bis zum Wanderparkplatz. Der Glaswaldsee ist ein Überbleibsel der letzten Eiszeit. Er liegt in einem Kar 839 Meter über dem Meeresspiegel und ist von dichtem Wald umgeben. Der Glaswaldsee ist nicht mehr vollständig natürlich. Jahrhundertelang wurde er gezielt gestaut, um eine sogenannte Schwallung erzeugen zu können. So wurde Holz, das hier oben geschlagen wurde, ins Tal transportiert. Holz war lange Zeit eine der wichtigsten Einnahmequellen der Menschen im Schwarzwald. Im Hochsommer ist es hier meist angenehm kühl – ein guter Ausflug für heiße Tage.

Burgbachwasserfall

Ein schönes Wanderziel ist dieser Naturwasserfall (5 km, beschildert, Abkürzungsmöglichkeiten). Los geht's am Parkplatz an der L96 »Vor Burgbach«.

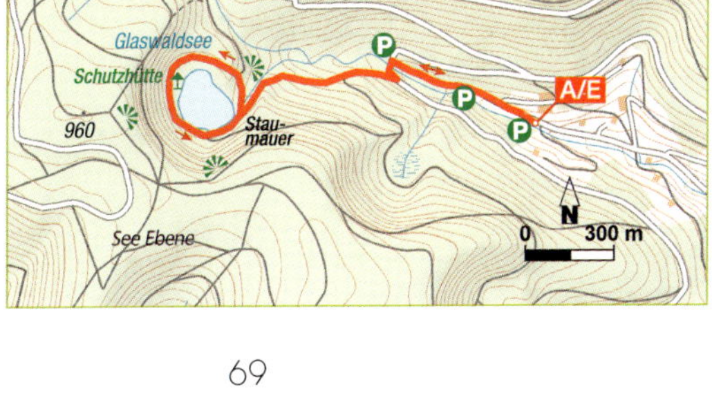

22 Gutach - Mit allen Sinnen

Ein Erlebnis für alle Sinne

leicht | 2 km | 50 m | 1,5 Std.

Tourencharakter
Barfußweg über verschiedene Untergründe

Geeignet für
Kinderfüße ab 2 Jahren, Kraxe/Tragetuch

Anfahrt
Über die B 33 Hausach in Richtung Gutach/Triberg, ca. 4 km nach dem Freilichtmuseum Vogtsbauernhof, ausgeschildert; ÖPNV: ab Hausach Buslinie 7150 in Richtung Triberg via Wolfach, siehe aktuelle Zeiten unter www.ortenaulinie.de

Navi
Hauptstraße 103,
77793 Gutach

Ausgangspunkt
Parkplatz beim Park an der B 33

Preise
Kinder 3–15 Jahre 4,20 €, Erwachsene 6 €, Achtung: Hunde sind nicht erlaubt

Öffnungszeiten
Mai–September 10–19 Uhr, aktuelle Zeiten unter www.parkmitallensinnen.de

Einkehr
Kiosk, zu den Parköffnungszeiten geöffnet

Unweit der bekannten Vogtsbauernhöfe (tolles Freilichtmuseum!) und der Sommerrodelbahn Gutach befindet sich der Themenweg »Mit allen Sinnen«. Man geht barfuß von Station zu Station und von Sinneserlebnis zu Sinneserlebnis. Der Weg macht nicht nur den Kindern viel Spaß!

Vom Parkplatz aus muss man leider die Gleise der Schwarzwaldbahn überqueren und dafür einen kleinen Umweg in Kauf nehmen, um den Parkeingang zu erreichen. Hier stehen Schließfächer für Wertgegenstände und Schuhe, denn ab jetzt heißt es: Rein ins Barfußvergnügen! Wir spazieren über einen Grasweg hinauf zur ersten Station, an der man Baumrinden erfühlen muss. Ein Stückchen weiter kann man Tierstimmen lauschen, es

Julia: »Die Station mit den Tierstimmen ist cool.«

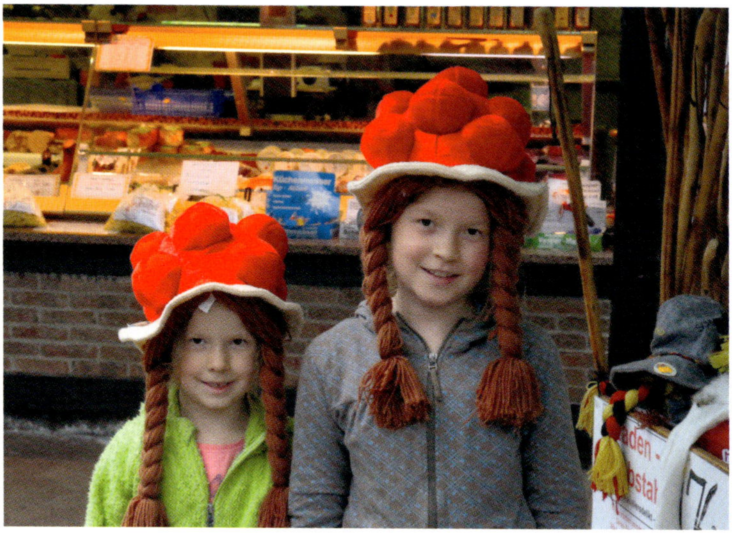

Aus dem Gutachtal stammt der Schwarzwälder Bollenhut.

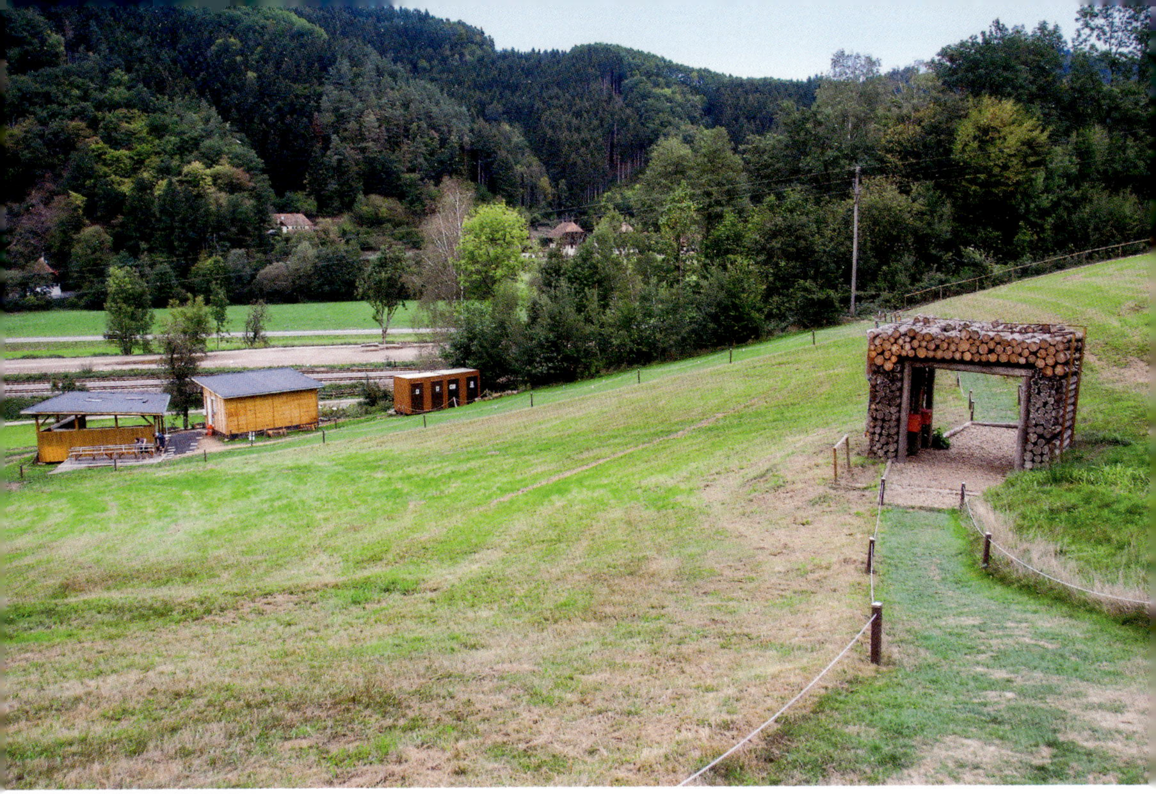

Spannender und top gepflegter Themenweg

sind im Laufe des spannenden Rundwegs also alle Sinne gefragt. Sogar für die Nase gibt es was, aber an dieser Stelle soll nicht zu viel verraten werden. Der Weg macht viel Spaß und ist top gepflegt, und im Anschluss kann man an der Waschstation die Füße säubern, man sollte also ein Handtuch einpacken.

Diese kleine Barfußwanderung lässt sich auch sehr gut mit einem Besuch der Vogtsbauernhöfe verbinden. Hier sind uralte Bauernhäuser aus den verschiedenen Regionen des Schwarzwalds aufgebaut und begehbar. Es gibt ein wechselndes Programm mit Handwerksvorführungen, einige Haus- und Hoftiere und einen richtig tollen Erlebnisspielplatz. Eigentlich mehr als genug für einen Tag. Die benachbarte Sommerrodelbahn ist aber auch ein tolles Erlebnis, das man mit dem Park der Sinne kombinieren kann. Hier saust man mit Metallschlitten eine kurvige Bahn hinunter und hat dabei noch eine fantastische Aussicht auf das Gutachtal. Kinder dürfen ab 3 Jahren in Begleitung fahren (Einzelfahrt Kinder 2,50 €, Erwachsene 3,50 €, Achtung: Kinder sind erst ab 3 Jahren erlaubt und Kinder unter 8 Jahren nur in Begleitung; tägl. 10–18 Uhr).

Sinnliches Picknick

In den Park der Sinne darf auch Essen mitgebracht werden: eine tolle Möglichkeit für ein idyllisches Picknick im Gutachtal.

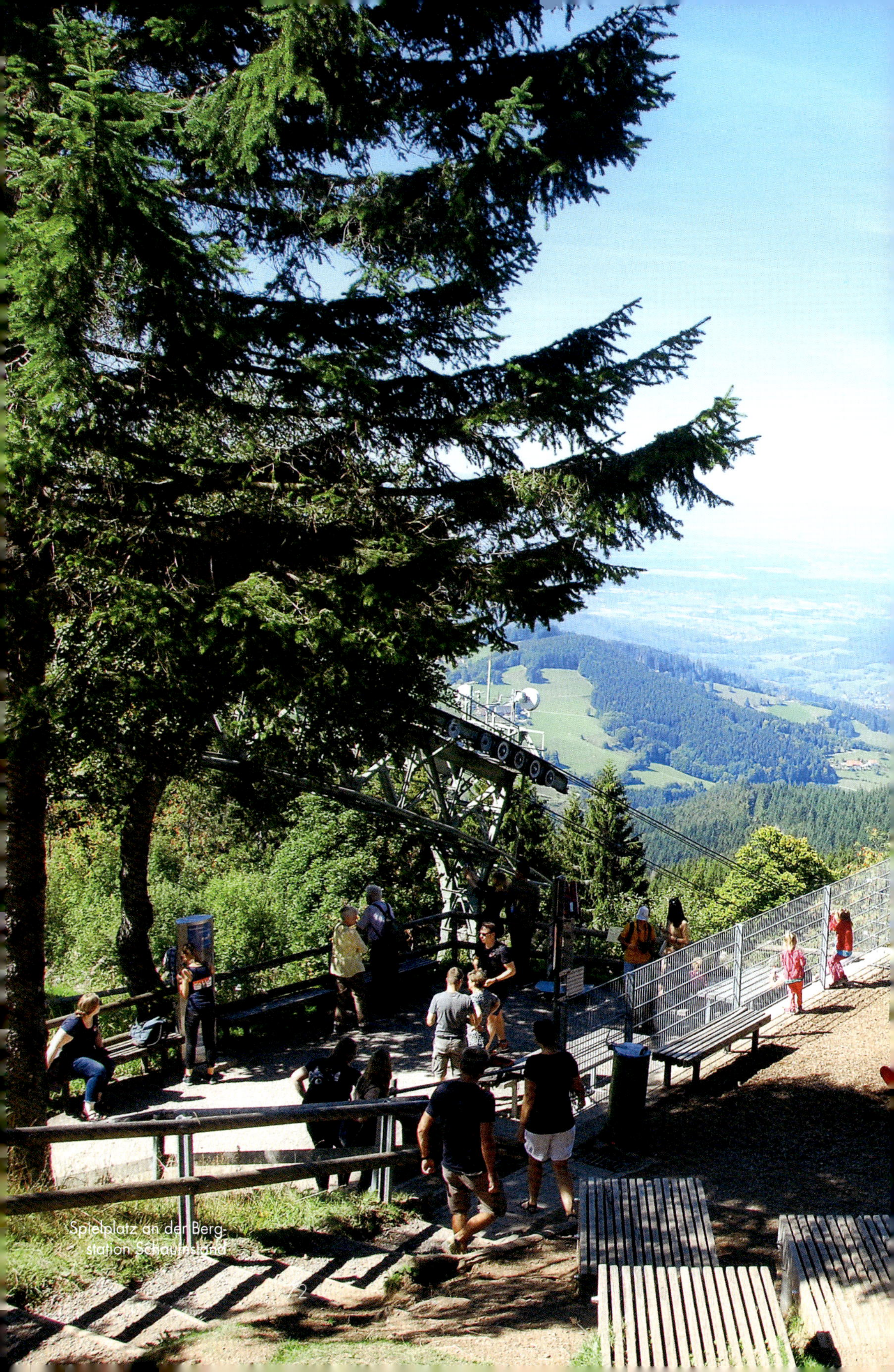

Spielplatz an der Bergstation Schauinsland

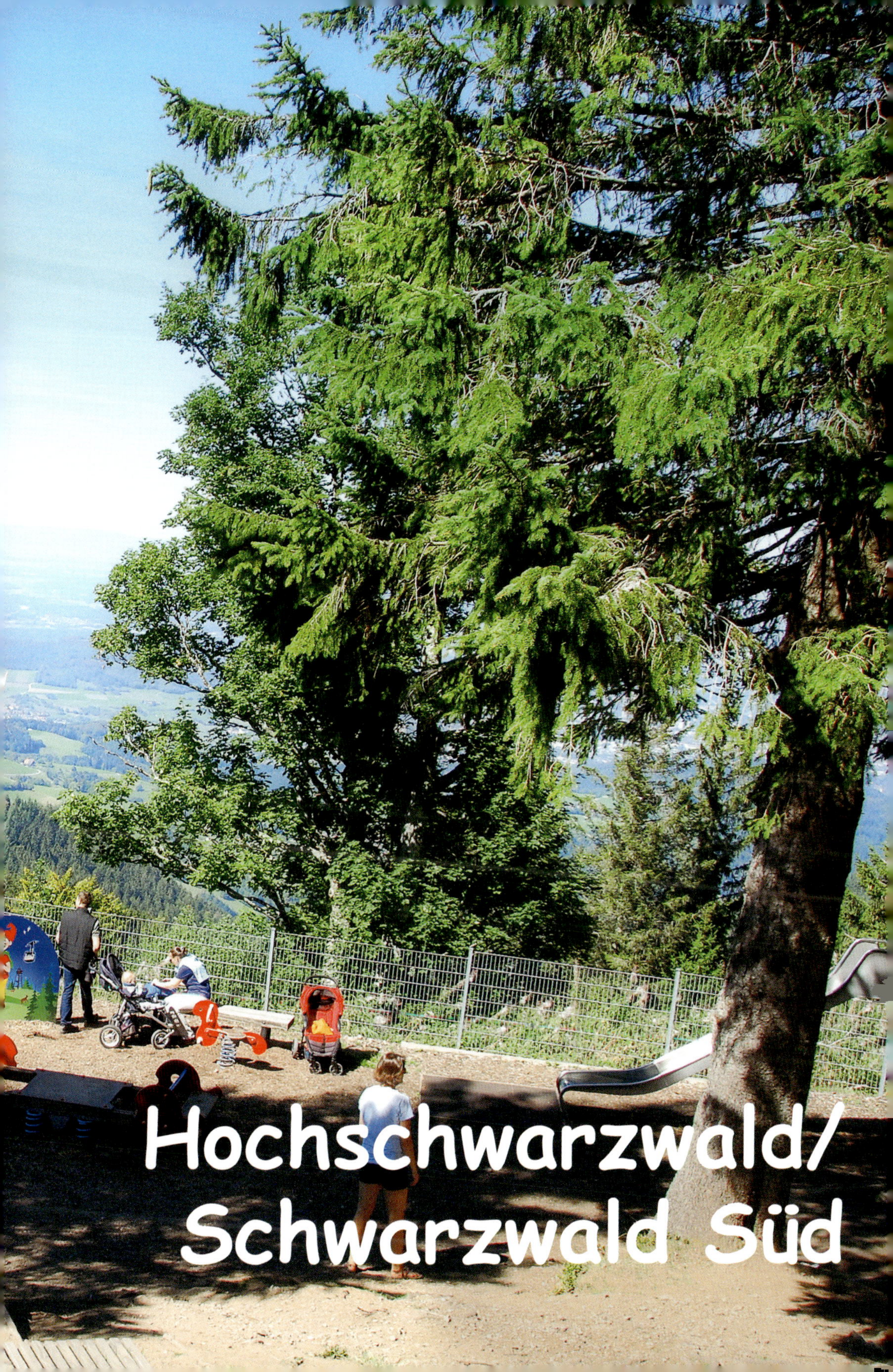

Hochschwarzwald/ Schwarzwald Süd

23 Triberg

Rund um die berühmten Wasserfälle

mittel	2,1 km	120 m	1–2 Std.

Tourencharakter
Waldwege, Brücken

Geeignet für
Kinderfüße ab 3 Jahren, Kraxe/Tragetuch

Anfahrt
Über die B 500 bis Triberg Stadtmitte, dort gibt es ein Parkhaus; ÖPNV: mit der traditionsreichen Schwarzwaldbahn, siehen aktuelle Zeiten unter www.bahn.de

Ausgangspunkt
Haupteingang Wasserfälle bzw. Bahnhof Triberg, die Wasserfälle sind ab dem Bahnhof ausgeschildert

Navi
Hauptstraße 85, 78098 Triberg im Schwarzwald

Preise
Familienticket 13,50 €

Öffnungszeiten
Tägl. ab 10 Uhr, abends bis 22 Uhr beleuchtet

Einkehr
Rucksackvesper; in Triberg

Triberg steht bei vielen Urlaubsreisenden im Schwarzwald ganz oben auf der Liste, dementsprechend trubelig geht es dort auch zu. Einen Besuch sind die Wasserfälle aber trotzdem wert. Man folgt einem schönen Rundweg über Brücken und schmale Pfade. Spannend sind hier die Tannenhäher, große Waldvögel, die sehr zahm sind und sich gerne füttern lassen.

Die Wasserfälle sind sommers wie winters gut besucht und ein Naturschauspiel. Über sieben Fallstufen gischtet die Gutach ins Tal. Besonders, wenn es tags zuvor geregnet hat, oder im Frühjahr nach der Schneeschmelze sind die Wasserfälle beeindruckend. Außergewöhnlich ist im Winter der Triberger Winterzauber, wenn rund um den Wasserfall Buden aufgestellt und allerlei vorweihnachtliche Leckereien angeboten werden. Es gibt drei unterschiedliche Themenwege, auf denen man die Wasserfälle und die Umgebung erkunden kann: den Naturweg, den

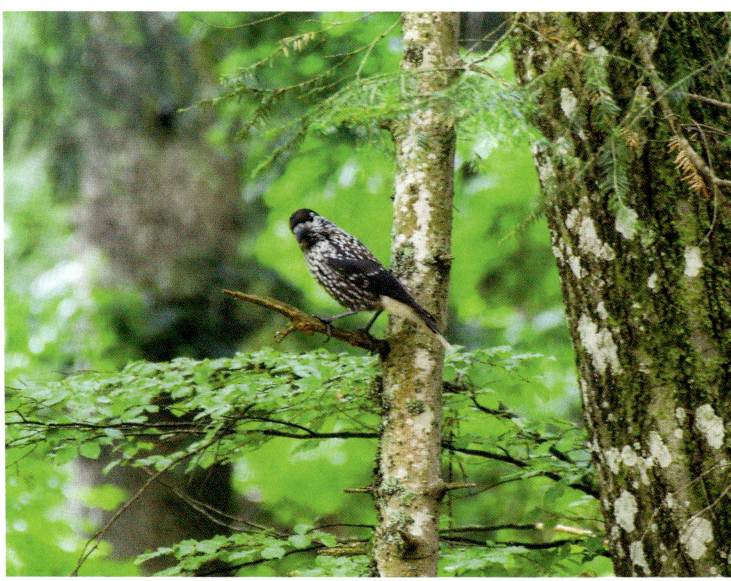

Links: »Hast du was für mich?«

Rechte Seite: Der Kaskadenweg

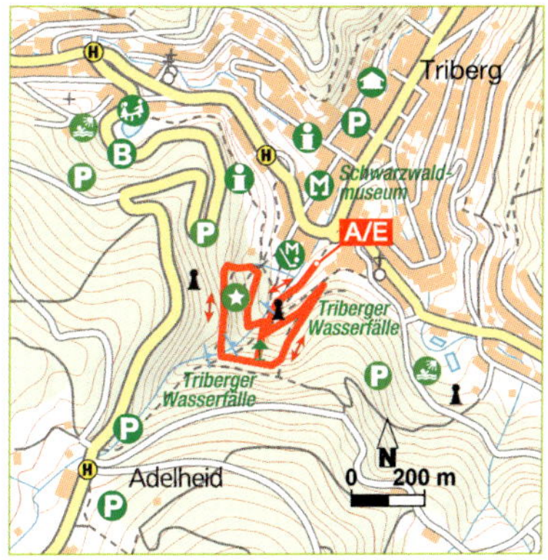

Kulturweg und den Kaskadenweg. Wie die Namen schon nahelegen, haben die Wege unterschiedliche Schwerpunkte. Der Kulturweg ist mit kleineren Kindern eher nicht zu empfehlen, da er zum Teil an der recht viel befahrenen Straße entlangführt. Wer sich vor allem für die Wasserfälle interessiert, wählt den kürzeren Kaskadenweg, der gut ausgeschildert ist. Möchte man hingegen mehr über heimische Tier- und Pflanzenarten erfahren, wählt man am besten den Naturweg. Infotafeln am Wegesrand halten viel Interessantes bereit. Auch der Naturweg ist bestens beschildert. Zusammen mit der Wanderung rund um den Wasserfall bietet sich auch der Besuch der »weltgrößten« Kuckucksuhr im Eble Uhrenpark an, wo man sogar das Uhrwerk dieser Kuckucksuhr begehen kann. Sagenhafte 8 Meter misst das Pendel und das Uhrwerk selbst wiegt ganze sechs Tonnen. Zwar beanspruchen auch die Schonacher für sich, die weltgrößte Kuckucksuhr zu haben, aber zum Kuckuck, sehenswert sind sie beide allemal!

Julia: »Ich hätte so gerne einen Tannhäher auf die Hand genommen.«

Adventsmarkt

Beim Triberger Weihnachtszauber werden rund um die Wasserfälle Verkaufsstände aufgebaut (www.triberger-weihnachtszauber.de).

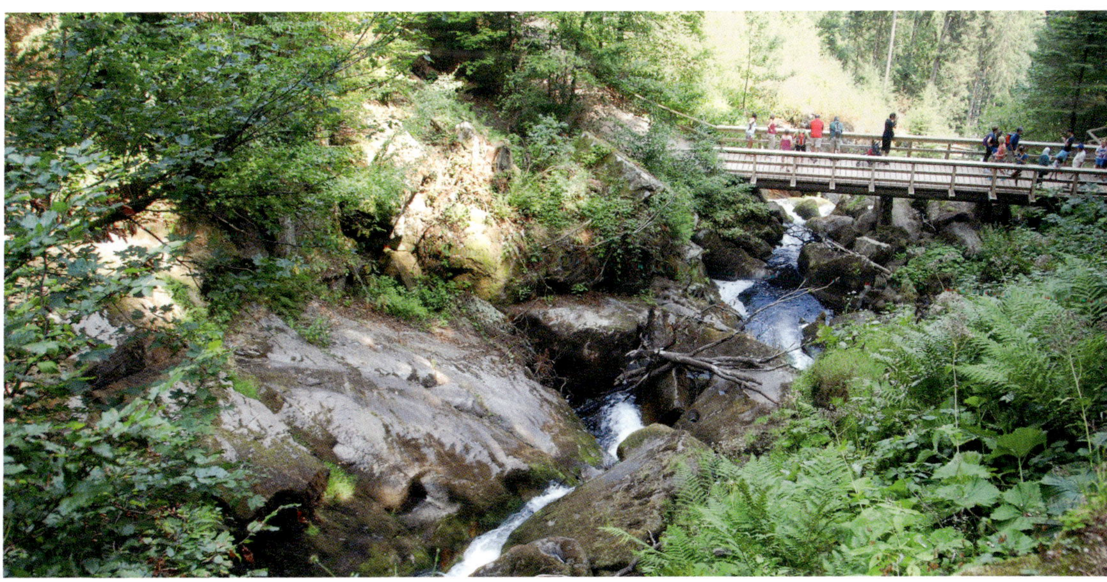

24 Schramberg-Waldmössingen

Spannende Tour beim Erlebnis-Bauernhof

leicht | 1,4 km | 40 m | 1,5 Std.

Tourencharakter
Feldwege

Geeignet für
Kinderfüße ab 3 Jahren, Kinderwagen oder Kraxe/Tragetuch

Anfahrt
Über die A 81/Ausfahrt Oberndorf, von Schramberg aus nach Waldmössingen, der Erlebnis-Bauernhof ist ausgeschildert; ÖPNV: ab Oberndorf am Neckar Bus Linie 7477, weitere Infos unter www.fahrplan-bus-bahn.de

Ausgangspunkt
Parkplatz

Preise
Der Erlebnis-Bauernhof ist frei zugänglich

Einkehr
Vesperstube am Erlebnis-Bauernhof, in den Sommermonaten tägl. 11–20 Uhr;

Auf dieser Tour kann man einen tollen Erlebnis-Bauernhof im Schramberger Ortsteil Waldmössingen erkunden und dabei Damwild füttern, Esel, Pferde, Hühner, Schweine und Ziegen sehen, ein römisches Kastell erforschen und Wissenswertes über Landwirtschaft und Nutzpflanzen erfahren. Außerdem gibt es einen schön angelegten Spielplatz und eine nette Vesperstube – ein tolles Ausflugsprogramm!

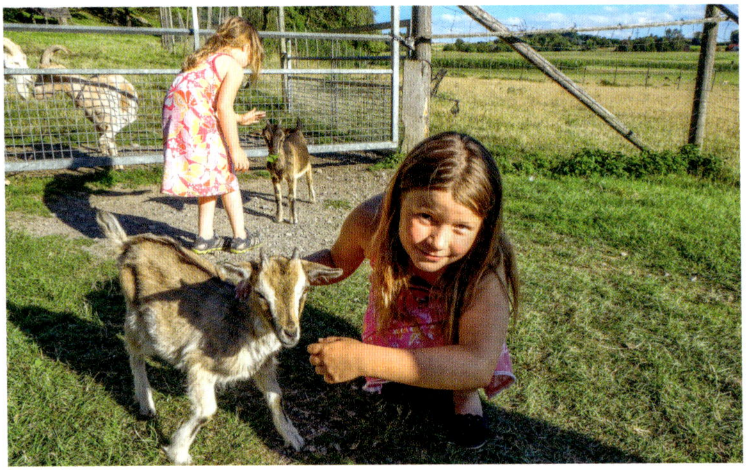

Tiere hautnah erleben

Während der Hauptort Schramberg in einem Talkessel liegt, umgeben von mehreren Burgruinen, liegt der Ortsteil Waldmössingen sehr idyllisch auf der Hochebene zwischen Schwarzwald und Neckar. Wir beginnen am Parkplatz am Abenteuerspielplatz und folgen den Schildern Richtung Erlebnis-Bauernhof. Es gibt einen Rundweg, auf dem wir alles erkunden können und der auch am Römerkastell vorbeiführt, einem Zeugnis der frühen Besiedelung. Auch nach der rö-

Julia: »Ich habe sogar ein Lama gestreichelt, das war spitze!«

mischen Ära siedelten hier Menschen: Waldmössingen ist der älteste Teilort Schrambergs und wurde bereits 994 urkundlich erwähnt. Unterhalb des Römerkastells wird jedes Jahr auf einem Feld ein Maislabyrinth angelegt, in dem man nach Herzenslust herumirren kann. Das macht viel Spaß! Weiter links den Weg entlang kommt man zu den Nutzpflanzen. Hier werden zum Beispiel die verschiedenen Getreidesorten erklärt, die man auf den Minifeldern auch in natura sehen kann. Weiter geht es an der Kuhweide und am Schweinestall vorbei, doch besonders gut haben uns die Lamas mit ihren schönen großen Augen gefallen. Im Pferdestall darf man die Tiere füttern (aber ausschließlich mit Futter vom Tierpark). Gegenüber vom Pferdestall befindet sich die Vesperstube mit Außenbereich, wo es kleine Speisen, Eis, Getränke und Kuchen gibt.

Anna: »Mir hat das Maislabyrinth Spaß gemacht.«

Die Tour kann man auch gut mit einem Besuch Schrambergs verbinden. Der Ort Schramberg ist eng mit der Geschichte der Firma Junghans verknüpft, des einst größten Uhrenfabrikanten weltweit. Für Technikinteressierte gibt es in Schramberg viel zu sehen: Da wäre das Museum ErfinderZeiten (Di–So 10–18 Uhr, Familienkarte 18 €), ein faszinierendes Uhren- und Automuseum, das Dieselmuseum und – für Eisenbahnfreunde – das Eisenbahnmuseum. Sehenswert ist auch die Burgruine Hohenschramberg. Von Schramberg führt ein sehr schöner Wanderweg (2,2 km einfach, steil!) hinauf zur Ruine, vorbei an einem kleinen Wasserfall und durch ein abenteuerliches Felsenmeer.

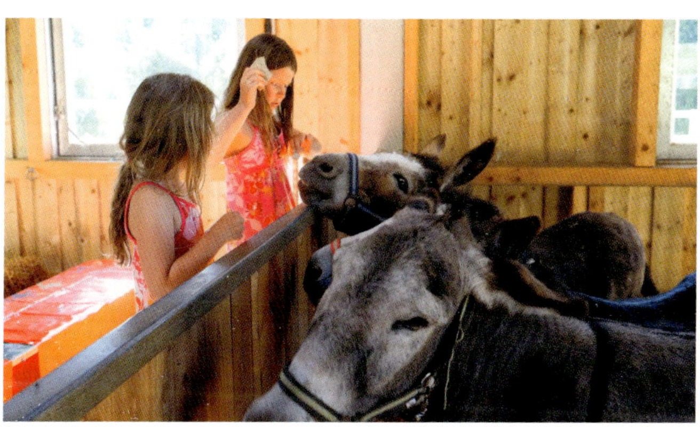

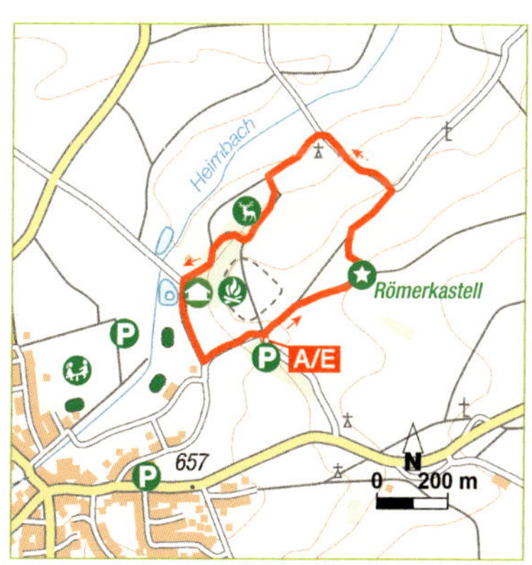

25 Waldkirch - Ritterweg

Mit den Rittern zur Kastellburg

mittel | 2 km | 120 m | 2 Std.

Tourencharakter
Waldwege

Geeignet für
Kinderfüße ab 3 Jahren, Kraxe/Tragetuch, Kinderwagen (anstrengend, aber möglich)

Anfahrt
Über die A5, Ausfahrt Waldkirch; über die B3 oder B294; ÖPNV: ab Freiburg mit der Breisgau-S-Bahn Richtung Elzach, siehe aktuelle Zeiten unter www.bahn.de

Ausgangspunkt
Bahnhof Waldkirch

Navi
Wer mit dem Auto kommt, kann auch direkt am Startpunkt des Themenwegs parken

Einkehr
In Waldkirch, besonders gut hat uns das Café Kaffeehiesle gefallen, Lange Str. 70, 79183 Waldkirch, Di–Sa 8.30–17.30 Uhr

»Ja, so warn's die alten Rittersleut'« … auf dem Ritterweg in Waldkirch geht's hinauf zur Burgruine Kastellburg. Am Wegesrand warten wunderschön gestaltete Ritterfiguren mit ihren Geschichten. Gut aufpassen, denn oben gibt es ein Quiz zu lösen, bevor wir dann noch bis ganz hinauf auf den Turm steigen – eine spannende Tour!

Waldkirch im Elztal, keine 20 Kilometer von Freiburg entfernt, hat für Familien mit Kindern jede Menge zu bieten. Der Schwarzwaldzoo (Am Buchenbühl 8a, 79183 Waldkirch, tägl. 9–18 Uhr, Winter 9–17 Uhr, Familienkarte 17 €, Hunde sind an der Leine erlaubt) ist besonders für jüngere Kinder toll, die hier vor allem heimische Tiere sehen, spielen, Ziegen streicheln und Spaß haben können. Der Baumkronenweg (Erwin-Sick-Straße, 79183 Waldkirch, Kinder ab 5 Jahren 4,50 €, Erwachsene 6,50 €, inkl. Barfuß- und Abenteuerweg, Mai–Sept. tägl. 11–18.30 Uhr,

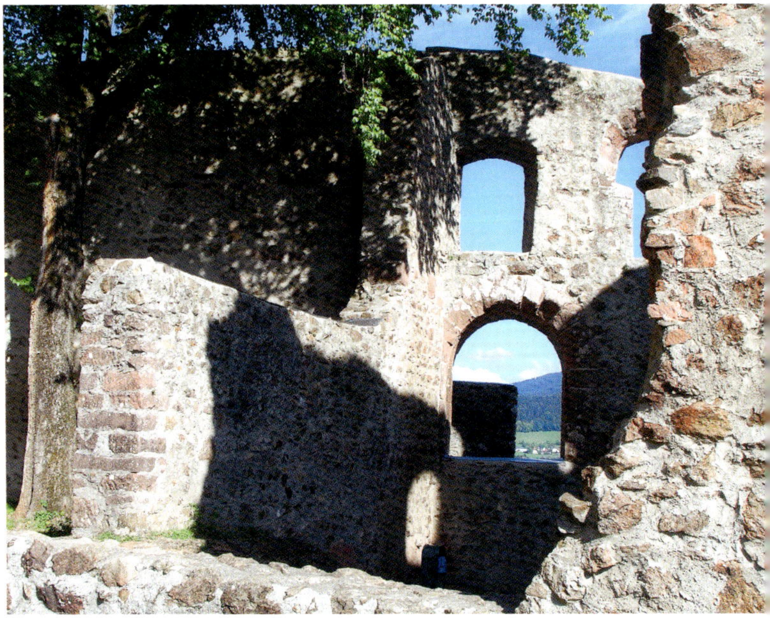

Die Kastelburg wurde Mitte des 13. Jahrhunderts durch die Herren von Schwarzenberg errichtet.

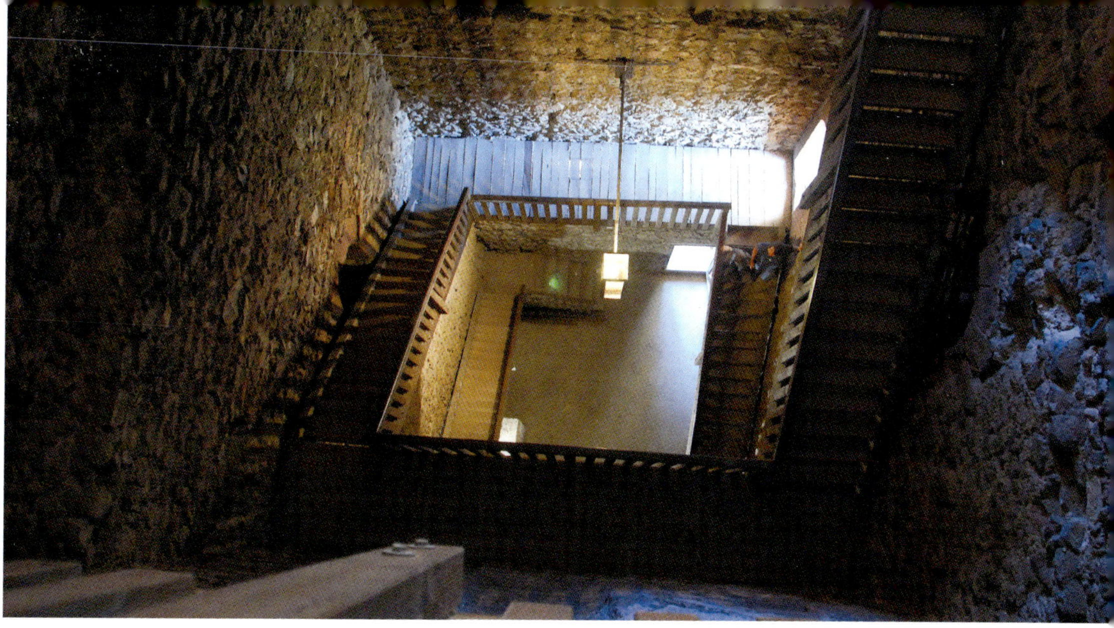

1,2,3, ... puh, so viele Stufen!

www.baumkronenweg-waldkirch.de) ist für die ganze Familie ein schönes Erlebnis. Für Mutige gibt es hier eine spannende Röhrenrutsche, angeblich ist sie eine der längsten in Europa. Wer hier mit Kindern eine schöne Wanderung machen möchte, dem wird der Ritterweg sicherlich gut gefallen. Wir starten am Bahnhof Waldkirch, überqueren die Gleise und spazieren in Richtung Wald leicht bergauf in die Heiterestraße, bis wir rechter Hand ein großes weißes Schwert sehen: der Startpunkt des Ritterwegs. Hier rechts den Waldweg entlang, dann schlängelt sich der Wanderweg in Serpentinen hinauf zur Burgruine. Unterwegs trifft man auf acht schön gestaltete Ritterfiguren, die uns mehr über die Geschichte der Kastelburg und der Stadt Waldkirch erzählen. Man erfährt auch allerlei Wissenswertes über die Ritterzeit, die Ausbildung der Ritter und das Leben auf der Burg. Oben angekommen, stehen schon Tisch und Bänke für eine Picknickpause bereit. Das Erkunden der Burgruine macht ebenfalls sehr viel Spaß. Die Kastelburg wurde vermutlich um 1280 von den Herren von Schwarzenberg erbaut, die von hier aus das Elztal kontrollierten. 1634 zerstörten die Österreicher die Burg, woraufhin sie nicht wiederaufgebaut wurde. Heute kümmert sich eine Bürgerinitiative ehrenamtlich um den Erhalt. Höhepunkt ist im wahrsten Sinne des Wortes der Turm, der auch bestiegen werden kann. Mit jüngeren Kindern ist es empfehlenswert, nicht den ganzen Rundweg zu gehen, sondern auf demselben wieder Weg zum Ausgangspunkt zurückzukehren.

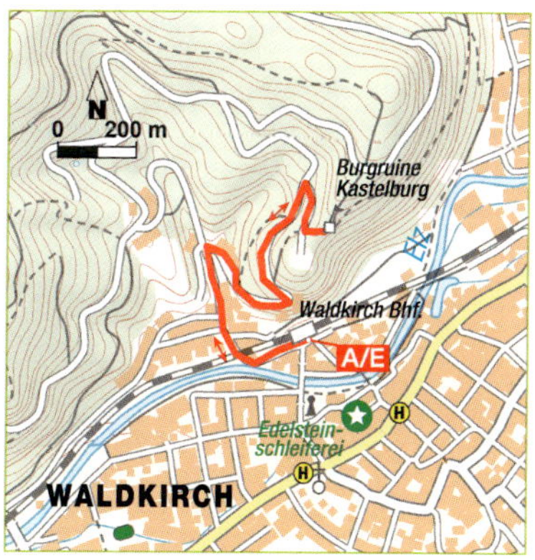

26 Kandel

Bei den Gleitschirmfliegern

mittel | 1 km | 25 m | 40 min

Tourencharakter
Waldwege

Geeignet für
Kinderfüße ab 3 Jahren, Kraxe/Tragetuch

Anfahrt
Von Waldkirch über die L186 in Richtung St. Peter, sehr kurvenreich; ab Freiburg über St. Peter ebenfalls L186; ÖPNV: ab Freiburg mit dem Zug nach Denzlingen und von dort mit dem Bus Linie 7205 über das Glottertal und St. Peter zum Kandel, siehe aktuelle Zeiten unter www.suedbadenbus.de/suedbadenbus/view/angebot/buslinien/kandelbus.shtml

Ausgangspunkt
Parkplatz am Kiosk

Navi
Kandel 1, 79271 St. Peter

Einkehr
Kiosk, wetterabhängig geöffnet

Der Kandel, Waldkirchs Hausberg, ist unbedingt sehenswert. Nicht nur, dass man hier ganz fantastisch Gleitschirmfliegern beim Starten zusehen kann, man hat auch einen einmaligen Rundumblick. Diese Tour für kleine Füße verbindet beides.

Da der Kandel mit 1241 Metern der höchste Berg des Mittleren Schwarzwalds ist – und damit deutlich höher als die umliegenden Berge –, hat man von oben eine atemberaubende Aussicht. Bei gutem Wetter starten hier Gleitschirmflieger, was spannend zu beobachten ist. An einem schönen sonnigen Tag kann man sich gar nicht vorstellen, dass der Kandel solch eine dunkle Geschichte hat: In der frühen Neuzeit fanden hier Hexenverbrennungen statt, denn das untere Elztal war eine Hochburg der Hexenverfolgung. Heute ist der Kandel bei Familien genauso beliebt wie bei Radfahrern, Kletterern und Wanderern, weswegen hier an sonnigen Wochenenden auch einiges los ist. Auf einem kleinen Rundweg erkunden wir den Kandel, genießen die Aus-

Anna: »Wir haben jede Menge Kühe gesehen. Die waren so süß!«

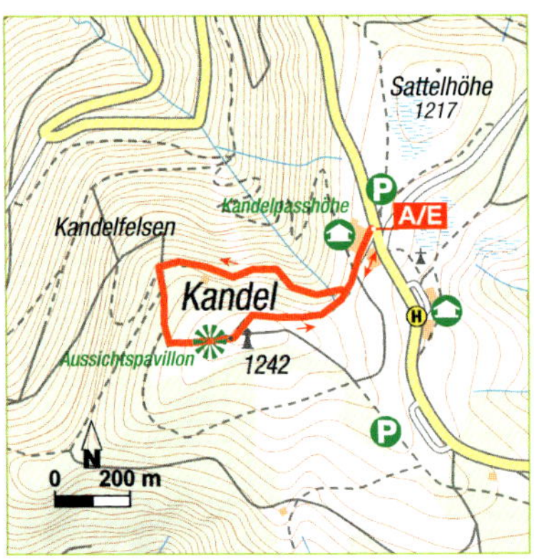

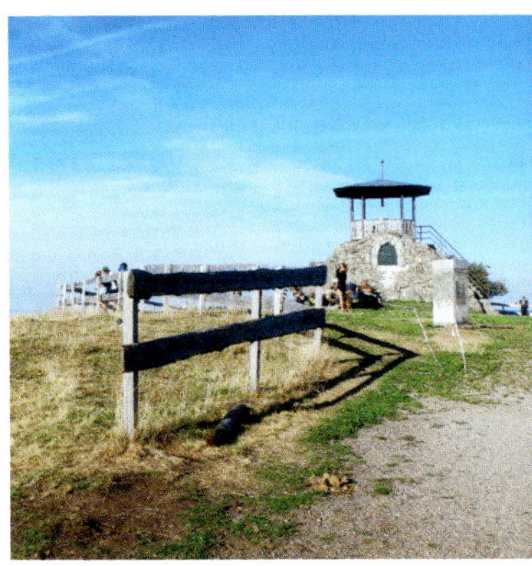

Kandel-Pyramide

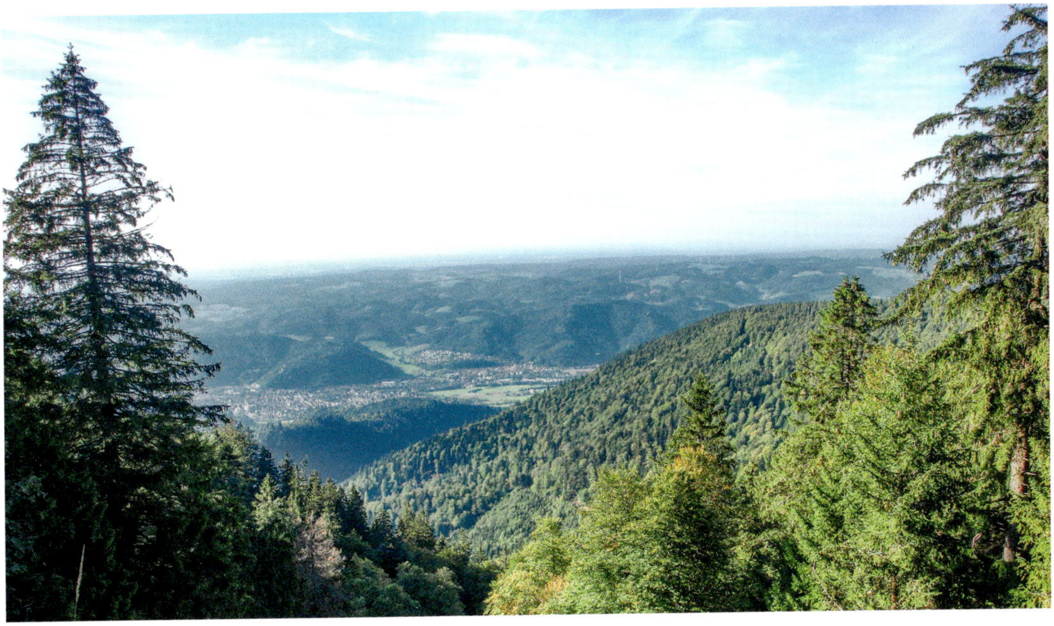

Blick auf das idyllische Elztal

sicht und die Natur. Es gibt zahlreiche verschiedene Möglichkeiten und Touren, neben dem Berghotel steht eine Übersichtstafel für den ersten Überblick.

Julia: »Schade, dass wir keinen Drachen dabeihatten. Den hätte man schön fliegen lassen können.«

Mit Kleinkindern reicht vielleicht auch erst einmal eine kurze Tour zur Kandelpyramide. Hierzu gehen wir links am Berghotel vorbei und halten uns beim nächsten Wegweiser »Über den Felsen« rechts, marschieren also Richtung Wald und folgen nicht dem breiten Schotterweg. Wir kommen zu einer Felsformation, bei der man die Kinder vielleicht lieber an die Hand nimmt, denn es geht ganz schön steil nach unten. Infotafeln halten Wissenswertes über den Kandel bereit. Wir folgen einem schmalen Pfad am Steilhang entlang, wenden uns bei der nächsten Gelegenheit nach links in Richtung Gipfelpyramide und wandern über Weidewiesen hinauf zum Aussichtspavillon. Schön hier oben! Vom Aussichtspavillon geht es den breiten Schotterweg zurück zum Hotel und zum Parkplatz.

St. Märgen

Nahe der tradtionsreichen Klosteranlage gibt es auch einen netten Badesee (Freibad 1, 79274 St. Märgen, in der Saison tägl. 10–18 Uhr).

27 Freiburg – Schlossberg

Hoch über der schönsten Stadt Südbadens

leicht | 2 km | 70 m | 1 Std.

Tourencharakter
Waldwege

Geeignet für
Kinderfüße ab 3/4 Jahren, Kinderwagen (anstrengend), Kraxe/Tragetuch

Anfahrt
über die A5; ÖPNV: gute Bahnanbindung, siehe aktuell Zeiten unter www.bahn.de

Ausgangspunkt
Talstation Schlossbergbahn im Stadtgarten Freiburg

Preise
Familienkarte 16,50 € (Berg- und Talfahrt)

Einkehr
Café Marcel im Stadtgarten, Mai–Okt. tägl. 10–18 Uhr, siehe aktuelle Zeiten unter www.cafemarcel.de

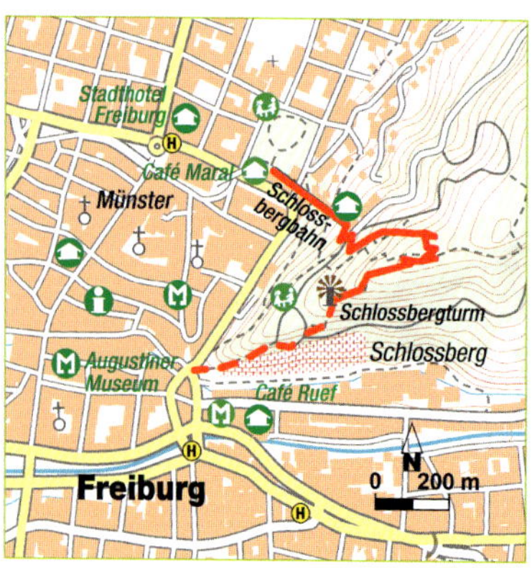

Freiburg: die schönste Stadt Südbadens. Uns jedenfalls gefällt sie sehr gut! Mit der Schlossbergbahn geht es hinauf zum Schlossberg, der seinen Namen von einer ehemaligen Festungsanlage hat. Es ist spannend, im Wald nach Mauerresten zu suchen. Danach steigen wir hinauf zum Aussichtsturm. Los geht's: Treppenstufen zählen!

Wir starten die Tour im Stadtgarten, in dem auch ein toller Spielplatz wartet, auf dem die Kinder zum Abschluss nach Herzenslust toben können. Nett in entspannter Atmosphäre Kaffee trinken kann man hier auch: im Café Marcel, wo französische Spezialitäten, Eis und wirklich guter Kaffee serviert werden. Die Schlossbergbahn ist eigentlich ein automatisierter Schrägaufzug und funktioniert per Knopfdruck. In etwa drei Minuten bringt sie uns hinauf zur Bergstation. An dieser halten wir uns links und gehen recht steil den Berg hinauf, zunächst in Richtung Aussichtsturm und dann in Serpentinen immer weiter. Zum Glück ist es nicht weit und wir erreichen bald die ersten Mauerreste, die unbedingt erkundet werden müssen. Es handelt sich um Überreste einer Festungsanlage, die von dem französischen Festungsbaumeister Sébastien de Vauban konzipiert und errichtet wurde. Ende des 17. Jahrhunderts kam Freiburg unter französische Herrschaft und gehörte zur französischen Provinz Elsass. Frankreichs König sah Freiburg als Eroberung und Vorposten im Habsburger Gebiet und wollte die Stadt des-

Julia: »… so viele Treppen!«

Anna: »Ja, aber oben ist es super!«

halb auch zu einer Festung ausbauen. Die französische Herrschaft währte aber nicht lange. Schon nach wenigen Jahren waren die französischen Truppen zum Abzug gezwungen, doch zuvor sprengten sie noch die neu errichtete Festungsanlage. Heute sind nur noch wenige Mauerreste erhalten, Infotafeln weisen auf die historischen Ereignisse auf dem Schlossberg hin. Wenn wir bei den Infotafeln und Mauerresten angekommen sind, halten wir uns rechts und gelangen so zum Aussichtsturm. Die beeindruckenden Douglasienstämme, die die Konstruktion früher stützten, wurden aus Sicherheitsgründen durch Stahlträger ersetzt. Ganz schön hoch, der Turm! Von oben hat man eine tolle Aussicht auf Freiburg und das Umland, aber vorher muss man fleißig Treppen steigen. Wer nicht mit dem Kinderwagen unterwegs ist, kann auch den Treppenweg hinunter in Freiburgs Altstadt nehmen. Vom Aussichtsturm geht's rechts die Schlossberg-Treppe hinunter in Richtung Kanonenplatz, Greiffenegg-Schlössle und Schwabentor. Vom Schwabentor aus spazieren wir dann am Münster vorbei, die Herrenstraße entlang und schließlich über den Leopoldring zurück in den Stadtgarten. Im Kastaniengarten vom Greiffenegg-Schlössle kann man übrigens ganz prima Flammkuchen essen.

Stadtspaziergang

Mit Kindern? In Freiburg kein Problem! Durch die Altstadt fließen Bächlein, in denen man Bootchen fahren lassen und plantschen kann.

Unten links: Stadtpark

Unten rechts: Wochenmarkt am Münster

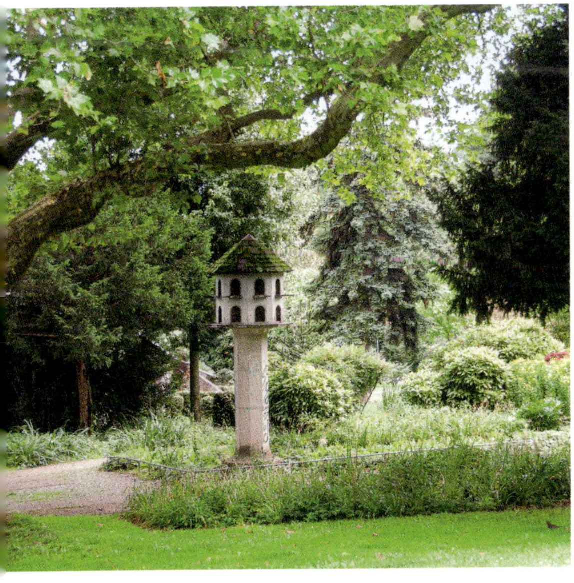

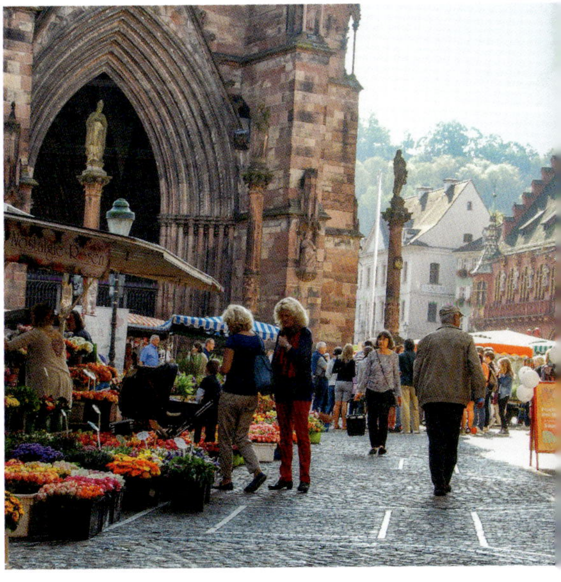

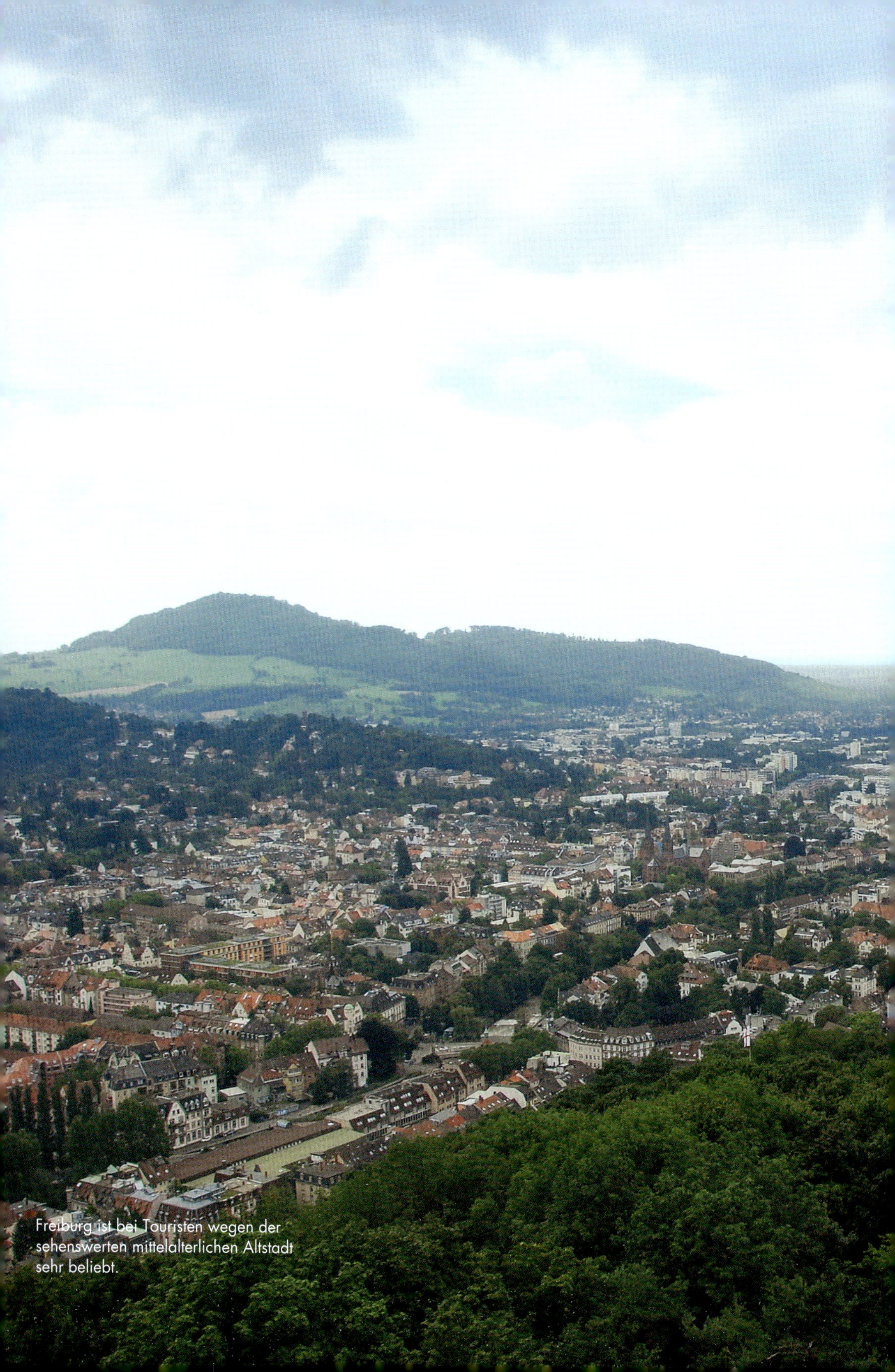

Freiburg ist bei Touristen wegen der sehenswerten mittelalterlichen Altstadt sehr beliebt.

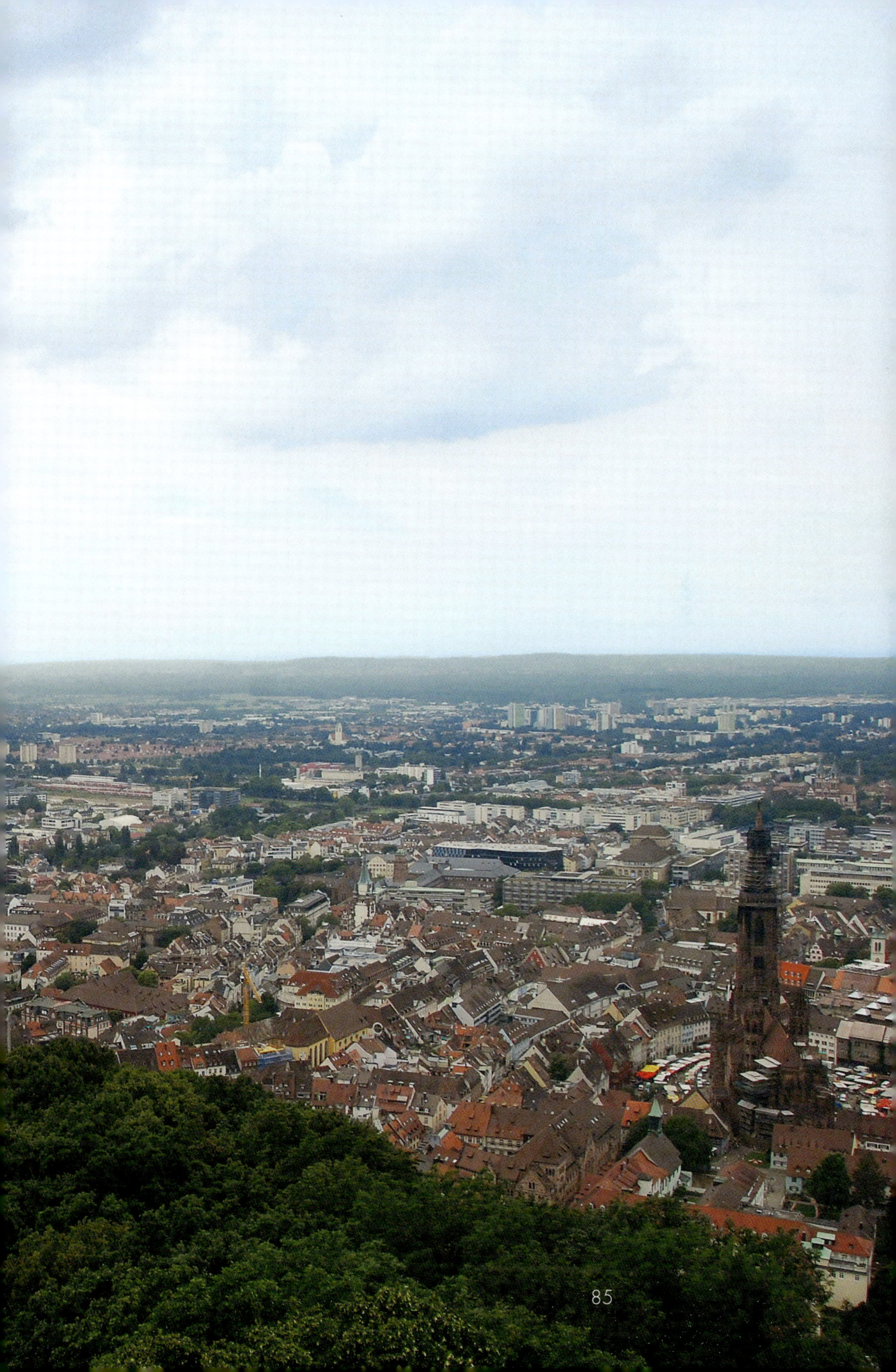

28 Staufen

Burgruine im Münstertal

leicht	1,4 km	40 m	1,5 Std.

Tourencharakter
Feld- und Wirtschaftswege

Geeignet für
Kinderfüße ab 3 Jahren, Kinderwagen oder Kraxe/ Tragetuch

Anfahrt
A5 Ausfahrt Bad Krozingen; ÖPNV: Haltestelle Staufen Bahnhof, siehe akutelle Zeiten unter: www.bahn.de

Ausgangspunkt
Parkplatz Zentrum

Einkehr
In Staufen, besonders zu empfehlen ist die Kalte Sophie, eine sagenhaft gute Eisdiele, die allerdings nur in den Sommermonaten geöffnet ist

Die kleine sehenswerte Stadt Staufen liegt am Ausgang des Münstertals und am Flüsschen Neumagen. Unsere Tour führt uns durch die Weinberge hinauf zur Burgruine Staufen. Von hier hat man einen tollen Blick auf die romantische Stadt und auf das Markgräfler Land – eine eigene Welt zwischen Rheinebene und Schwarzwald.

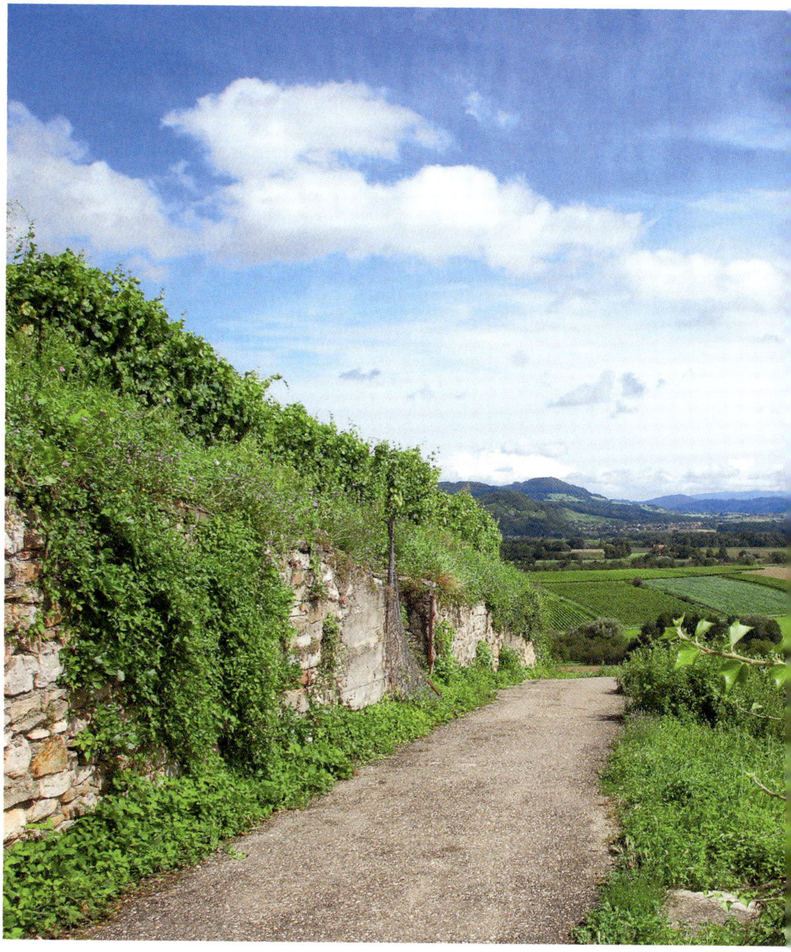

Sommeridylle im Markgräfler Land

Vom Parkplatz oder auch vom Bahnhof begeben wir uns zunächst in Richtung Rathausplatz. Im Rathaus selbst befinden sich die Touristeninformation und das Stadtmuseum. Hier erfährt man Wissenswertes über die Geschichte Staufens, des Silberbergbaus in der Region sowie über die gescheiterte Revolution von 1848 und bekommt auch einen Übersichtsplan. Über dem Eingang sind die Wappen der Herren von Staufen zu sehen. Auf dem Marktplatz findet immer mittwoch- und samstagvormittags ein kleiner, aber feiner Wochenmarkt statt, außerdem locken nette Cafés und Einkehrmöglichkeiten. Für große und kleine Naschkatzen ist die Kalte Sophie unbedingt zu empfehlen. Man bekommt hier Bauernhofeis vom Feinsten, allerdings nur in den Sommermonaten. Danach geht es weiter die Hauptstraße entlang, rechts und links verlaufen kleine Wassergräben, in denen die Kinder an Sommertagen ihre Füße kühlen können. Von der Hauptstraße biegen wir rechts ab in die Straße Auf dem Rempart und nehmen dann gleich die nächste Abzweigung links in die Schlossgasse. Wir kommen in die Weinberge und zu einer Übersichtstafel mit Wanderkarte und Wegbeschreibung. Ab jetzt halten wir uns einfach an die Beschilderung und wandern immer bergauf bis zur Burg, die Zeugnis der bewegten Stadtgeschichte ist. Insbesondere im Mittelalter waren die Herren von Staufen von entscheidender Bedeutung für die Stadtent-

Doktor Faust

In Staufen soll der Wunderheiler, Alchemist, Astrologe und Wahrsager Doktor Faust gelebt haben, der wohl Pate für Goethes berühmtes Stück stand.

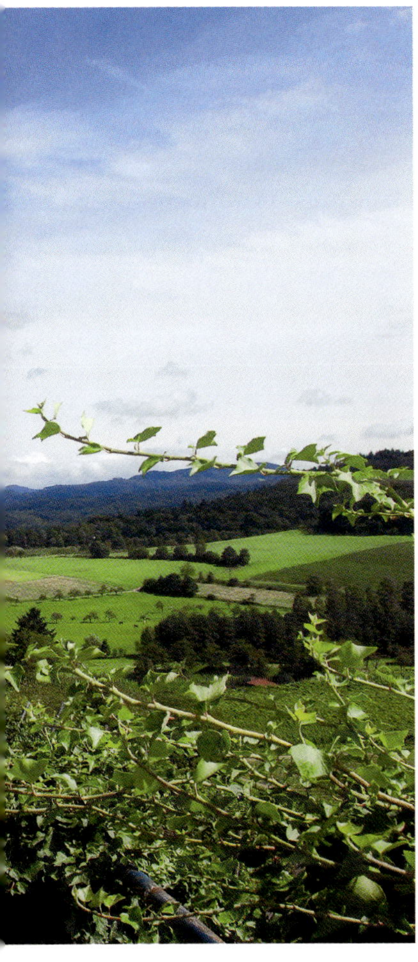

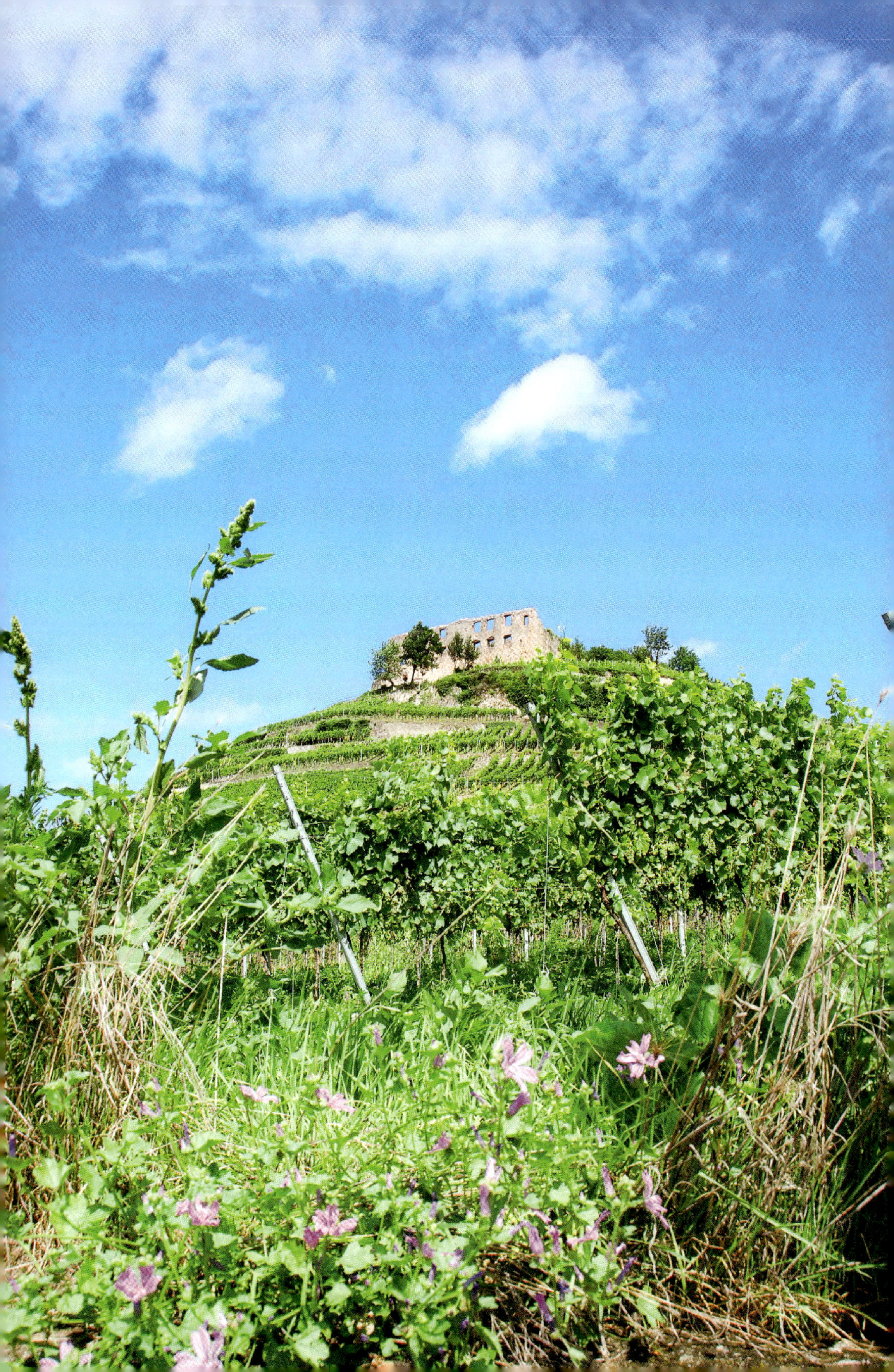

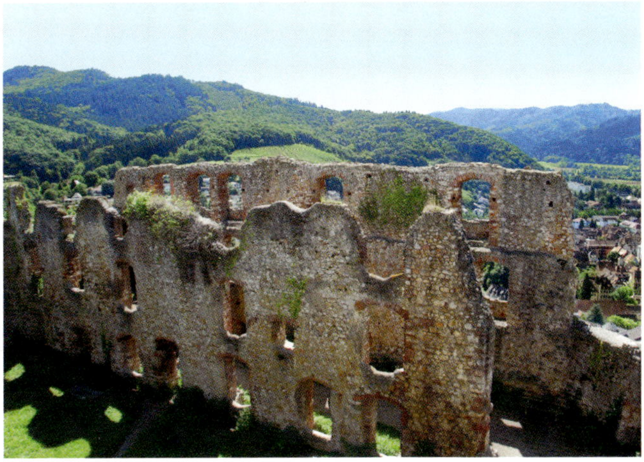

wicklung. Bis ins 16. Jahrhundert lenkten sie die Geschicke der Stadt – immer wieder im Konflikt mit den Herren von Freiburg. Der Bergbau machte Staufen reich und schön, wie wir an den liebevoll restaurierten Häuserfassaden der Altstadt bewundern können. Manch einem werden allerdings auch die grob geflickten Risse an einigen Fassaden auffallen. Diese sogenannten Hebungsrisse entstanden infolge einer Geothermiebohrung, bei der eine Keuperschicht angebohrt wurde. Keuper reagiert mit Wasser und dabei entsteht Gips, der ein größeres Volumen hat, was zu der Hebung führte. Vom Burgturm hat man eine sagenhafte Aussicht auf das Markgräfler Land, Staufen, das Münstertal und den Schwarzwald. Zurück in der Innenstadt folgen wir einfach der Beschilderung. Wer noch Energie hat: Neben dem Bahnhof befindet sich der Stadtpark mit See und einem kleinen Labyrinth. Hinter dem Stadtsee ist auch ein kleiner Spielplatz, auf dem sich die Kinder austoben können.

Staufens Umgebung ist ebenfalls reizvoll. Empfehlenswert ist etwa eine Tour am Nonnenmattweiher, einem wunderschön gelegenen Schwarzwaldsee etwa 18 Kilometer südwestlich von Staufen, in dem man auch baden kann. Man fährt hierfür durch das schöne Münstertal die L 123 entlang, biegt im Ort Münstertal auf die L 130 in Richtung Rotenbuck/Hinterheubronn ab und kann dann zum Beispiel vom Haldenhof zum zauberhaften Nonnenmattweiher wandern (ca. 1 km). Sehr schön ist auch ein Spaziergang durch Badenweiler, das für seine heißen Quellen bekannt ist. Schon die Römer nutzten diese, was eine römische Badruine belegt, und auch heute noch kommen Gäste, um sich im Thermalbad zu erholen. In Badenweiler gibt es neben dem römischen Bad, das besichtigt werden kann, auch noch den »Park der Sinne« und eine Burgruine. Von Staufen nach Badenweiler sind es gerade einmal knappe zwanzig Minuten mit dem Auto. Viele Wander- und Ausflugsmöglichkeiten also: eine Region zum Wiederkommen!

Oben: Blick vom Aussichtsturm

Linke Seite: Zur Burgruine geht es auf Wirtschaftswegen durch die Weinberge.

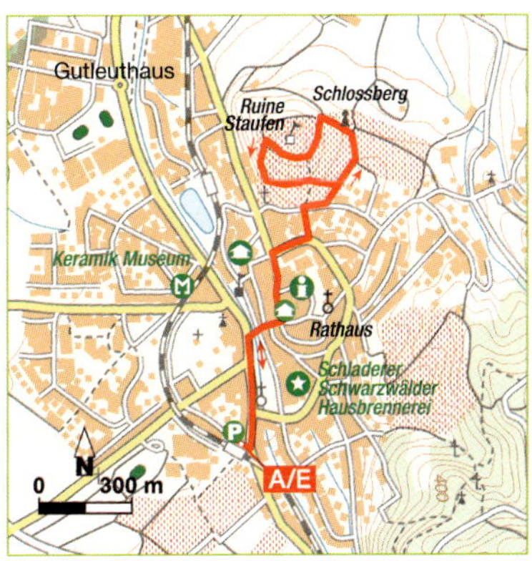

29 Schauinsland

Die längste Drahtseilbahn Deutschlands

leicht | 3 km | 90 m | 2 Std.

Tourencharakter
Breite Waldwege

Geeignet für
Kinderfüße ab 3/4 Jahren, Kinderwagen, Kraxe/Tragetuch

Anfahrt
ÖPNV: ab Freiburg Bus Linie 2 bis Station Günterstal, dann weiter mit dem Bus Linie 21 bis Talstation Schauinslandbahn

Navi
Bohrerstraße 11,
79289 Horben

Ausgangspunkt
Talstation Schauinslandbahn

Preise
Familienkarte 26,50 € (Berg- und Talfahrt), siehe auch aktuelle Preise unter www.schauinslandbahn.de

Einkehr
Café & Restaurant Die Bergstation, Mi–Fr 11:30–17:30 Uhr, Sa/So 9:30–17:30

Der Schauinsland macht seinem Namen alle Ehre. Oben vom Aussichtsturm erwartet uns ein toller Ausblick auf Freiburg und das Umland, aber auch die Fahrt mit der längsten Umlauf-Seilbahn Deutschlands ist ein Erlebnis. Von der Bergstation aus bieten sich zahlreiche schöne Wandermöglichkeiten. Für Familien mit Kindern besonders gut geeignet: die Panoramatour. Oder man spaziert einfach direkt zum Eugen-Keidel-Turm.

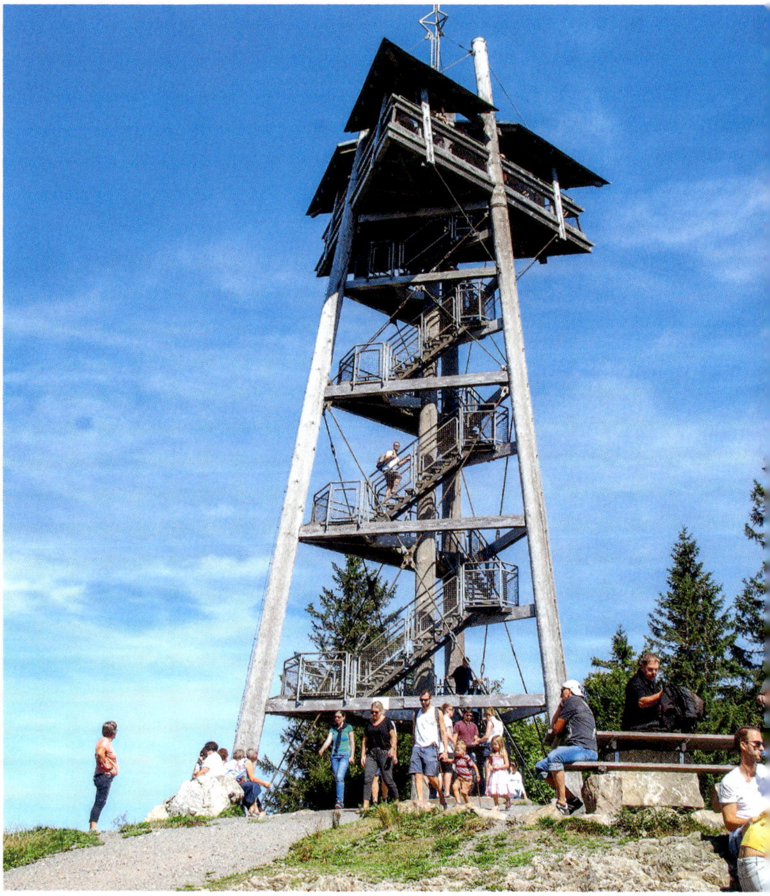

Über Treppen geht's hinauf auf den Eugen-Keidel-Turm.

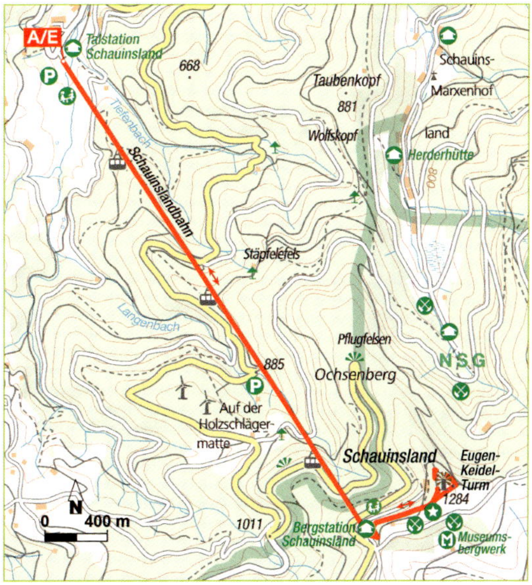

Von der Bergstation aus folgen wir links einem breiten Forstweg mit der Beschilderung für die Panoramatour. Im Wald achten wir auf die Buchen, die hier oben wirklich besonders aussehen: Sie wurden immer wieder von Weidevieh angeknabbert, das zur Sommerweide heraufgetrieben wird, und hatten somit keinen leichten Start. Deshalb haben sie eine sehr eindrucksvolle Wuchsform. Wer mit dem Kinderwagen unterwegs ist, richtet sich nach den grün-weißen Hinweisschildern, die die kinderwagentaugliche Variante der Tour anzeigen. Es gibt auch Abkürzungsmöglichkeiten zum Aussichtsturm, etwa über einen steilen Treppenweg, der rechts vom Forstweg abzweigt. Höhepunkt dieser Tour ist im wahrsten Sinne des Wortes nämlich der Schauinslandturm. Der 31 Meter hohe Turm hat eine interessante Bauweise. Von der dreieckigen überdachten Aussichtsplattform hat man bei guter Wetterlage eine herrliche Aussicht bis zu den Alpen. Unterhalb des Turmes befinden sich Tische und Bänke für ein gemütliches Picknick. Aufgabe für kleine Rechenfüchse: Sind es wirklich 85 Stufen bis oben? Die Panoramatour ist ein Rundweg und führt wieder zurück zur Bergstation, wo ein kleiner Spielplatz wartet, auf dem die Kids noch ein bisschen toben können. Toll ist es auch, den ankommenden und abfahrenden Gondeln zuzuschauen. Unterhalb vom Spielplatz befindet sich dafür eine kleine Aussichtsplattform. Technik- und Geschichtsinteressierte haben zudem die Möglichkeit eine Audiotour zu machen. Hierzu muss man sich nur die kostenlose »Lauschtour-App« unter www.bergundbahn.de auf sein Smartphone herunterladen. Das GPS des Handys sollte dafür aber aktiviert sein, damit die entsprechenden Beiträge an der richtigen Stelle abgespielt werden können.

Julia: »Puh, der Turm war ganz schön hoch!«

Anna: »Die Fahrt mit der Seilbahn war toll!«

<

Bergwerk

Besichtigen Sie doch das Silberbergwerk Schauinsland (Mai–Okt. Sa, So & Mi 11.30–16.30 Uhr, Familienkarte 24 €, www.schauinsland.de)!

30 Höllental - Ravennaschlucht

Himmlisch schöne Wanderung im Höllental

mittel | 3 km | 160 m | 2 Std.

Tourencharakter
schmaler Pfad, Treppen, Holzbrücken

Geeignet für
Kinderfüße ab 3/4 Jahren, Kraxe/Tragetuch

Anfahrt
Über die B31

Navi
Höllsteig 76, 79874 Breitnau/ Hinterzarten

Ausgangspunkt
Wanderparkplatz beim Hofgut Sternen

Einkehr
RRestaurants im Hofgut Sternen (www.hofgut-sternen.de): Büfett-Restaurant MarktScheune tägl. 7–10:30 Uhr, À-la-carte-Restaurant SchwarzwaldStube Mo–Fr 15-21 Uhr, Sa–So 12–21 Uhr, saisonbedingte Öffnungszeiten!

Die Ravennaschlucht ist ein Nebental des Höllentals und bietet eine wunderbare Schluchtenwanderung, die aber auch mit kleineren Kindern gut zu bewältigen ist. Wild-schöne Felsen rechts und links der Ravenna, steile Treppenwege, kleine Brücken und eine spannende Vegetation – klettern, kraxeln, balancieren ... einfach aufregend!

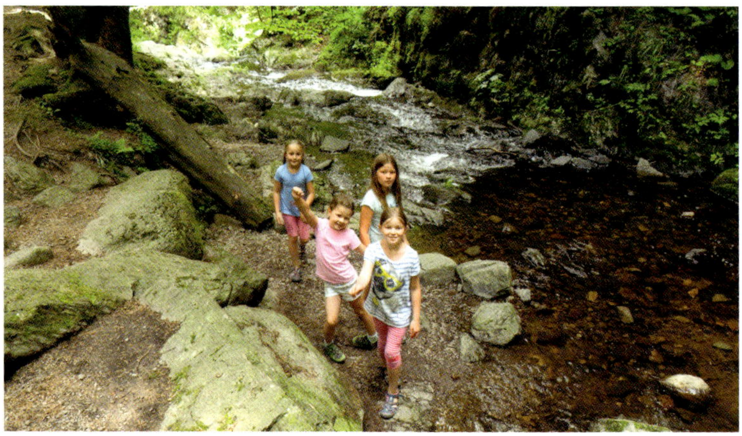

Wir beginnen am Hofgut Sternen, das vom Wanderparkplatz gut ausgeschildert ist. Das erste Highlight wartet bereits am Eingang der Schlucht: ein atemberaubendes Viadukt, über das die Höllentalbahn von Freiburg nach Hinterzarten und weiter nach Titisee und Schluchsee fährt – eine spektakulär schöne Bahnstrecke. Das enge Höllental, einst die Hauptverbindung zwischen Rheintal und Hochschwarzwald, wurde Ende des 19. Jahrhunderts für den Zugverkehr ausgebaut. Seit 1887 verkehrt die Höllentalbahn, die auch bei der touristischen Erschließung des Hochschwarzwalds eine wichtige Rolle spielte. Wir unterqueren also das beeindru-

Unbedingt beachten

Denken Sie an gutes Schuhwerk! Bei Nässe oder gar Regen sollten Sie die Wanderung verschieben.

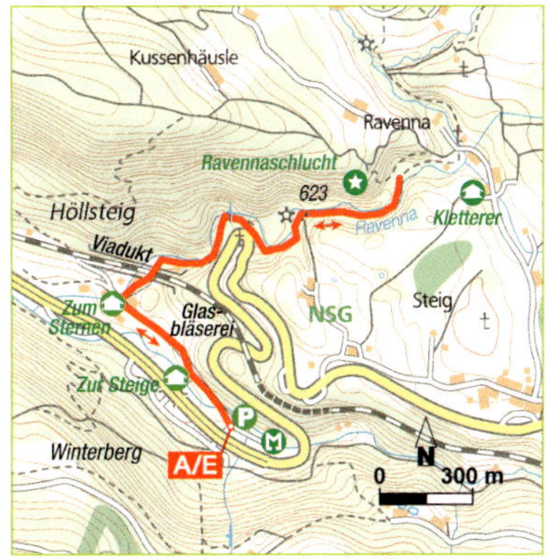

ckende Bauwerk und tauchen ein in die grüne Welt der Schlucht. Es geht immer am Talgrund die Ravenna entlang, wobei man stets ein wachsames Auge auf den Nachwuchs haben sollte: Es gibt ein paar nicht ganz ungefährliche Stellen, an denen man die Kinder lieber an die Hand nimmt. Auf jeden Fall aber macht der Weg ganz viel Spaß! Über Stock und Stein, Fels und Brücklein und vorbei an einigen größeren und kleineren Wasserfällen erreichen wir nach einem guten Kilometer die Großjockenmühle. Ups, da fließt ja das Wasser durchs Dach!

Julia: Ganz schön anstrengend, aber super schön!

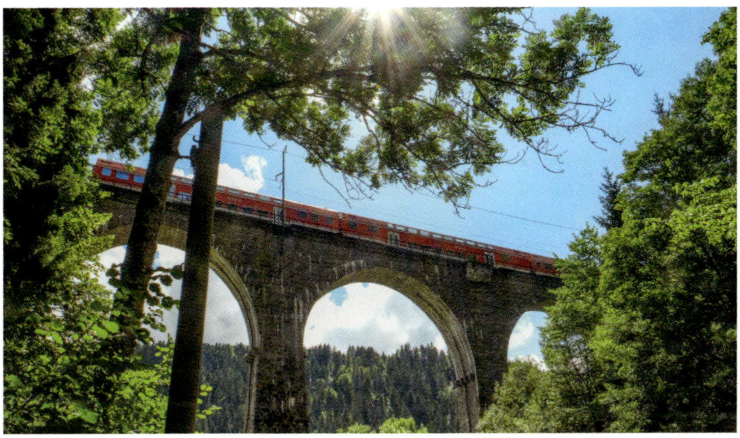

Links: Über das eindrucksvolle Viadukt fährt die Höllentalbahn nach Hinterzarten und weiter nach Titisee.

Linke Seite: Die Ravennaschlucht begeistert Klein und Groß.

Die etwas exotische Wasserführung ist dem starken Bachgefälle geschuldet. Die Bauernmühle steht unter Denkmalschutz und kann leider nur von außen besichtigt werden. Einen knappen Kilometer weiter erinnert eine Infotafel an die nächste Mühle: eine Löffelschmiede, in der, wie der Name schon sagt, Löffel geschmiedet wurden – leider blieb die Mühle nicht erhalten. Wir verlassen den Wald und kommen zum Gasthaus Ketterer. Hier kann man lecker einkehren, im Sommer gibt es auch einen Kioskbetrieb. Ein gemütliches Päuschen und dann geht es durch die Schlucht zurück zum Ausgangspunkt.

Traditionshandwerk

Im Hofgut kann man eine Schaubläserei besuchen. Das Glasblasen hat im Schwarzwald eine lange Tradition und wird hier erklärt (tägl. 9–17.30 Uhr).

31 Hinterzartener Moor

Auf den Spuren der Eiszeit

leicht | 2,4 km | 30 m | 1 Std.

Tourencharakter
geschotterter Waldweg

Geeignet für
Kinderfüße ab 2 Jahren, Kraxe/Tragetuch, Kinderwagen

Anfahrt
Über die B31 Ausfahrt Hinterzarten, dann Richtung Bahnhof; ÖPNV: mit der Bahn ab Freiburg, Haltestelle Hinterzarten, siehe aktuelle Zeiten unter www.bahn.de

Navi
79856 Hinterzarten, Sportplatzweg

Ausgangspunkt
Parkplatz am Bahnhof Hinterzarten

Einkehr
Hotel Restaurant Café Schwarzwaldhof (direkt am Bahnhof), Freiburger Str. 2, 79856 Hinterzarten, tägl. außer Di ab 11 Uhr

Dieser gemütliche Spaziergang bei Hinterzarten verläuft auf schönem Wege durch ein beschauliches Moor. Danach vielleicht noch ein Stückchen Schwarzwälder Kirschtorte für die Eltern und einen Eisbecher für die Kinder – ein entspannter Nachmittag.

Wir gehen vom Bahnhof den Bahnhofweg entlang Richtung Feuerwehrhaus. Nach etwa 100 Metern sehen wir rechts den Adlerweiher und biegen links ab in Richtung Naturschutzgebiet. Wir überqueren die Gleise und kommen zu einer Infotafel, auf der

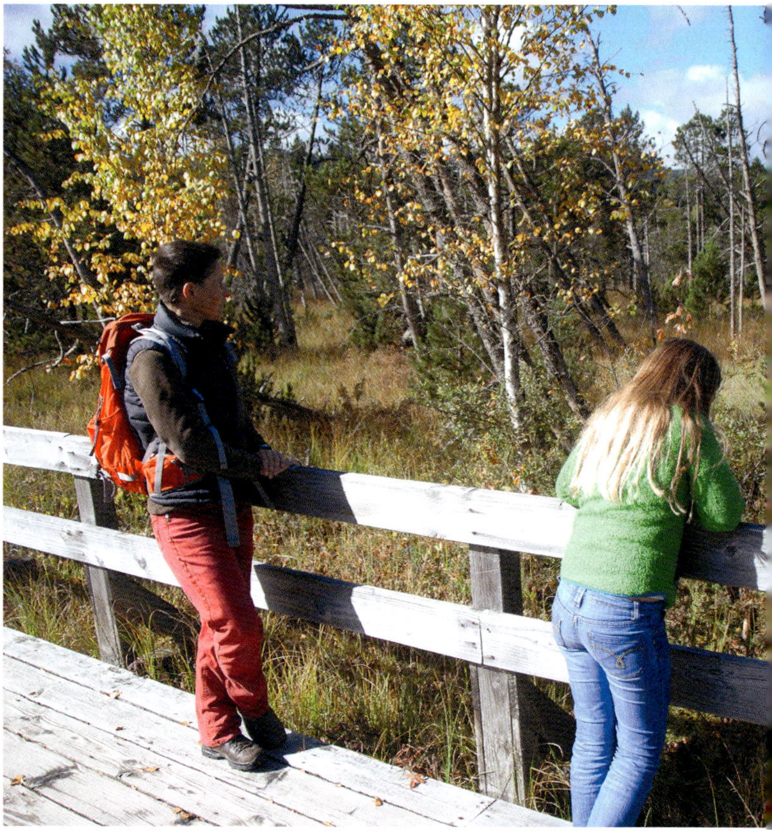

Das Hinterzartener Moor ist ein Relikt der letzten Eiszeit.

die Fauna und Flora dieses traditionellen Naturschutzgebiets erklärt wird. Es gibt einen Rundweg (3,8 km), aber wenn man geradeaus geht, hat man einen besseren Blick auf das Moor. Rechts und links des Spazierwegs sehen wir reizvollen Wald: Die Flechten an den Zweigen verleihen den Bäumen ein geheimnisvolles Aussehen, der moosige Waldboden, das knorrige Wurzelwerk und das Heidelbeergestrüpp wecken die Fantasie. Nach wenigen Metern kommen wir zu einem Bohlenweg, von dem aus man einen schönen Blick auf das Hinterzartener Moor hat. Das Moor ist, wie so vieles in dieser Gegend, ein Überbleibsel aus der letzten Eiszeit. Der Feldberggletscher prägte die Landschaft, wie wir sie heute sehen. Wir gehen weiter geradeaus, halten uns bei der nächsten Weggabelung links und spazieren durch Wiesen- und Weidelandschaft. Wer gerne mehr vom Moor sehen möchte, kann auf die Fußgängerbrücke steigen, die rechts über die B31 führt und einen tollen Blick auf das Moorgebiet eröffnet. Wir halten uns weiter links und kommen zu einem kleinen Grillplatz, den man nach vorheriger Anmeldung beim Tourismusbüro Hinterzarten nutzen kann. Nach dem Grillplatz spazieren wir wieder nach links und kommen bald am Sportplatz vorbei zur ersten Infotafel, von der wir wieder zurück zum Bahnhof gehen.

Julia: »Wir sind auf einen Baum geklettert!«

Anna: »Und wir haben riesige Baumpilze gesehen!«

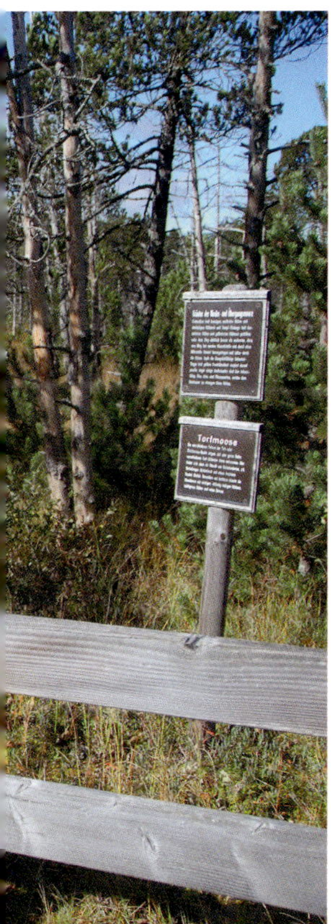

Winterfreuden

Hinterzarten ist ein bekanntes Wintersportgebiet. Auf der Adlerschanze findet alljährlich auch das bekannte Sommerskispringen statt.

32 Hinterzarten – Mathisleweiher

Pures Schwarzwaldvergnügen

leicht | 7 km | 80 m | 3 Std.

Tourencharakter
Waldwege und -pfade

Geeignet für
Kinderfüße ab 3/4 Jahren, Kraxe/Tragetuch, Kinderwagen (das letzte Stück ist etwas holperig, mit einem geländegängigen Kinderwagen aber machbar)

Anfahrt
über die B31 nach Hinterzarten Bahnhof; ÖPNV: ab Freiburg mit der Höllentalbahn bis Hinterzarten Bahnhof, siehe aktuelle Zeiten unter www.bahn.de

Navi
Bahnhofsweg 1,
79856 Hinterzarten

Ausgangspunkt
Hinterzarten Bahnhof

Einkehr
Rucksackvesper; Hinterzarten

Eine leichte und ruhige Wanderung abseits des großen Trubels rund um den Feldberg: Es geht zu einem romantisch gelegenen Schwarzwaldsee, in dem man sogar baden darf, wenn es einem nicht zu kalt ist! Der Weg führt uns durch märchenhaft schönen Wald, der spannend zu entdecken ist. Im Hochsommer angenehm kühl, im Herbst schön bunt – eine tolle Wanderung für jede Jahreszeit!

Vom Bahnhof geht es in Richtung Feldberg/Feldsee in die Rathausstraße, vorbei an der Kirche Maria in der Zarten und weiter die Erlenbruchstraße entlang. Bei der nächsten großen Gabelung biegen wir in den Oberzartener Weg ein und verlassen den Ort. Es geht sehr idyllisch an Kuhweiden entlang und an einem Fischweiher und dem Mathislehof vorbei in Richtung Wald.

Anna: »Ich hab die Füße ins Wasser gestreckt, aber es war ganz schön kalt.«

Der Mathislehof ist ein wunderschöner Schwarzwaldhof und in seiner Bauweise typisch für die Region. In dem netten kleinen Hofladen kann man regionale Leckereien kaufen. Wir spazieren am Hof vorbei, verlassen die asphaltierte Straße und wandern am Zartenbach entlang durch den Wald erst einmal in Richtung Feldsee und dann weiter bis zum Mathisleweiher, zu dem mehrere Wege führen, die aber alle gut ausgeschildert sind. Der Mathisleweiher ist ein Moorsee, deswegen ist auch das Wasser moorig braun. Die Farbe rührt von Huminsäuren her, die in Mooren entstehen und das Wasser entsprechend färben, was aber nichts mit der Wasserqualität zu tun hat. Seinen Namen erhielt der Weiher von dem Bauern Mathias Rombach, der im 18. Jahrhundert Herr auf dem Mathislehof war, an dem wir zuvor

Mathislehof

Der Bio-Hof produziert Demeter-Qualität und es gibt einen Hofladen (Do/Fr 13–18, Sa/So 10–18 Uhr). Führungen am ersten Samstag im Monat.

bereits vorbeigewandert sind. Am See gibt es einen kleinen Grasstrand, an dem man ganz herrlich eine Picknickdecke ausbreiten kann. Auch Baden ist grundsätzlich erlaubt, allerdings sind Teile des kleinen Sees aus Naturschutzgründen gesperrt. Da der See nur zu Fuß zu erreichen ist und er auch weniger bekannt ist als der nahe gelegene Feldsee, geht es hier meist recht beschaulich zu. Nach einer gemütlichen Rast spazieren wir vom Grasstrand rechts ab in den Wald und halten uns auch weiterhin rechts, bis wir zurück nach Hinterzarten gelangen.

Julia: »Ich hab Steine hüpfen lassen.«

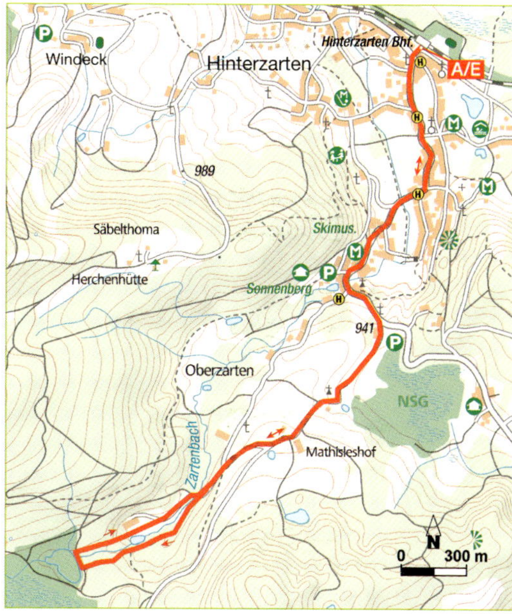

In Hinterzarten selbst findet man auch einen schönen Themenpfad für Kinder: den Naturerlebnispfad. Auf diesem Themenweg folgen wir Everinus Flechtl, einem Waldwichtel, und erkunden den Wald. Der erste Teil (1,5 km) ist auch für Kinderwagen geeignet, insgesamt ist der Weg vier Kilometer lang und beginnt am Kurhaus Hinterzarten.

»Ich komme!«

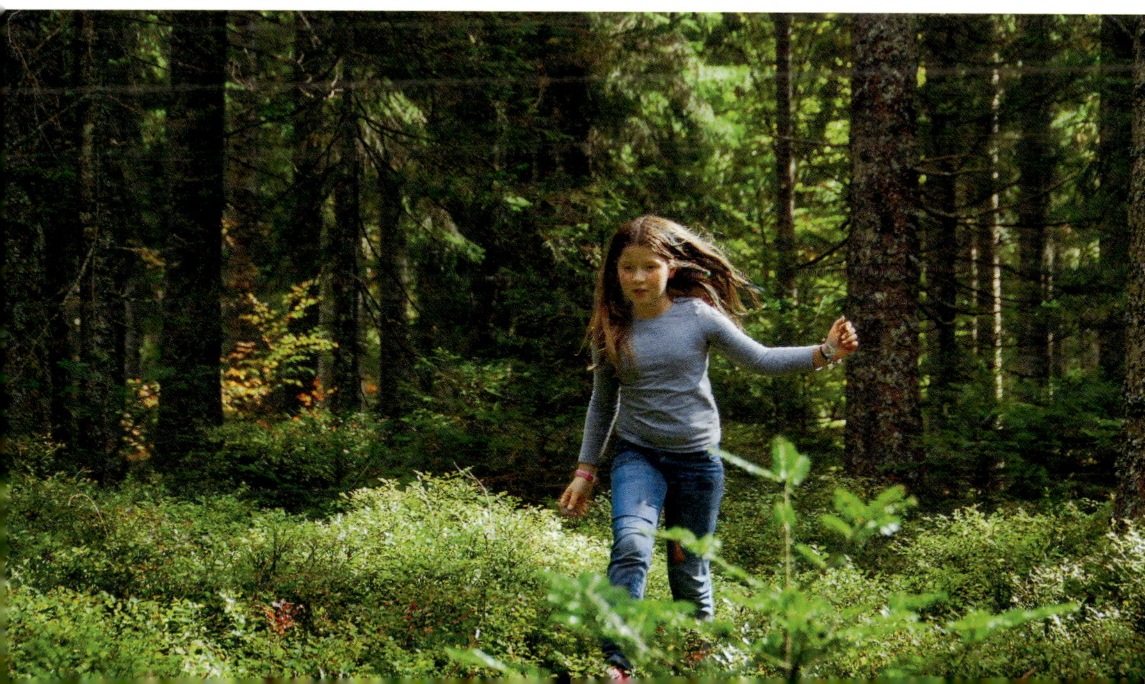

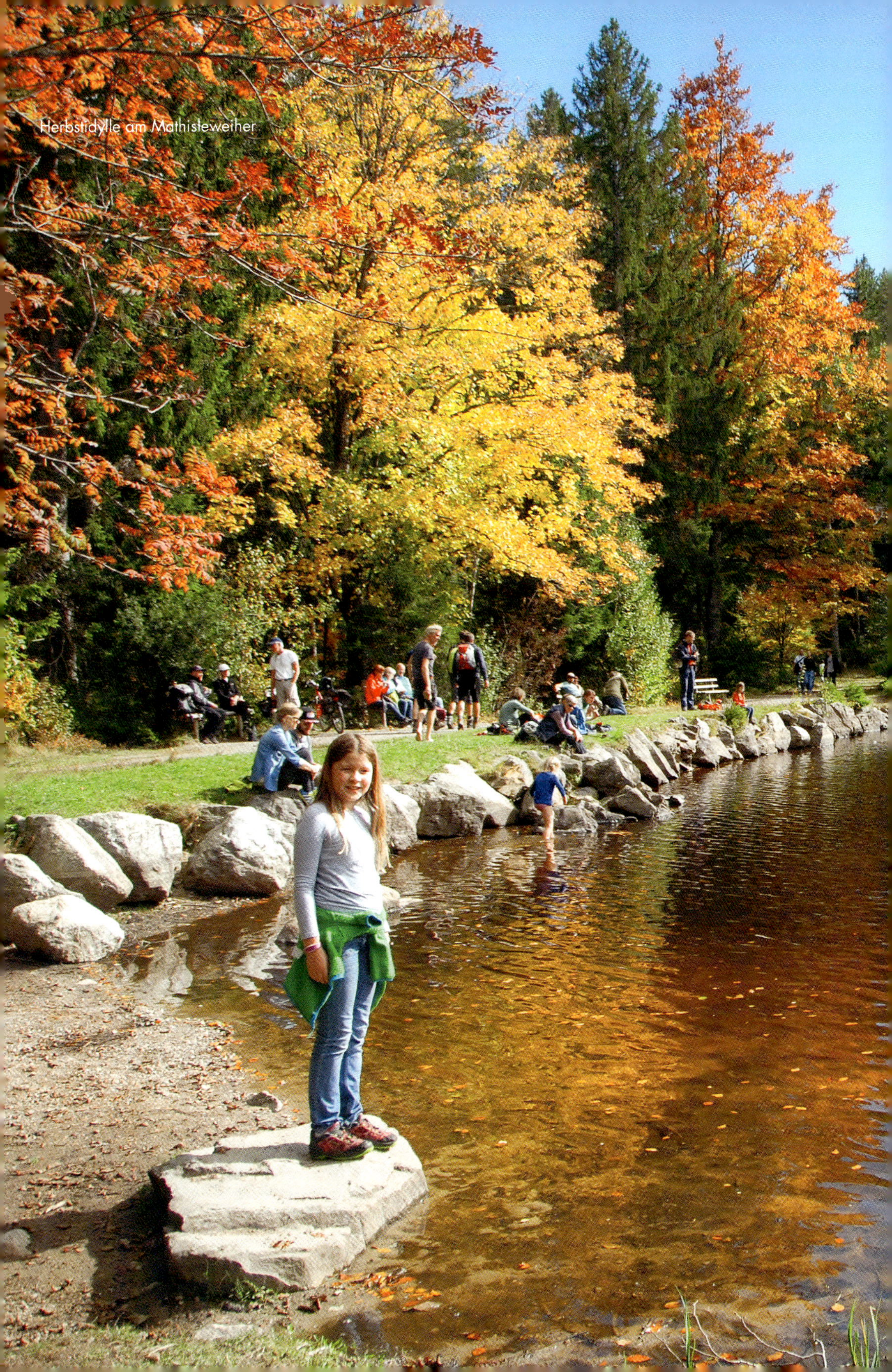

Herbstidylle am Mathisleweiher

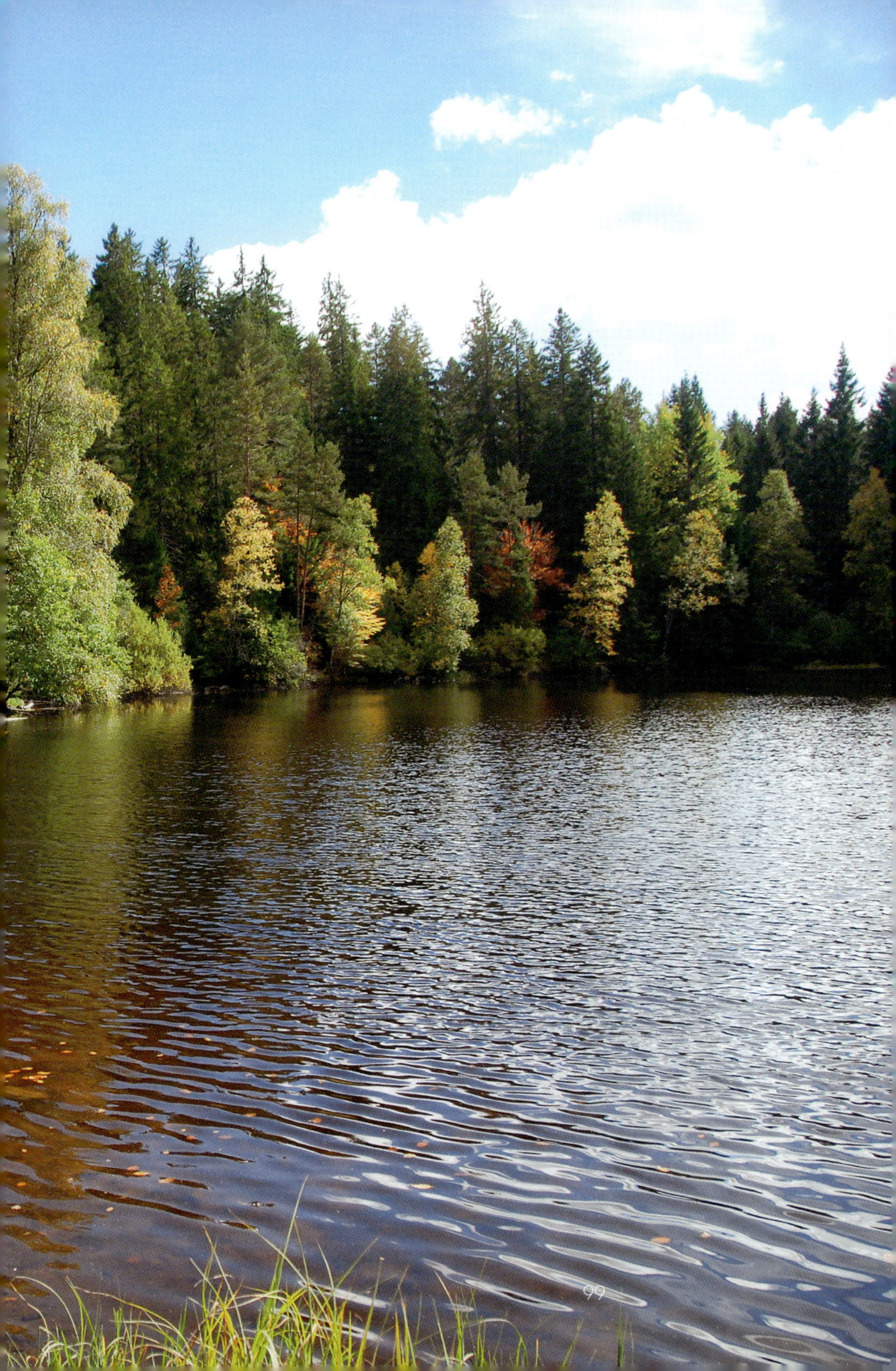

33 Titisee - Seeweg

Spaziergang am berühmten Schwarzwaldsee

leicht | 4,4 km | wenige | 1 Std.

Tourencharakter
Geschotterter Waldweg

Geeignet für
Kinderfüße ab 2 Jahren, Kraxe/Tragetuch, Kinderwagen

Anfahrt
Über die B500 bzw. B31

Navi
Seestraße, 79822 Titisee

Ausgangspunkt
Bootsvermietung Drubba

Einkehr
Kiosk am Campingplatz Sandbank oder in Titisee

Los geht's! Bei dieser Tour erkunden wir den wohl bekanntesten See im Schwarzwald. Vom Städtchen Titisee geht es immer am Ufer entlang zum Campingplatz Sandbank, mit einem schönen Feldbergblick inklusive. Am Campingplatz gibt's Eis am Kiosk und einen kleinen Sand-/Kiesstrand. Entspannend!

Julia: »Ich glaube, ein kleiner Fisch hat an meinem Zeh geknabbert.«

Von der Bootsvermietung, die zentral in Titisee am Ufer liegt, spazieren wir die Seestraße entlang und am Kreisel vorbei in Richtung Maritim Titisee Hotel. Wir bleiben auf der Seestraße, bis es rechts in den Seerundweg geht, links von uns befindet sich die Bahnlinie. Der komplette Seerundweg ist sechs Kilometer lang und führt zum Teil an der Straße entlang, was mit Kindern nicht so viel Spaß macht. An dieser Uferseite ist der Weg aber sehr schön und man hat immer wieder

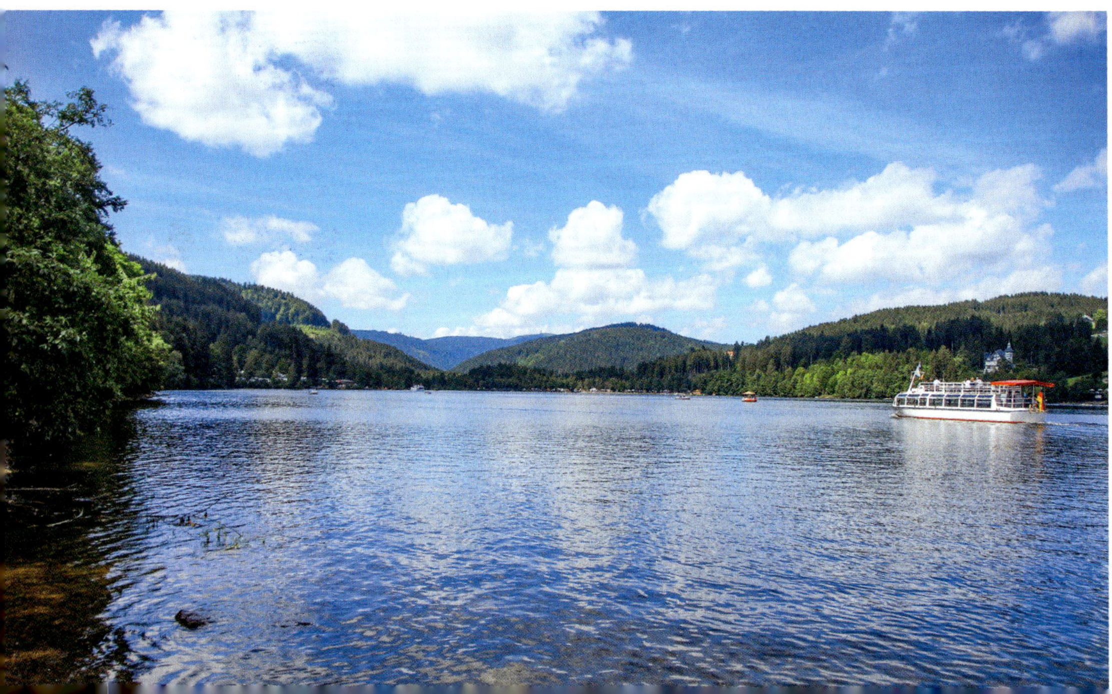

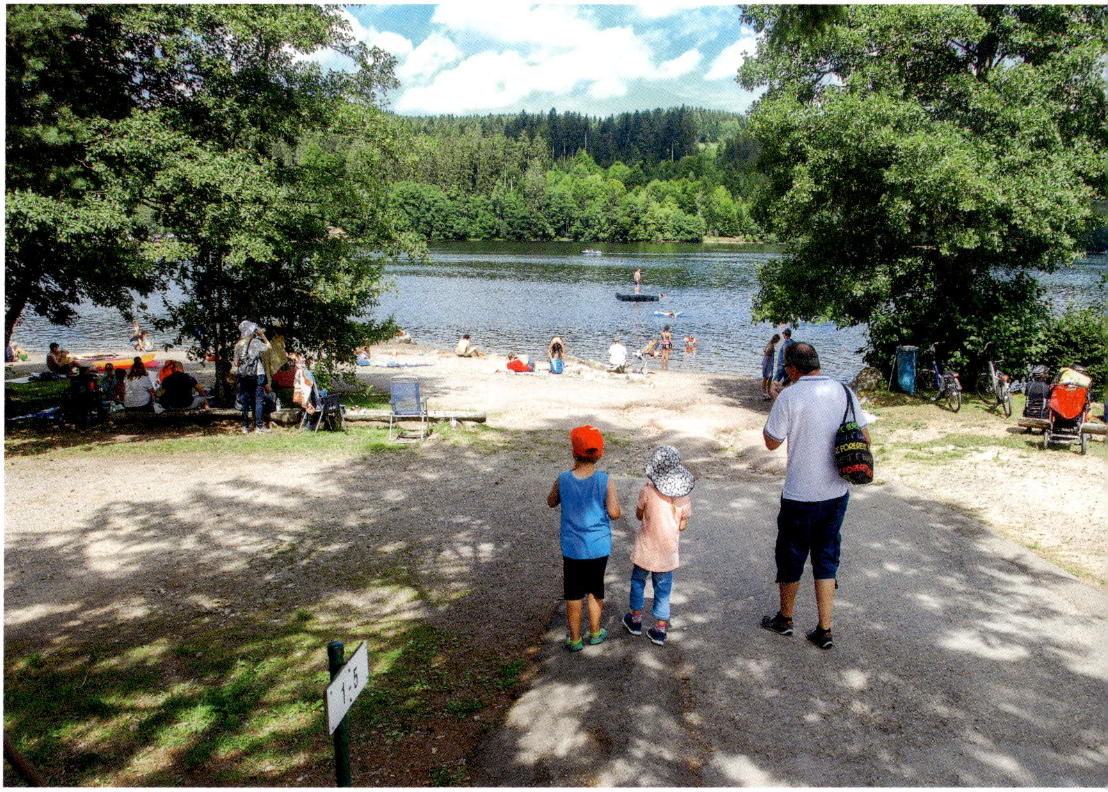

einen tollen Blick auf das Städtchen und den Feldberg und kann zudem Boote aller Art beobachten. Bald geht es in den Wald hinein, immer ganz dicht am Uferbereich entlang, und nach zwei Kilometern passieren wir eine Schranke und kommen auf das Campingplatzgelände. Hinter dem Kiosk erreichen wir den kleinen Badestrand. Das Wasser ist leicht bräunlich gefärbt, der Grund dafür ist die Umgebung – Wald und mooriger Boden. Und jetzt: Füße ins Wasser, dann dauert es bestimmt nicht lange und kleine Fischchen kommen angeschwommen. Man sieht oft auch Blesshühner und Stockenten, was die Kinder sicher begeistern wird. Nachdem wir uns erfrischt und ausgeruht haben, geht es auf derselben Strecke zurück zum Ausgangspunkt.

Anna: »Nächstes Mal möchte ich auch das Freibad in Titisee ausprobieren.«

Oben: Bademöglichkeit am Campingplatz Sandbank

Linke Seite: Wie wäre es denn mit einer Seerundfahrt?

Ahoi

Toll ist auch eine Seerundfahrt, bei der Sie Geschichten über den mystisch-romantischen Titisee erfahren, oder man mietet ein Tretboot.

34 Feldberg - Wichtelpfad

Kinder, helft dem Postwichtel

leicht | 2 km | 65 m | 1,5 Std.

Tourencharakter
Schmale Wurzelpfade

Geeignet für
Kinderfüße ab 2 Jahren, Kraxe/Tragetuch, eine Kraxe kann auch im Haus der Natur gegen Gebühr ausgeliehen werden

Anfahrt
Über B 500 Ausfahrt Haus der Natur/Feldbergbahn, dann den Hinweisschildern zum Parkhaus folgen; ÖPNV: Buslinie 7300 ab Titisee Richtung Todtnau bis Haltestelle Feldberger Hof

Navi
Dr.-Pilet-Spur 4, 79868 Feldberg (Schwarzwald)

Öffnungszeiten
Nach der Schneeschmelze (etwa Mitte Mai), die Figuren werden über den Winter abgebaut

Ausgangspunkt
Gegenüber vom Café Waldvogel, ca. 200 m vom Haus der Natur auf der anderen Straßenseite

Einkehr
Feldberger Hof, tägl. 11–21 Uhr

Auf diesem herzallerliebst gestalteten Themenweg begeht man eine Geschichte: Der Postwichtel Ferdinand hat einen Brief für Anton Auerhahn. Weil er ihn aber nicht finden kann, helfen ihm Velt der Feldbergwichtel und die Kinder. Man geht von Station zu Station, löst kleine Aufgaben und bekommt immer wieder ein Stückchen der Geschichte erzählt.

Vom Kreisel am Feldberger Hof aus sieht man schon eine große Holztafel und einen Wichtel. Hier, gegenüber vom Café Waldvogel, geht's los! Wir lesen zunächst auf der Holztafel den Anfang der Geschichte von Ferdinand dem Postwichtel, Velt dem Feldbergwichtel und ihren Freunden, dann spazieren wir zunächst in

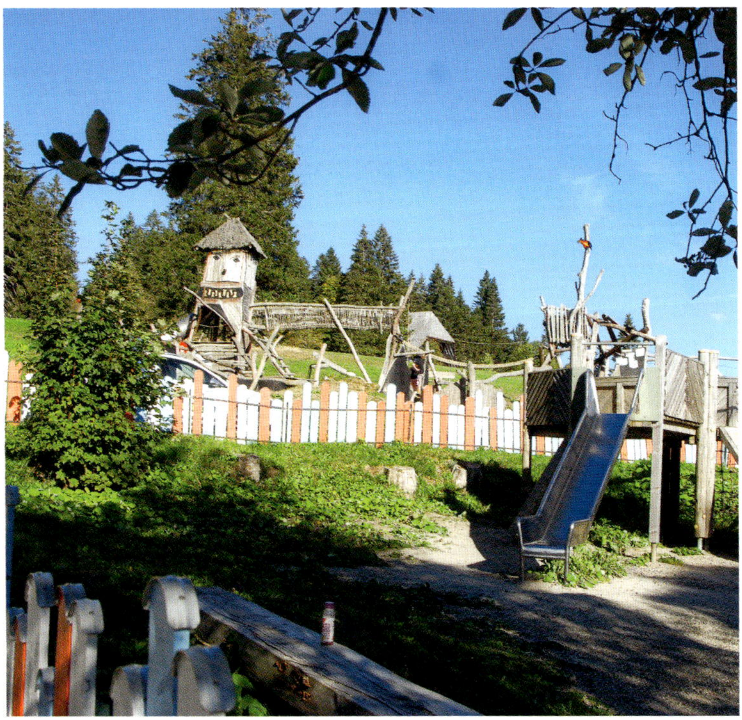

Die Spielplätze sind so toll!

Anna: »Ich bin auf dem Kletterbaum nach ganz oben geklettert.«

Richtung Feldbergerhof und gleich rechts den Hang hoch, vorbei an zwei richtig tollen Spielplätzen – einer ist für kleine Wichtel und einer für Wichtel ab sechs Jahren mit spannenden Klettermöglichkeiten. Wir wandern am Waldrand weiter bergauf, den Kletterpark linker Hand, bis wir links die erste Station erreichen, wo ein liebevoll gestaltetes Wichtelhaus auf die Kinder wartet. Bis hierhin kann man den Weg auch mit dem Kinderwagen machen, aber nun geht es über Stock und Stein weiter, also nur noch zu Fuß oder in der Kraxe. Wir folgen den Holzschildern, auf denen die Entfernung zur nächsten Station in Kinderschritten angegeben ist. So kommen wir noch zum Gasthaus, zur Apotheke, zur Waldfee, treffen Anke Henne und können den Fuchs und andere Waldtiere beobachten. Es ist so schön! Zum Abschluss wartet noch ein fantasievoll gestalteter Waldspielplatz auf die Kinder. Wer sich hier noch nicht ausgetobt hat, kann zurück zum Ausgangspunkt und weiter zu den Spielplätzen, an denen wir anfangs vorbeigekommen sind. Vor allem mit jüngeren Kindern ist diese Tour einfach magisch.

Tolle Wanderung

Vom Feldberger Hof aus kann man zum Feldsee und zum Raimartihof wandern, wo es ein deftiges Vesper gibt (ausgeschilderter Rundweg, ca. 6 km).

Julia: »Die Wichtel sind so süß!«

Den Wichtelpfad kann man auch gut mit einer kleinen Gipfeltour verbinden. Die Seilbahn bringt einen schnell und problemlos auf den Feldberg und von der Bergstation ist es nur noch etwa ein Kilometer bis zum neuen Feldbergturm und zur Aussichtsplattform. Auch ein Besuch im Haus der Natur lohnt sich (tägl. 10–17 Uhr, in der Wintersaison Mo Ruhetag; Familienticket 10,50 €). Hier erfährt man Wissenswertes über Flora und Fauna am Feldberg und kann an interaktiven Stationen selbst Dinge erkunden. Das Highlight ist sicherlich die virtuelle Ballonfahrt und die 3-D-Schau. Es gibt also viel zu sehen!

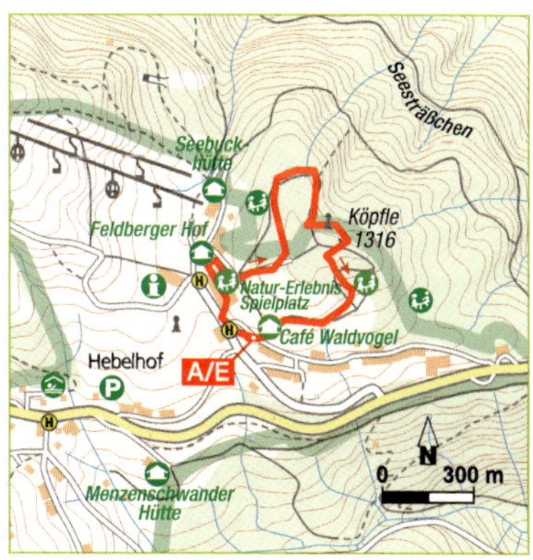

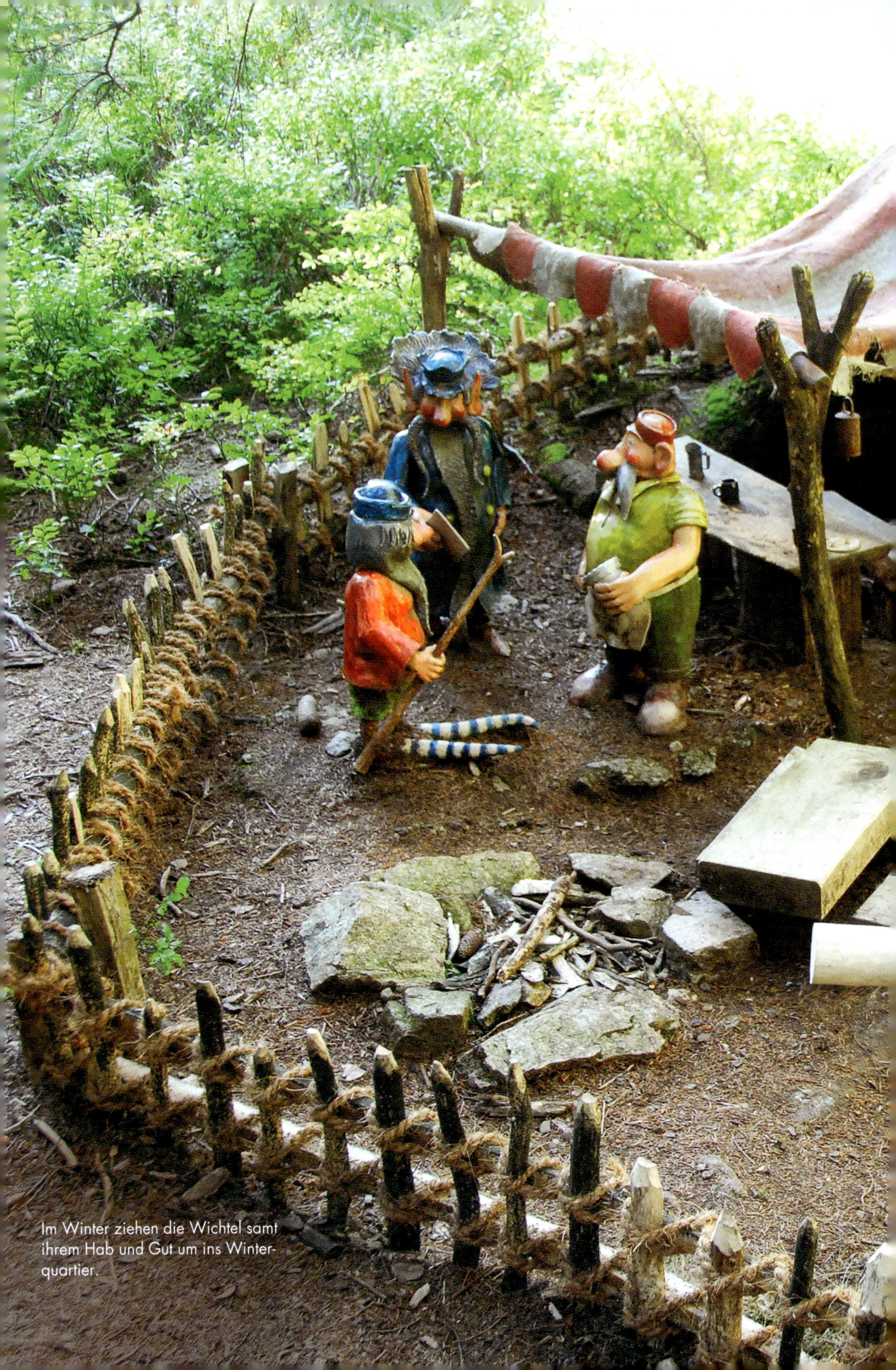

Im Winter ziehen die Wichtel samt ihrem Hab und Gut um ins Winterquartier.

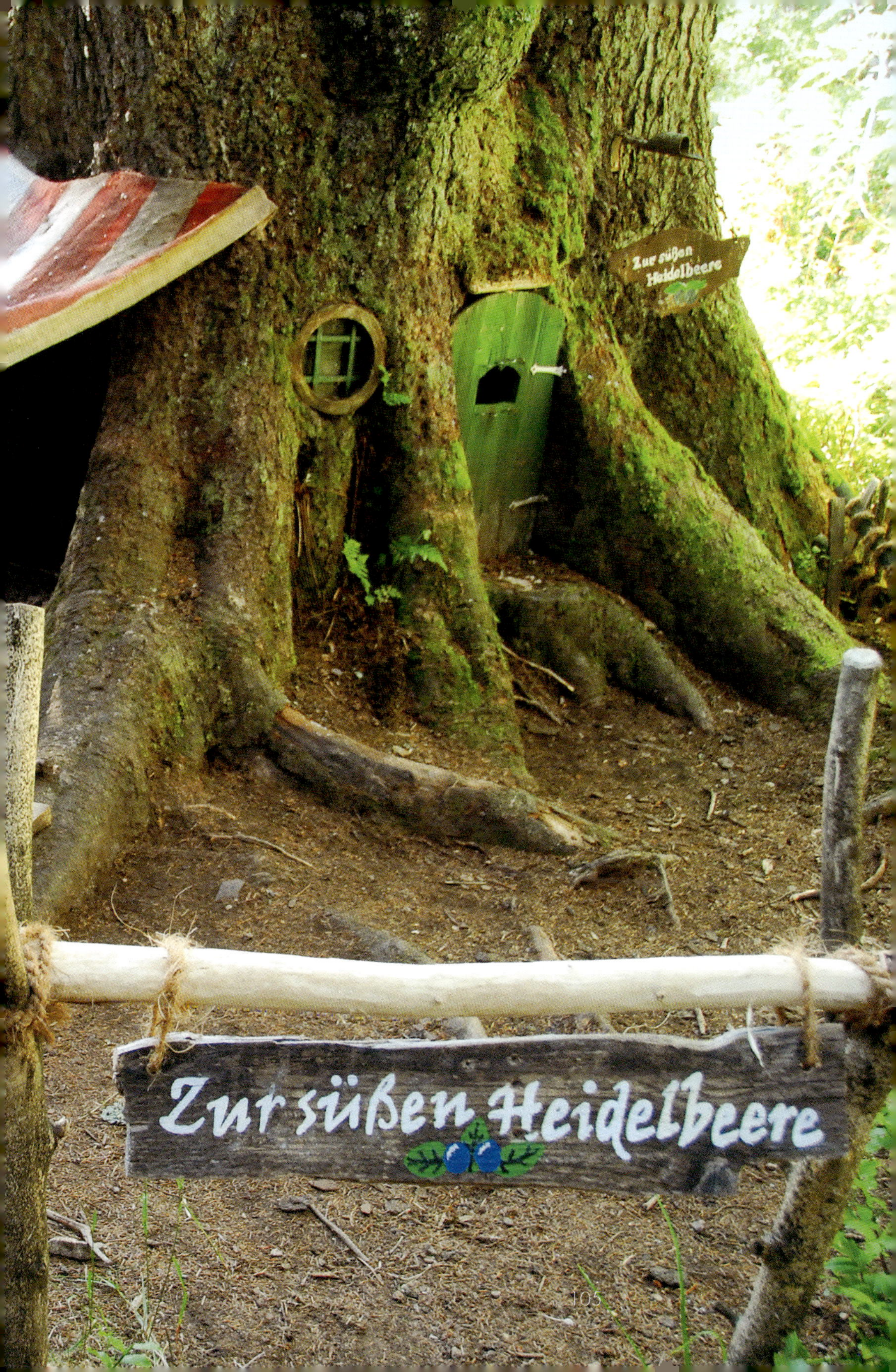
Zur süßen Heidelbeere
Zur süßen Heidelbeere

35 Feldberg – ab Rinken

Abseits der großen Wege

schwer | 6 km | 300 m | 3,5 Std

Tourencharakter
Schmale Waldwege, viele Varianten (zwischen 3 km und 6 km, 1,5–3,5 Std.): Man kann über den Feldberggipfel zur Zastlerhütte wandern und dann einen schmalen Pfad zurück zum Rinken, oder man geht am Naturfreundehaus vorbei direkt zur Zastler Hütte, dann muss man nicht mehr bergauf. Die kürzeste Variante wäre, wenn man von der Baldenweger Hütte die Fahrstraße zurückspaziert.

Geeignet für
Kinderfüße ab 4/5 Jahren, Kraxe/Tragetuch

Anfahrt
Von Hinterzarten hinter der Bahnüberführung rechts am Blumenladen vorbei und dann immer der Straße folgen

Navi
Rinkenstraße 9,
79856 Hinterzarten

Ausgangspunkt
Wanderparkplatz Feldberg/Rinken

Einkehr
Naturfreundehaus, Bewirtung Sa/So & feiertags, Di Ruhetag, www.naturfreundehaus-feldberg.de; Zastler Hütte, tägl. 10–17 Uhr, Do Ruhetag, www.zastler-hütte.de

Unsere Lieblingstour am Feldberg abseits der großen Wege. Zunächst geht es wunderschön am Wildbach entlang hinauf zur Baldenweger Hütte, wo man toll essen kann. Danach stehen verschiedene Varianten zur Auswahl: gemütlich oder sportlich. Eine tolle Feldbergerkundung, meist ohne viel Trubel – einfach klasse.

Für alle Varianten gehen wir zunächst vom Wanderparkplatz am Jägerheim vorbei in Richtung Wald. Wir passieren einen kleinen Spielplatz, der im Rahmen eines Jugendprojektes 2012 entstanden ist, und biegen hier links ab in Richtung Raimartihof. Dieser ist übrigens auch ein schönes Ausflugsziel und von hier aus gut

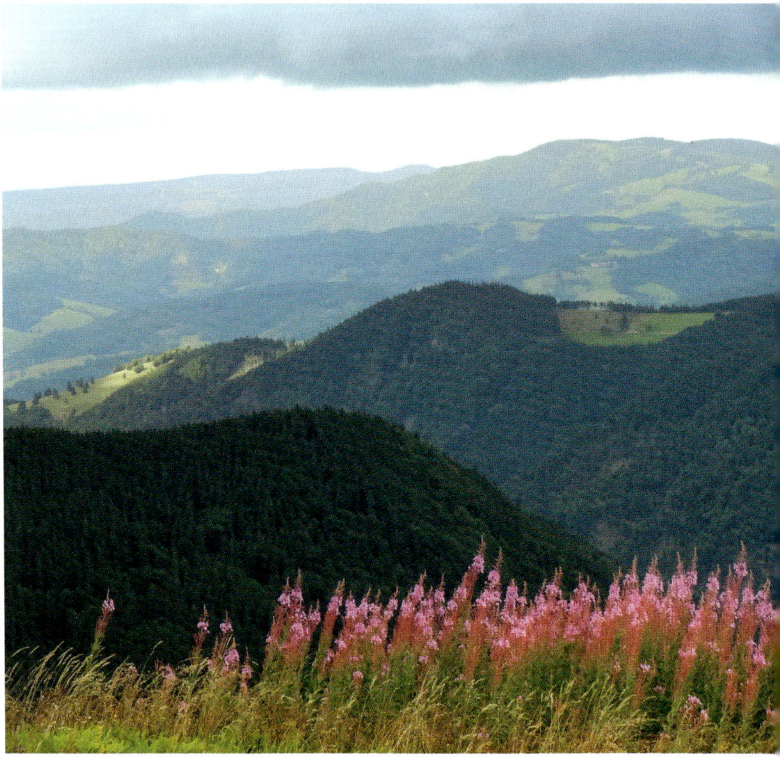

mit einem Kinderwagen erwanderbar, indem man einfach den Schotterweg geradeaus weitergeht. Für unsere Tour biegen wir aber nach wenigen hundert Metern vor der Holzbrücke rechts ab und kommen über Treppenstufen auf den Pfad, der am Wildbach entlang zur Baldenweger Hütte führt. Durch Heidelbeergestrüpp, über Wurzeln und Steine geht es spannend hinauf, bis wir aus dem Wald auf eine Weide gelangen und bald auch zur Baldenweger Hütte. Hier fühlt man sich fast ein bisschen wie in den Alpen. Ab der Baldenweger Hütte kann man dann entweder die wenig befahrene Straße zum Rinken zurückschlendern oder weiter geradeaus zum Naturfreundehaus. Es geht an einem kleinen Spielplatz vorbei in den Wald und auf direktem Weg zur Zastler Hütte. Die Gipfelvariante führt bei der Baldenweger Hütte links in Serpentinen den Berg hinauf, der Beschilderung folgend. Oben angekommen, haben wir eine einmalige Aussicht auf den Schwarzwald, bei guter Wetterlage kann man sogar die Alpen sehen. Da es oben auf dem Feldberg sehr oft windig ist, sollte man die entsprechende Kleidung dabeihaben. Soll ja keiner frieren!

Anna: »Als wir auf den Gipfel gegangen sind, haben wir ganz viele Ziegen gesehen.«

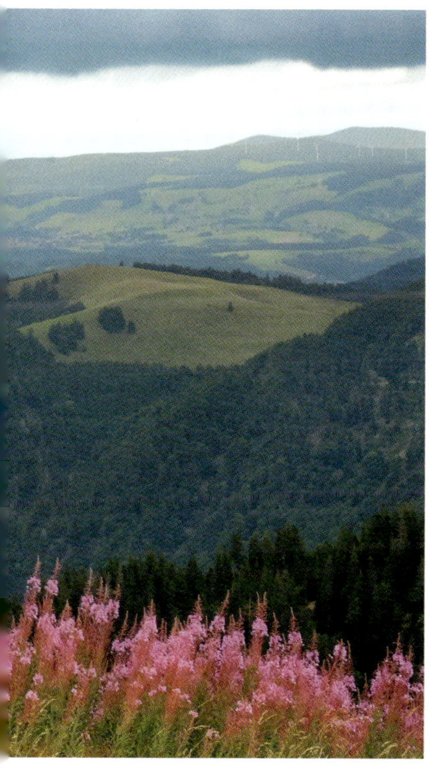

Der Feldberg ist mit seinen 1493 Metern der höchste Berg Deutschlands außerhalb der Alpen. Seinen Namen hat er, weil der Gipfel nicht bewaldet ist und einem Feld ähnelt. In der letzten Eiszeit bedeckte ein großer Gletscher den Schwarzwald, die eiszeitlichen Einflüsse sind vielerorts noch zu sehen. Am Feldberg ist es der Feldsee,

Julia: »Das Karussell am Naturfreundehaus macht so viel Spaß!«

Vom Feldberg hat man eine einmalige Aussicht.

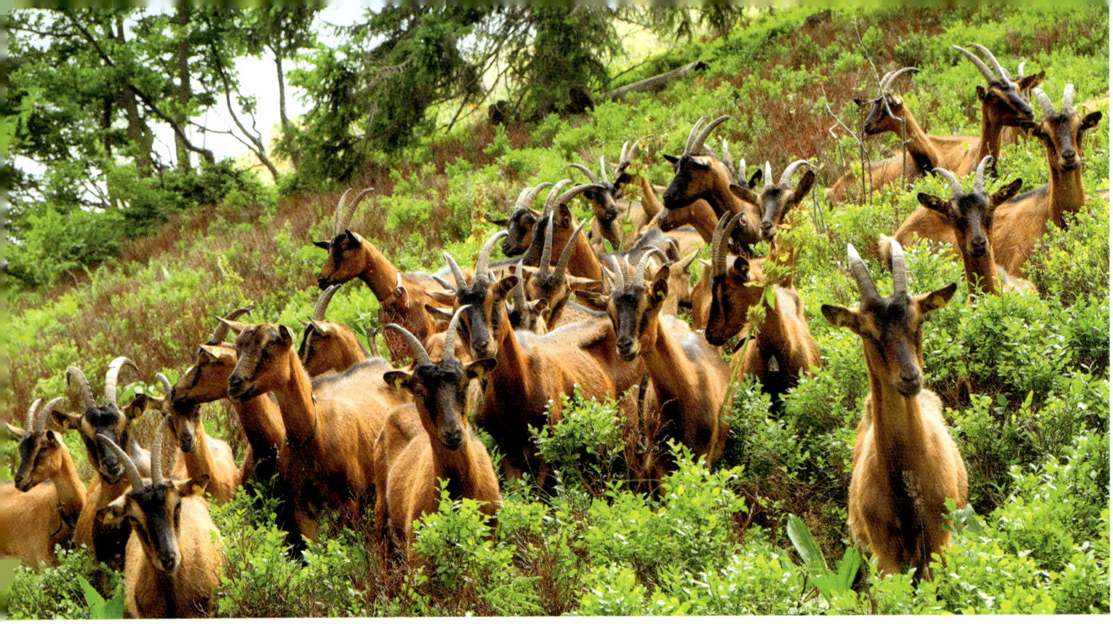

ein Karsee, der in dieser Zeit entstanden ist. Auch das Feldseemoor ist durch glazialen Einfluss entstanden. Wer sich für die Natur rund um den Feldberg und seine Entstehung interessiert, dem sei die Ausstellung im Haus der Natur (siehe auch Tour 34) empfohlen. Wenn wir die Serpentinen hinaufgewandert sind, kommen wir auf einen recht breiten gekiesten Weg und gehen diesen bis zur Wetterstation. Beim Aussichtspunkt am Turm stehen Bänke für eine Rast bereit und eine Tafel erklärt die Aussichtspunkte ringsherum. Von der Plattform sehen wir Hinweisschilder, die den Weg bergab zur Zastlerhütte weisen. Der Weg ist recht steil und steinig. Kurz vor der Zastler Hütte kommen wir durch ein kleines Moor, das wir auf einem Bohlenweg durchqueren. Auch an der Zastler Hütte können wir gemütlich rasten, besonders lecker ist hier der Kuchen. Weiter geht es dann ein Stück die Fahrstraße bergab. Nach etwa 200 Metern zweigt rechts ein schmaler Pfad ab, der zunächst steinig über ein Geröllfeld, später wurzelig durch den Wald am Berg entlang zurück zum Rinken führt. Der beschriebene Weg verläuft zum Teil am Naturlehrpfad entlang. Immer wieder gibt es Infotafeln, die auf die Besonderheiten der Landschaft hinweisen. Weitere Infos und eine Übersichtskarte des gesamten Naturlehrpfads finden Sie unter https://schwarzwald.region.org/feldberg/wanderung-02/index.htm .

Oben: »Wer kommt denn da?«

Rechte Seite: »Dürfen wir die süße Ziege mitnehmen?«

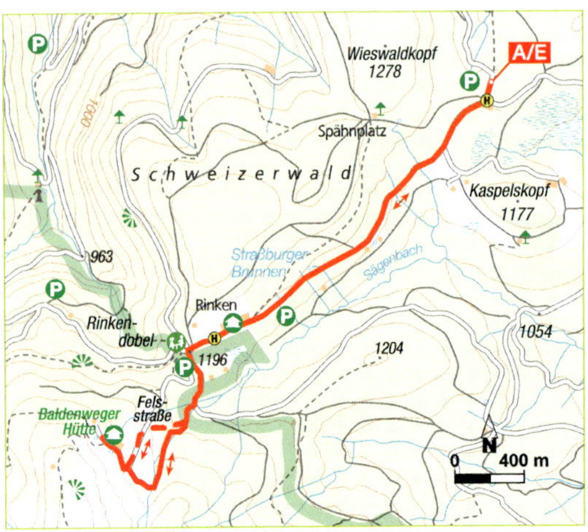

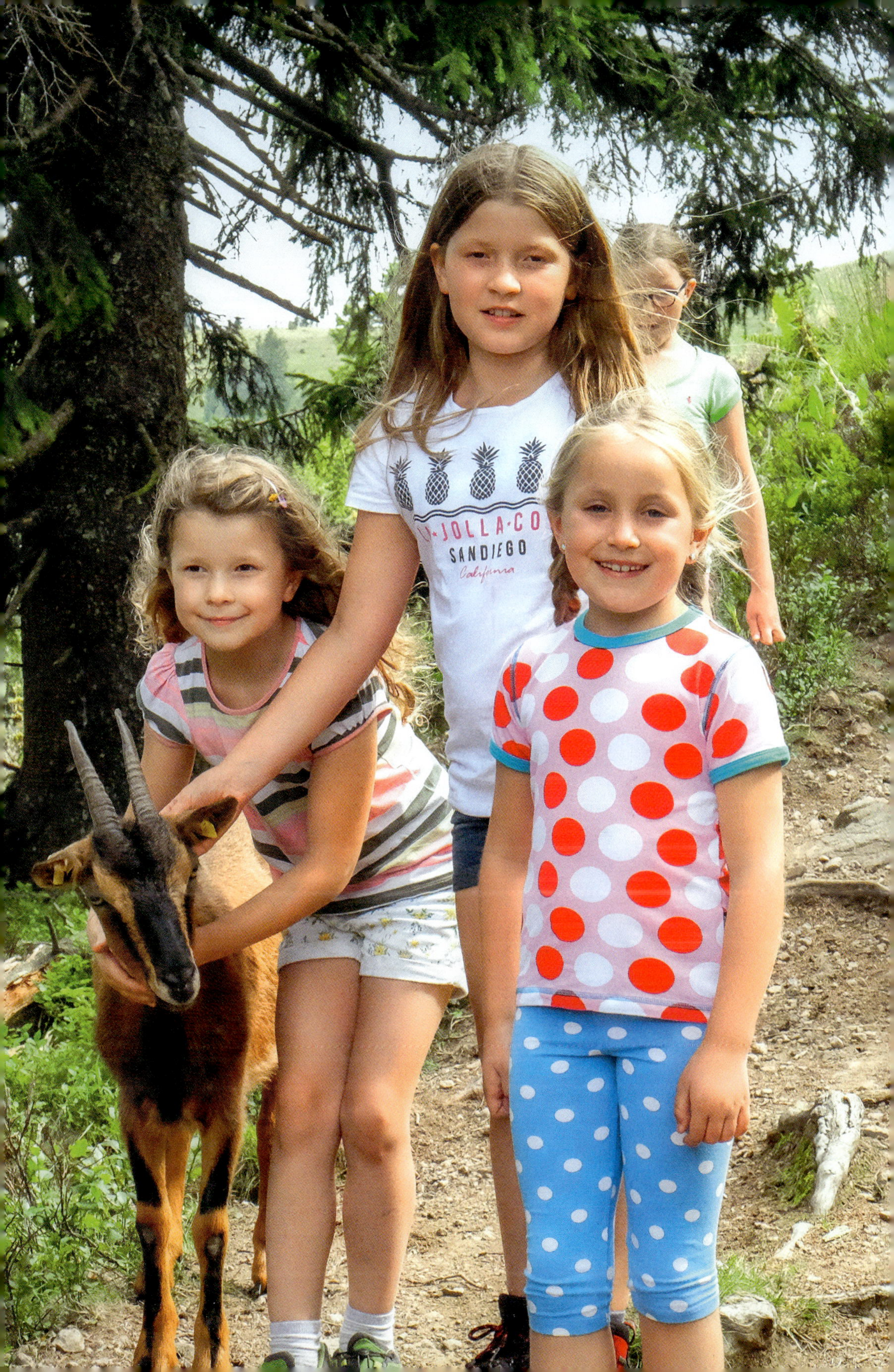
SANDIEGO
California

36 Todtnau - Wasserfallrundweg

Toller Wasserfall, spannender Weg

mittel | 5 km | 110 m | 1,5 Std.

Tourencharakter
Treppen und schmale Pfade; es gibt auch eine 6 km lange Variante (220 Hm, 3,5 Std.)

Geeignet für
Kinderfüße ab 3/4 Jahren, Kraxe/Tragetuch

Anfahrt
Über die L 126

Navi
79674 Todtnau

Ausgangspunkt
Parkplatz/Kiosk an der L 126, Variante: Tourismus-Information in Todtnau

Preise
Kinder bis 12 Jahre frei, Erwachsene 2 €

Einkehr
Kiosk Aftersteg am unteren Wasserfallzugang (ebenfalls an der L 126)

Nicht nur die Wasserfälle sind sehenswert, auch die Umgebung lohnt sich sehr.

Todtnau liegt zwischen Feldberg und Belchen mitten im Südschwarzwald und lockt mit schöner Natur sowie vielen schönen Wander- und Ausflugsmöglichkeiten. Besonders besuchenswert sind die Todtnauer Wasserfälle: Über vier Fallstufen stürzt der Stübenbach ins Tal. Rund um den Wasserfall gibt es Erkundungswege, die den Kindern viel Spaß machen.

Parkmöglichkeiten gibt es auf dem Parkplatz Aftersteg direkt an der L 126, wenige Meter vom Wasserfall entfernt. Man kann aber auch in Todtnauberg am Hangloch-Parkplatz parken und zum Wasserfall hinuntergehen oder man wandert von Todtnau hinauf (ca. 2,5 km) – alles ist sehr gut ausgeschildert. Mit kleineren Kindern empfiehlt es sich am Haupteinstiegspunkt zu parken, wo sich auch der Kiosk befindet. Mittlerweile kostet der Besuch des Wasserfalls Eintritt, aber nur 2 € für Erwachsene und 1 € für Jugendliche ab zwölf Jahren, also alles moderat, vor allem im Vergleich zu den bekannteren Triberger Wasserfällen. Zunächst geht es eben bis zum Hauptwasserfall, wo sich der Stübenbach von seiner beeindruckendsten Seite zeigt. Der Bach entspringt oberhalb von Todtnauberg am Stübenwasen auf etwa 1380 Metern. Das ist übrigens auch eine schöne Wanderung: von Todtnauberg hinauf auf den Stübenwasen. Auf dieser Tour, die auch mit jüngeren Kindern gut zu machen ist, hat man einen einmaligen Blick auf die herrliche Schwarzwaldlandschaft. Oben am Stübenwasen wird im Berg-

Anna: »Die Holzliegen sind so cool!«

Julia: »Das Herumklettern auf den großen Steinen war echt bombig.«

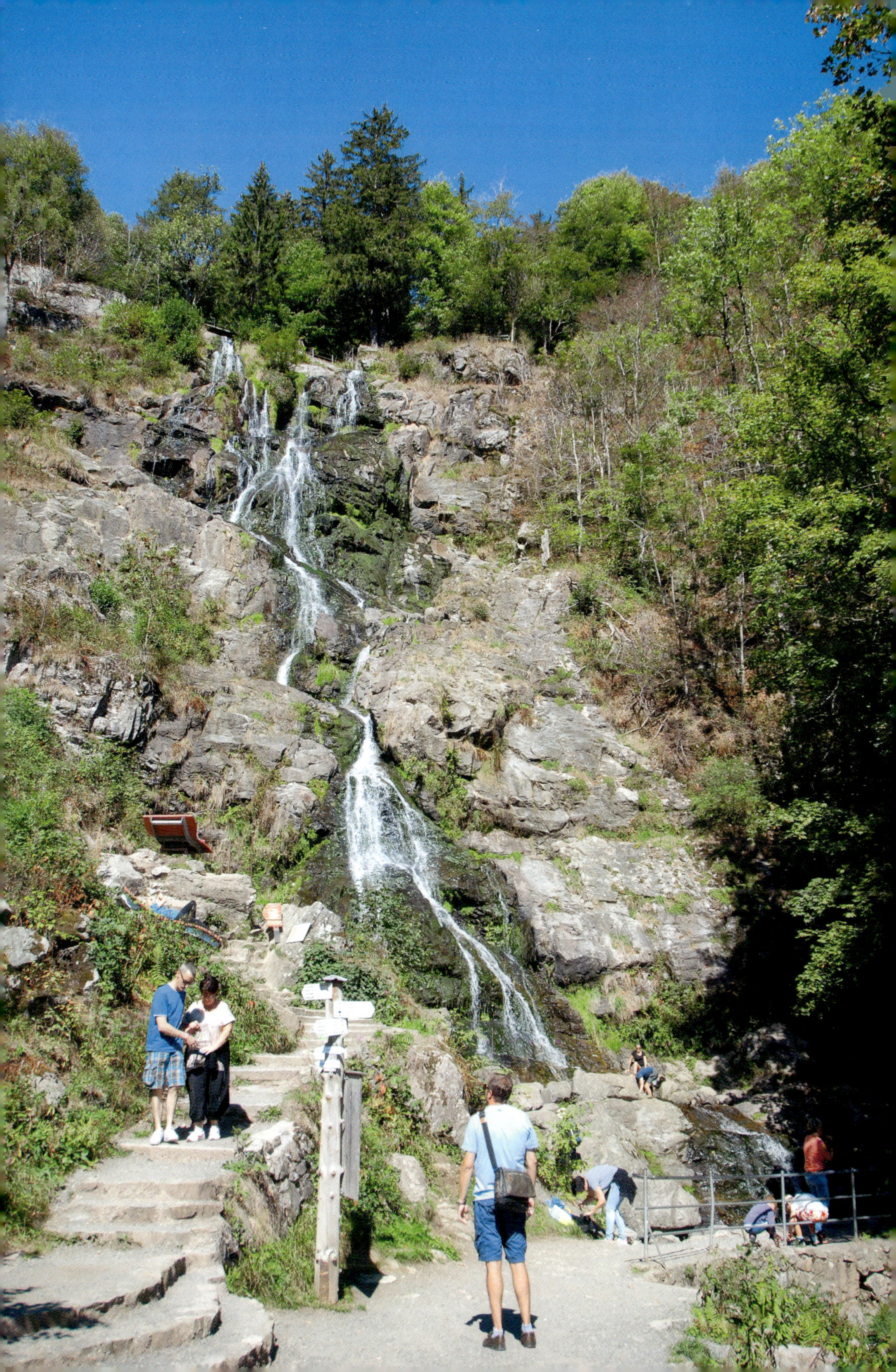

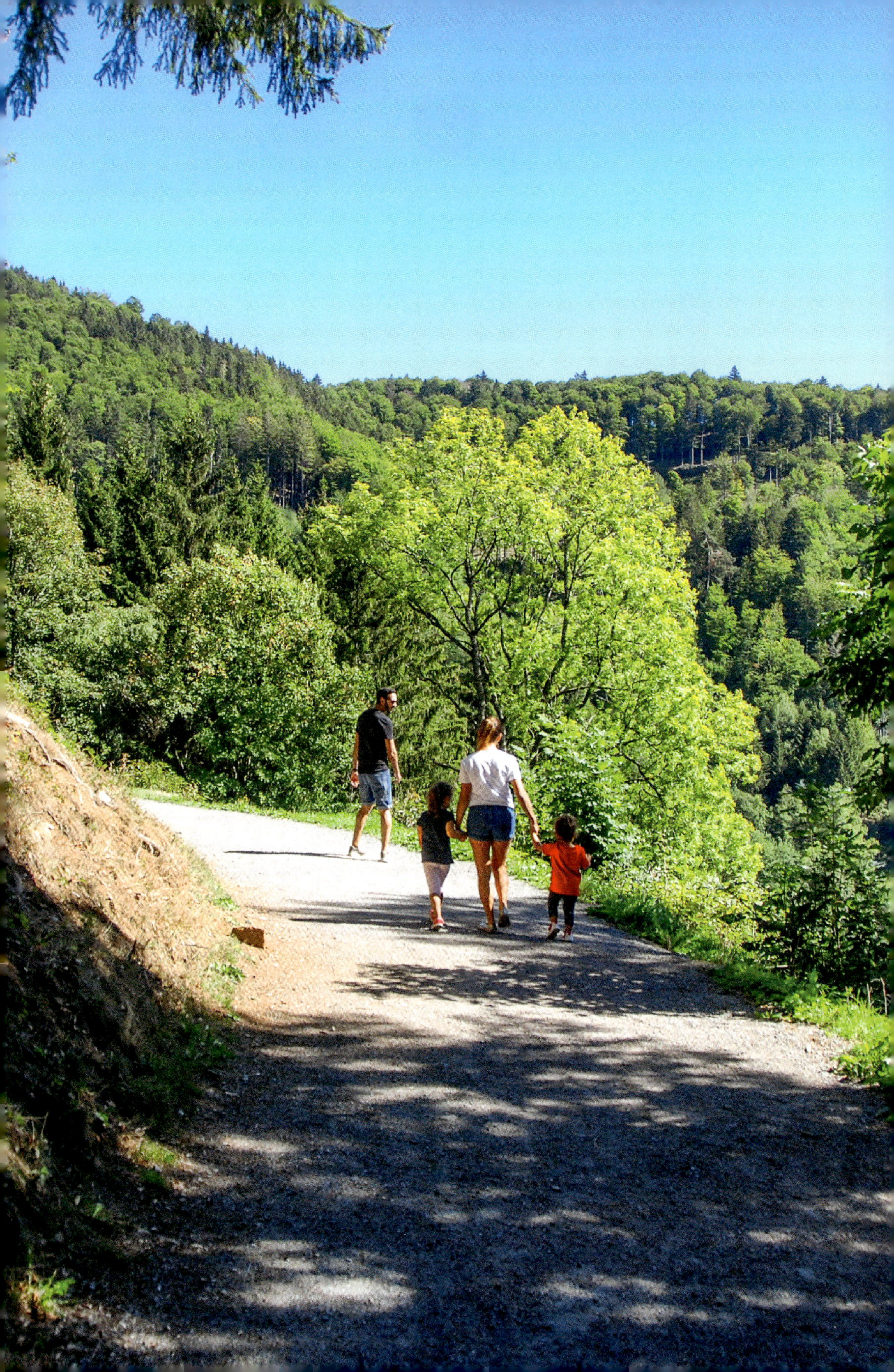

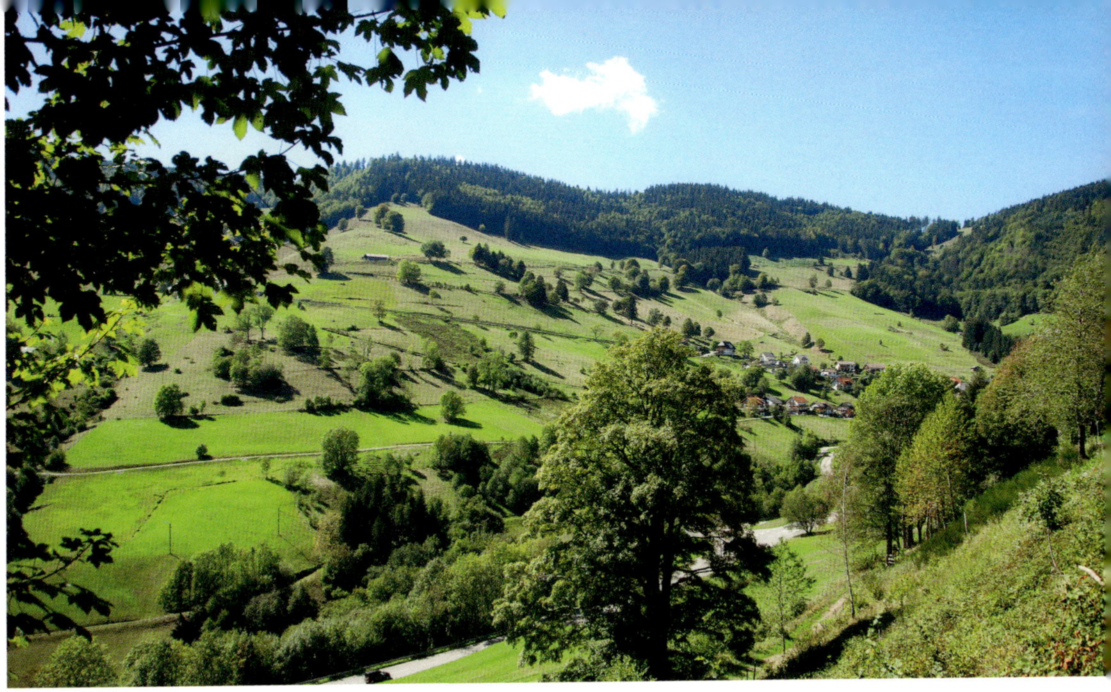

gasthof Stübenwasen (tägl. 10–20 Uhr, Do Ruhetag) tolles Hüttenessen und hausgemachter Kuchen serviert. Wasserfälle und Stübenwasen, beides an einem Tag, ist allerdings zu viel, vor allem mit Kindern. Am Wasserfall gibt es außer dem kleinen Rundweg (2,5 km) auch einen großen Rundweg (3,5 km), beide sind gut gekennzeichnet. Man steigt bei beiden Varianten zunächst am Wasserfall entlang nach oben bis zu einer Brücke, überquert hier den Stübenbach und gelangt auf der anderen Seite wieder hinunter. Zum Hauptwasserfall kann man auch mit Kinderwagen gehen. Toll sind die Holzliegen unterhalb des Hauptfalls, auf denen man gemütlich liegend den Wasserfall betrachten, picknicken und Familienzeit genießen kann. An sonnigen Wochenenden ist hier einiges los, deshalb empfiehlt es sich, früh da zu sein, denn die Parkplätze an der L 126 sind begrenzt. Neben den Wasserfällen und einer tollen Wanderung zum Stübenwasen hat Todtnau noch mehr Freizeitspaß zu bieten: das Hasenhorn und die Sommerrodelbahn. Am Hasenhorn, Todtnaus Hausberg, gibt es nicht nur einen Aussichtsturm, sondern auch einen schönen Themenweg für Kinder, den Zauberweg. Mit dem Sessellift geht es hoch auf das Hasenhorn und dann wandert man den Themenweg entlang auf der Suche nach dem Zauberstein zurück ins Tal.

Oben: Typisch Hochschwarzwald

Linke Seite: Der Weg zum Hauptfall ist auch kinderwagentauglich.

Auf zum Hasenhorn

Infos zum Themenweg am Hasenhorn gibt's unter www.zauberweg.de, zum Sommerrodeln informiert man sich unter www.hasenhorn-rodelbahn.de.

37 Von Schluchsee nach Aha

Wandern mit Seeblick

leicht | 5,5 km | wenige | 2,5 Std.

Tourencharakter
Breite Spazierwege

Geeignet für
Kinderfüße ab 3 Jahren, Kinderwagen, Kraxe/Tragetuch

Anfahrt
über die B 500; ÖPNV: ab Titisee mit der Bahn, siehe aktuelle Zeiten unter www.bahn.de

Navi
79859 Schluchsee

Ausgangspunkt
Bahnhaltestelle Schluchsee

Einkehr
Rucksackvesper; Kiosk am See; im Ort

Der Schluchsee ist ein tolles Ausflugsziel für heiße Tage, und Wasserspaß ist garantiert. Auf der kleinen Wanderung von Schluchsee nach Aha geht man die ganze Zeit am See entlang, kann nach Lust und Laune Bade-, Spiel- und Picknickpausen einlegen und dann von Aha mit dem Schiff zurück zum Ausgangspunkt fahren.

Der Schluchsee hat seinen Namen wohl von seiner schlauchartigen Form. Ursprünglich befand sich hier ein deutlich kleinerer Gletscherkarsee, der vor rund 85 Jahren zur Energiegewinnung aufgestaut wurde. Über sieben Kilometer lang und ungefähr 1,5 Kilometer breit ist der See, der im Sommer nicht nur für Angler, Taucher und Segler ein beliebtes Ausflugsziel ist.

Julia: »Ich habe Steine hüpfen lassen. Das war super.«

Wir starten am Bahnhof Schluchsee und folgen ab hier der Beschilderung für den Seerundweg in Richtung Aha. Am Bahnhof gibt es nur wenige Parkmöglichkeiten, aber man hat auch eine einigermaßen gute Zugverbindung ab Freiburg. In der Saison fährt ein historischer Dampfzug zwischen Schluchsee-Seebrugg und Titisee – ein tolles Erlebnis! Der Weg führt immer am See entlang. Nach dem Bahnhof überqueren wir eine Brücke, folgen danach einer kleinen Straße, dem Seeweg, und biegen anschließend links in Richtung Amalienruhe ab. Hier steht ein kleiner Pavillon, von dem man schön den Untersee überblicken kann. Wir folgen den Wegweisern in Richtung Aha auf dem Spazierweg immer zwischen Bahnlinie und See. Unterwegs entdecken wir viele schöne Stellen am See, an denen man gut spielen kann, wenn man sich etwas Zeit lässt. Bei Aha gehen wir zur Schiffsanlegestelle und

Dampfzug

Ein tolles Erlebnis: eine Fahrt mit der historischen DreiSeenBahn! Infos zu Terminen und Abfahrtszeiten gibt's unter www.3seenbahn.de/fahrplan.html.

dann am besten per Schiff zurück nach Schluchsee – die Fahrt ist schön und man bekommt unterwegs noch Wissenswertes über den See erzählt. Die Anlegestelle in Schluchsee liegt am Strandbad unweit des Bahnhofs. Anschließend kann man noch den kleinen Kurort erkunden. Im Kurhaus befindet sich ein kleines Spielzimmer für die Kinder, ansonsten ist der Kurort eher überschaubar. Wer gerne mehr wandern möchte, der kann zum Riesenbühlturm hinaufgehen. Diese Wanderung ist natürlich anstrengender als der Spaziergang auf ebener Strecke am See, aber auch wirklich schön. Man kann entweder am Bahnhof Schluchsee starten oder in der Ortsmitte. Vom Bahnhof Schluchsee sind es 2,6 Kilometer bis hinauf zum Turm und man passiert dabei den Spass-Park Hochschwarzwald (www.spass-park-hochschwarzwald.de). Alles ist wie immer gut ausgeschildert.

Anna: »Mir hat die Fahrt mit dem Elektroboot gefallen. Da konnte ich auch mal lenken.«

Der See ist auch bei Wassersportlern beliebt.

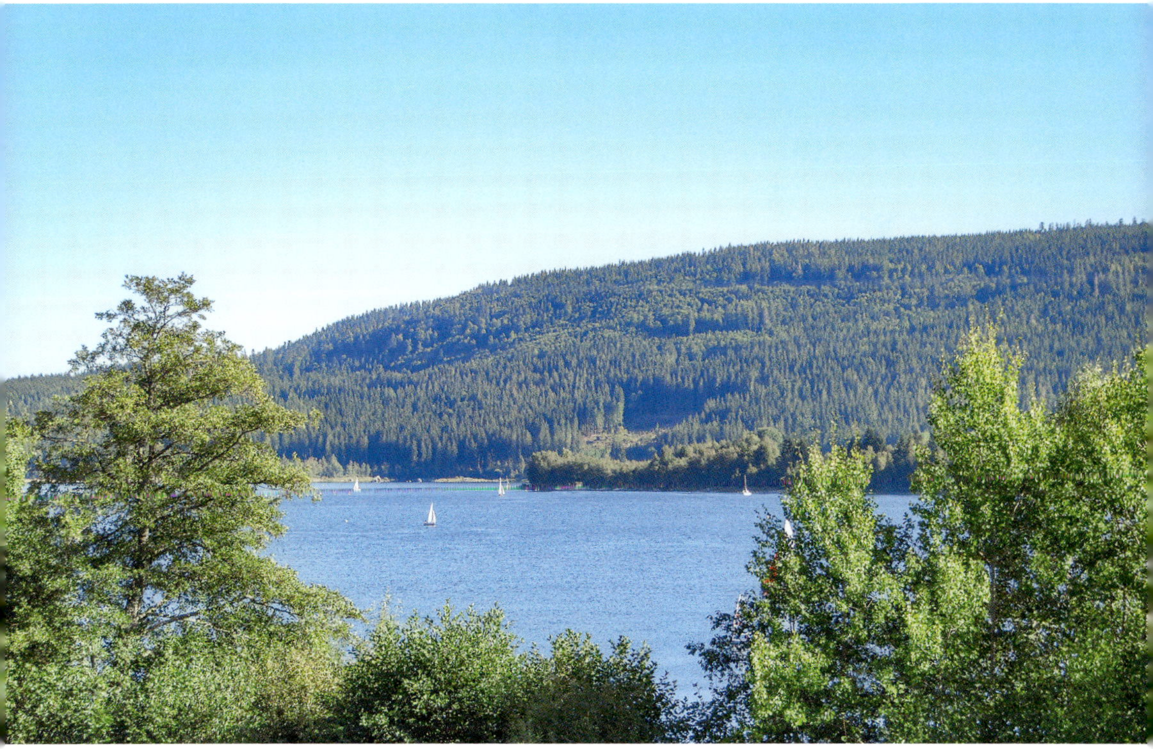

38 Schlühüwanapark

Eine Tour voller Überraschungen

leicht | 2,6 km | 55 m | 1,5 Std.

Tourencharakter
Waldwege; bei Umrundung des Sees verlängert sich die Strecke um 2 km

Geeignet für
Kinderfüße ab 2/3 Jahren, Kinderwagen, Kraxe/Tragetuch

Anfahrt
Ab Schluchsee Richtung Rothaus/Grafenhausen abbiegen

Navi
Schlüchtseeweg 8,
79865 Grafenhausen

Ausgangspunkt
Wanderparkplatz am Infopavillon Rothauser Land

Einkehr
Rothaus Brauereigaststätte oder Rothaus Biergarten mit Kiosk Fr–So 11:30–22 Uhr, im Gasthof wird um Reservierung gebeten unter Tel.:
+49 7748/5229600

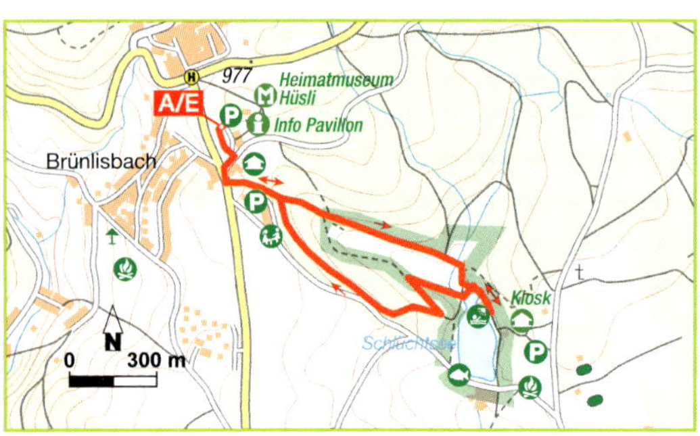

Ein ganz, ganz toller Themenpark in der Nähe der staatlichen Brauerei Rothaus! Man wandert zu einem netten kleinen Badesee und entdeckt unterwegs allerlei Wichtel, Zwerge, Drachen und Märchenfiguren – alle wunderschön aus Holz geschnitzt. Also: Badesachen eingepackt und los geht's!

Der Schlüchtsee-Hüsli-Wald-Natur-Park, kurz Schlühüwanapark, ist ein tolles Erlebnis für die ganze Familie. Über 50 wunderschön gestaltete Holzfiguren begleiten uns bis zum See, an dem man im Sommer auch sehr idyllisch baden kann. Einen kleinen Kiosk gibt es am See auch, der jedoch nur bei schönem Wetter geöffnet ist. Schon der Eingang in den Park ist beeindruckend: Bunte Fantasiewesen heißen uns willkommen. Zunächst geht es durch einen Barfußparcours, auf dem man die unterschiedlichsten Untergründe begehen kann. »Autsch!« … die Steine piksen ein wenig. Im Weiteren erwartet die Kinder noch ein Holzxylophon, ein Kletterdrache, ein Wichtelwald und ein kleines Tiersuchspiel. Außerdem können sie sich im Tierweitsprung ausprobieren und ein Baumtelefon testen. Der Weg ist wirklich sehr abwechslungsreich und man findet sich leicht zurecht, indem man einfach von Holzfigur zu Holzfigur geht. Zwar ist der Weg nicht besonders lang, aber man sollte trotzdem unbedingt genügend Zeit einplanen, um zu verweilen, zu spielen und zu erkunden. Nach dieser wundersamen Wanderung und vielleicht einem erfrischenden Bad im Schlüchtsee sind bestimmt alle hungrig. Im Areal der Rothausbrauerei gibt es ein kinderfreundliches À-la-carte-Restaurant und einen Kiosk im Biergarten mit einem tollen Abenteuerspielplatz direkt daneben. Die Brauerei kann auch besichtigt werden, was aber eher für die Eltern von Interesse ist. Zwischen dem Schlühüwanapark

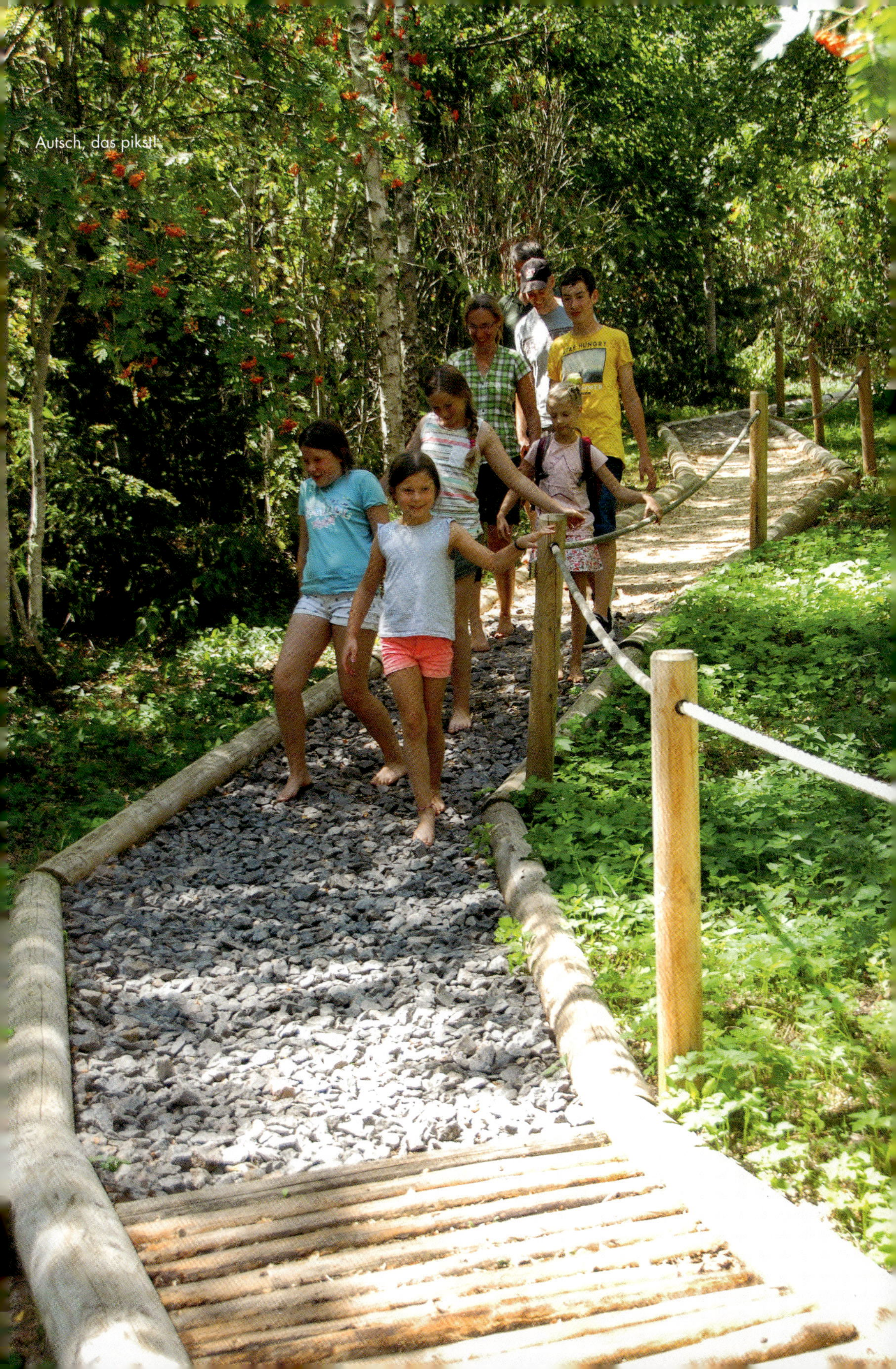

Autsch, das pikst!

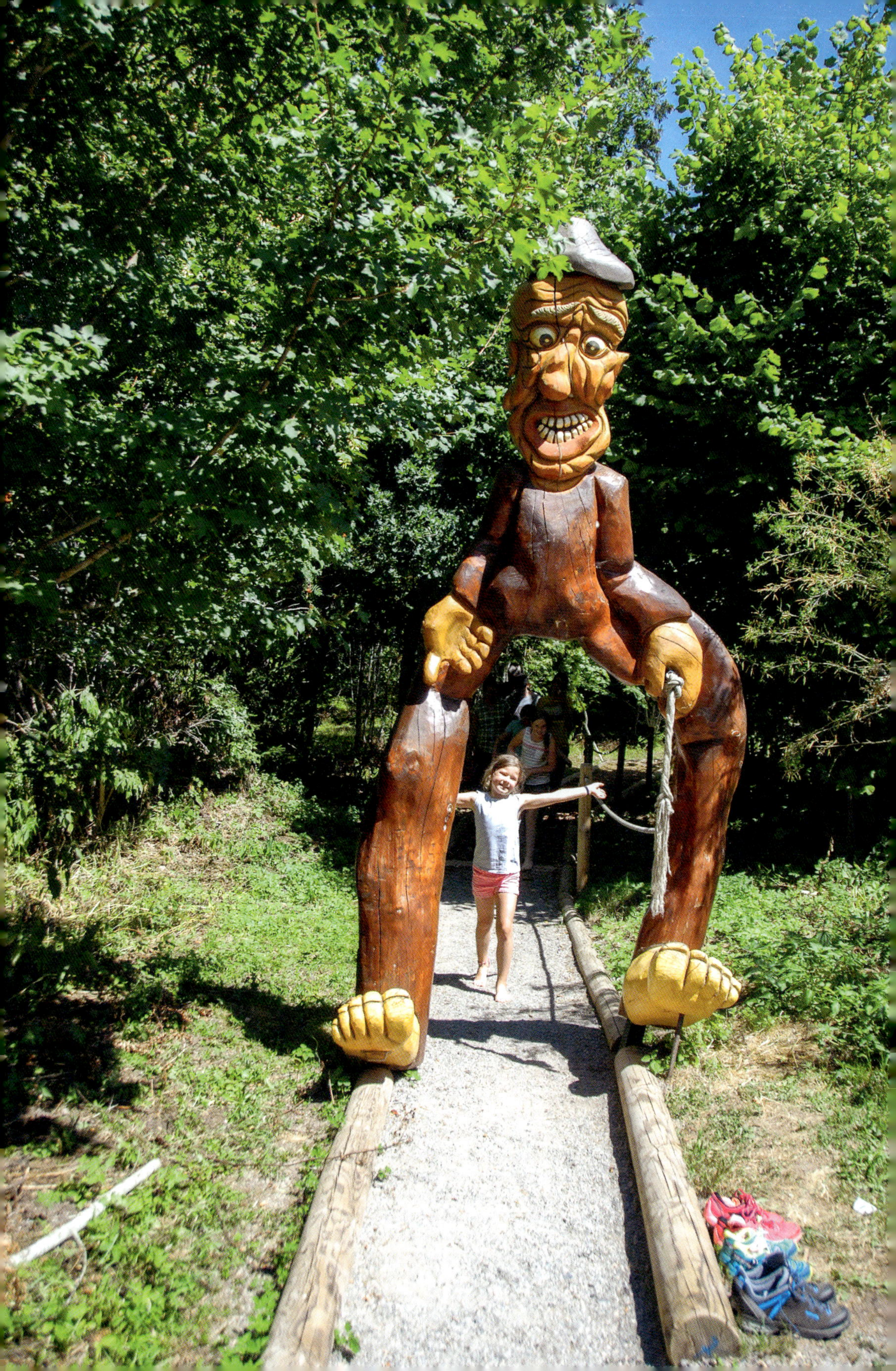

und der Rothausbrauerei steht das Hüsli, ein wunderschönes Schwarzwaldhaus, in dem ein Heimatmuseum untergebracht ist (79865 Grafenhausen-Rothaus, Di 13:30–17 Uhr, Mi–So 10–12 und 13:30–17 Uhr, Kinder 1,50 €, Erwachsene 3 €). Vielleicht erinnert sich Mama oder Papa ja auch noch an die Serie »Die Schwarzwaldklinik«: In eben diesem Haus wohnte Dr. Brinkmann. Die Aufnahmen von der Klinik wurden im Glottertal gemacht. Wer noch Zeit hat, sollte unbedingt das Schwarzwaldhaus der Sinne (Hauptsaison tägl. 10–17 Uhr, Di Ruhetag, Familienkarte 13 €, www.schwarzwaldhausdersinne.de) in Grafenhausen besuchen. Dieses Mitmachmuseum fordert Experimentierfreude und alle Sinne und es gibt viel zu sehen, zu hören, zu erschnuppern und zu erfühlen. Das macht sehr viel Spaß, und zwar nicht nur den Kindern.

Schwarzwaldhaus

Ein Besuch im Museum Hüsli lohnt sich: Da können die Kinder mal sehen, wie man anno dazumal so lebte, ganz ohne Handy und Internet.

Unten: Hallo, kleiner Wichtel!

Linke Seite: Willkommen im Schühüwanapark!

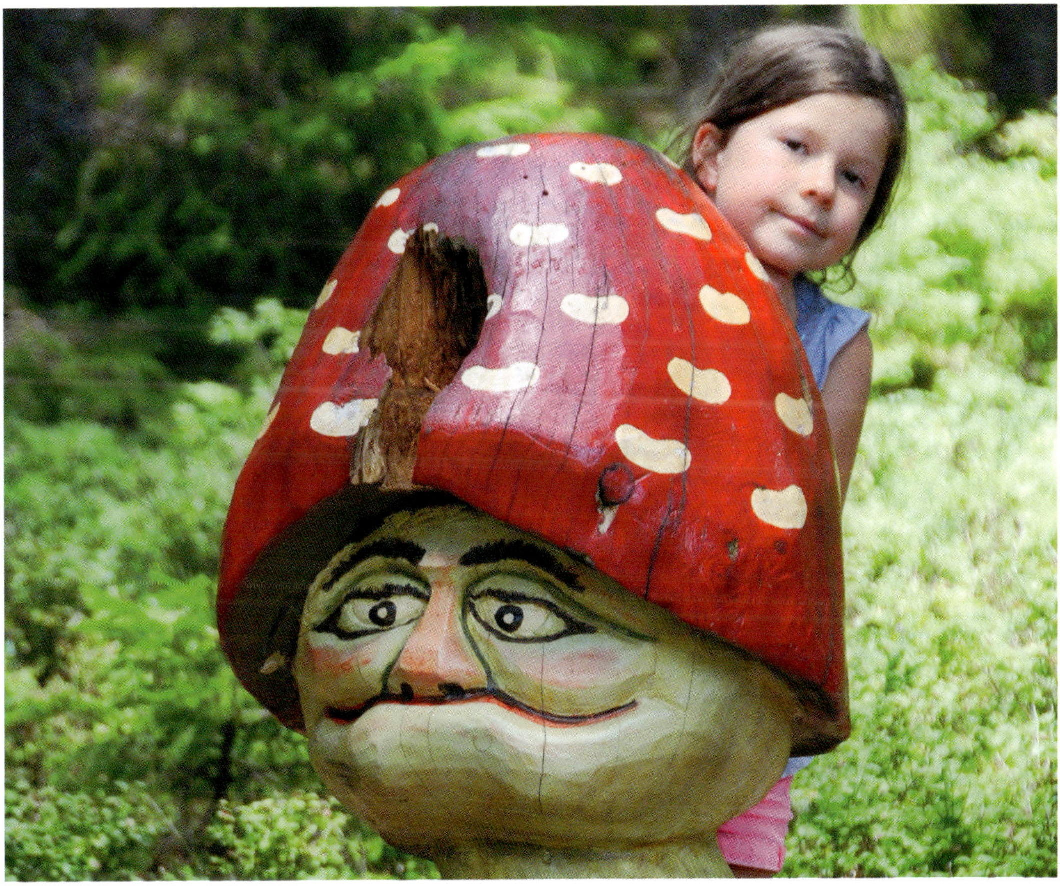

39 Gauchachschlucht

Abenteuerwanderung der Extraklasse

mittel | 4,4 km | 60 m | 2 Std.

Tourencharakter
Waldwege und -pfade, Brücken und Bohlenwege

Geeignet für
Kinderfüße ab 4/5 Jahren, Kraxe/Tragetuch

Anfahrt
Über die L 171; ÖPNV: mit dem Wanderbus, siehe aktuelle Zeiten und Linien unter www.suedbadenbus.de

Navi
79879 Wutach-Ewattingen

Ausgangspunkt
Wanderparkplatz an der Wutachmühle/Haltestelle Wutachmühle

Einkehr
Burgmühle, Wanderheim der Naturfreunde, Di–Fr 11–17 Uhr, Sa/So 10–18 Uhr; Kiosk an der Wutachmühle, wetterabhängig geöffnet

Die Gauchachschlucht, ein Seitental der berühmten Wutachschlucht, ist eine Spur wilder als diese und wunderschön. Beim Erkunden dieser auch geologisch sehr interessanten Schlucht haben nicht nur die Kinder sehr viel Spaß: steile Felswände, zahlreiche Wasserfälle, Brücken, die wilde Gauchach und ein ganz besonderer Wald. Im Wanderheim der Naturfreunde gibt es eine tolle Einkehrmöglichkeit.

Von der Wutachmühle aus überqueren wir die Straße und gehen am Sägewerk vorbei, die Wutach zu unserer Rechten. Nach wenigen hundert Metern erreichen wir eine überdachte Holzbrücke, den Kanadiersteg, der 1976 von kanadischen Pionieren erbaut wurde. Über diese Brücke gelangen wir in die Gauchachschlucht. Direkt hinter der Brücke gibt es eine nette Stelle am Zusammenfluss der Gauchach und der Wutach, an der man rasten und spielen kann. Wir folgen weiter dem schmalen Waldpfad immer an der Gauchach entlang und sehen rechts und links des Weges seltsame dunkelgrüne Stängel: Es ist Winterschachtelhalm, der hier großflächig wächst. Im Gegensatz zum gemeinhin bekannteren Ackerschachtelhalm ist er unverzweigt und kann bis zu 130 cm hoch werden. In Deutschland ist diese Pflanze recht selten und gilt in manchen Bundesländern sogar als gefährdet. Die Gauchachschlucht, ein ausgewiesenes Naturschutzgebiet, hält aber noch weitere biologische Besonderheiten bereit, so kann man hier etwa Orchideenarten sehen, Pestwurz, verschiedene Farne und Moose. Infoschilder am Wegesrand weisen immer wieder auf Besonderheiten hin. Speziell für Kinder wurde ein Baumlehrpfad angelegt, der rechts des Wanderwegs am Hang entlangführt. Auf einem guten Kilometer Wegstrecke erfahren die Kleinen mehr über verschiedene Baumarten.

Vorsicht!

In der Schlucht herrscht immer eine relativ hohe Luftfeuchtigkeit. Der Weg kann glitschig sein, denken Sie also an gute Schuhe mit griffiger Sohle.

Wir folgen dem Weg weiter bis zur Burgmühle, dem Ziel unserer Wanderung, wo superleckerer hausgemachter Kuchen verkauft wird. Es lohnt sich aber, noch ein Stückchen weiterzuwandern: Wenige Meter nach der Burgmühle kommt man zu einem tollen Wasserfall und zu einer Brücke, hinter der ein großer Gumpen und mehrere kleinere Wasserfälle warten. Die Gauchach fließt hier über mehrere Steinstufen – sehr beeindruckend! Damit es für die kleinen Kinderfüße nicht zu lang und zu schwierig wird, nehmen wir ab hier denselben Weg zurück zur Wutachmühle.

Julia: Wir hatten einen tollen Tag am Wasser!

Anna: Ja, besonders toll war der Wasserfall hinter der Burgmühle.

Rund um die Wutach gibt es noch viele weitere einzigartige Wandermöglichkeiten. Spannend ist zum Beispiel auch eine Wanderung durch die Lotenbachklamm (1,5 km einfach). Hier folgt man dem zum Teil steil abfallenden Lotenbach bis zur Schattenmühle, einer urigen Einkehrmöglichkeit. Oder man begeht die Wutachschlucht ab Boll über die Ruine Bad Boll bis zur Wutachmühle (10 km, sehr abwechslungsreich). An Sommerwochenenden verkehrt zwischen den verschiedenen Wutach-Einstiegsmöglichkeiten ein Wanderbus. Weitere Infos hierzu gibt's unter www.wutachschlucht.de/Info-Service/Wanderbus-KONUS.

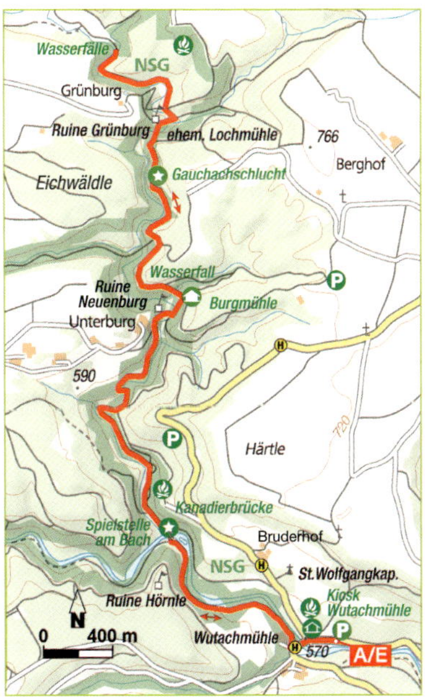

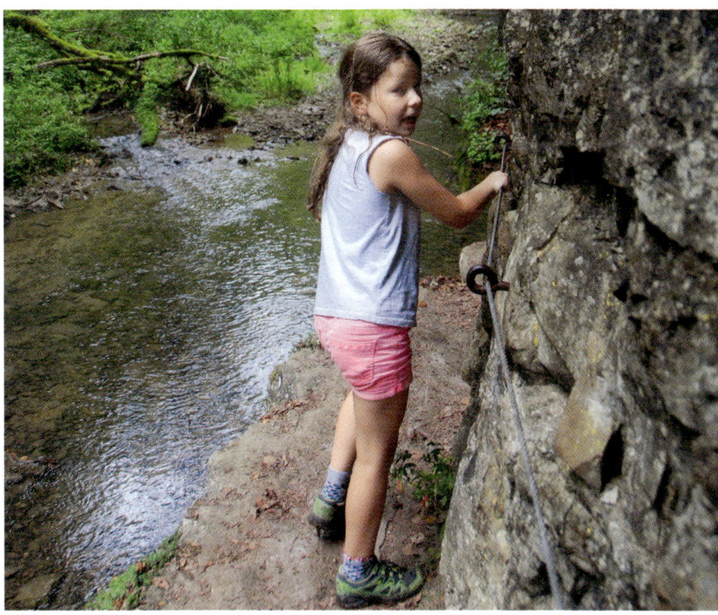

Gut festhalten!

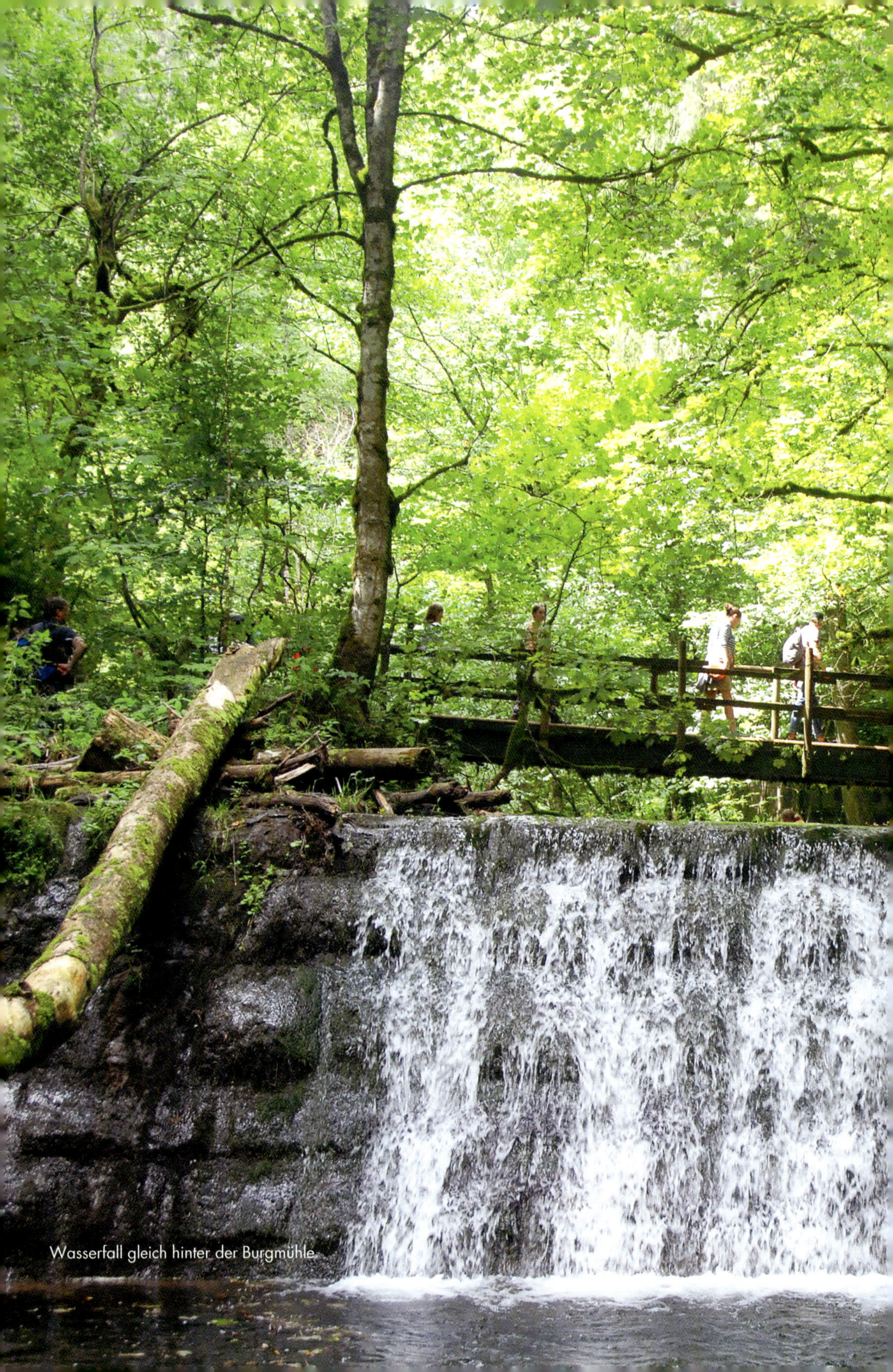
Wasserfall gleich hinter der Burgmühle

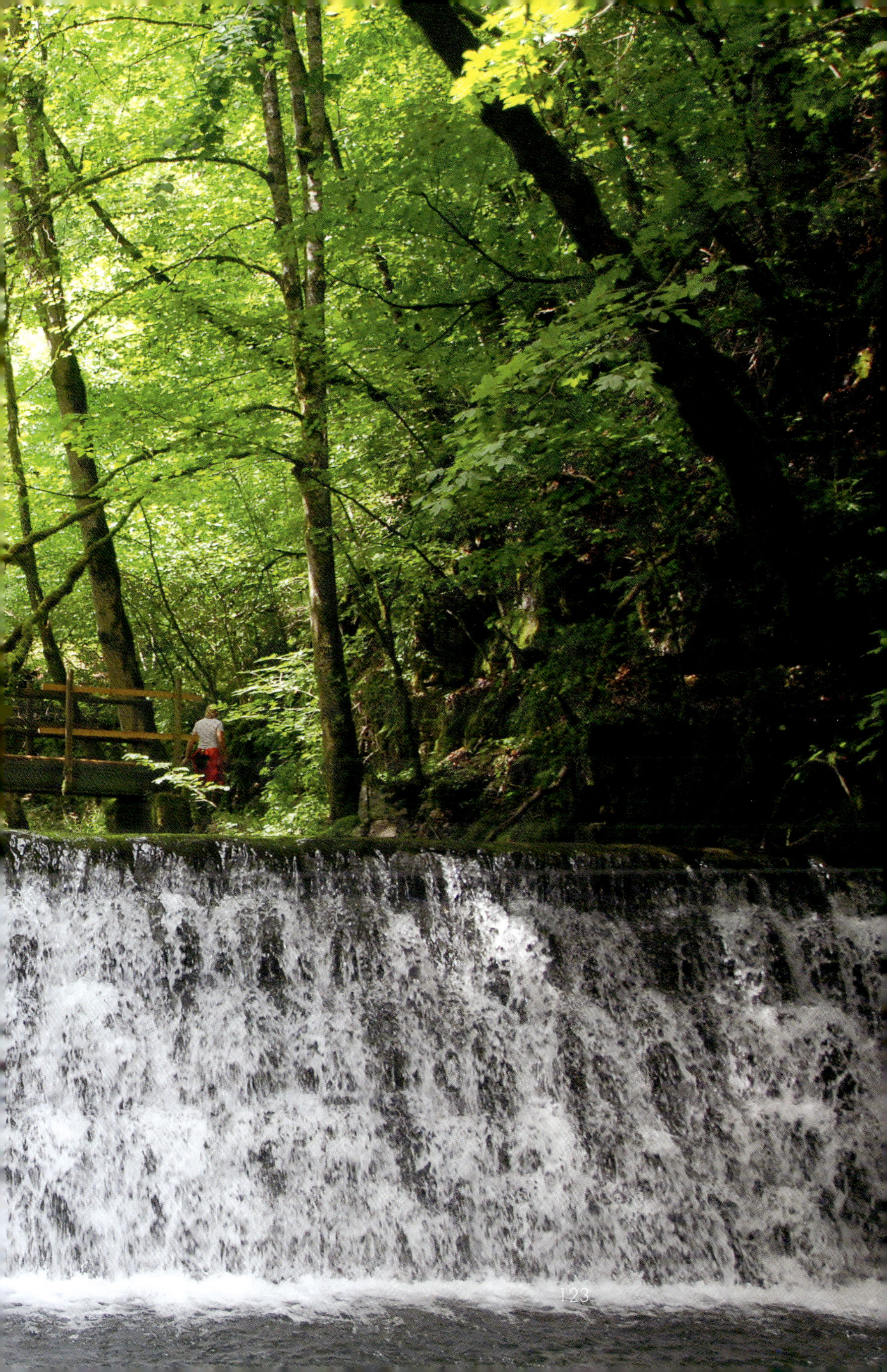

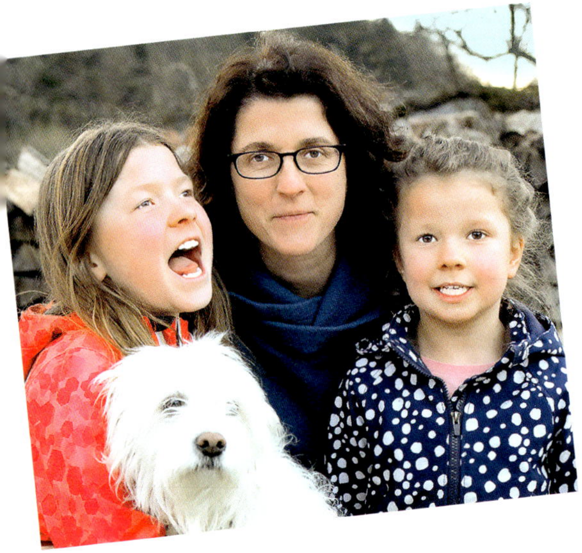

Danke-schön!

Alles begann mit einem Zufall. Und ich bin diesem Zufall sehr dankbar, der mich auf die Idee brachte, meine – unsere – Lust am Wandern und an der Natur zu teilen. Dieser Schwarzwaldführer ist nun das fünfte Ergebnis unserer regelmäßigen Familienausflüge und auch Urlaube im Schwarzwald.

Seit ein paar Jahren schon sind wir hier mit unseren Kindern regelmäßig unterwegs, und das mit stetig wachsender Begeisterung. Es gibt so viel zu sehen, zu erleben, zu entdecken – und das praktisch direkt vor unserer Haustür.

Dank des Schwarzwaldvereins, den ich jedem ans Herz legen möchte, sind alle Wege wunderbar markiert und die Wegmarkierungen, Schutzhütten und Brücken top in Schuss. Und all die viele Arbeit, um das zu leisten, in ehrenamtlichen Engagement: Das ist toll!

Wir hatten und werden sicherlich auch noch viel Spaß haben bei unseren Ausflügen in dieser wunderschönen Region. Danke auch an alle Kinder und ihre Eltern, die mit uns gewandert sind. Geteilte Freude verdoppelt sich, mindestens! Es hat sehr viel Spaß mit Euch gemacht. Danke an unsere tollen Kinder Anna und Julia. Ihr seid wunderbar! Und danke auch an meinen wunderbaren Mann.

Veronika Beyer

Register

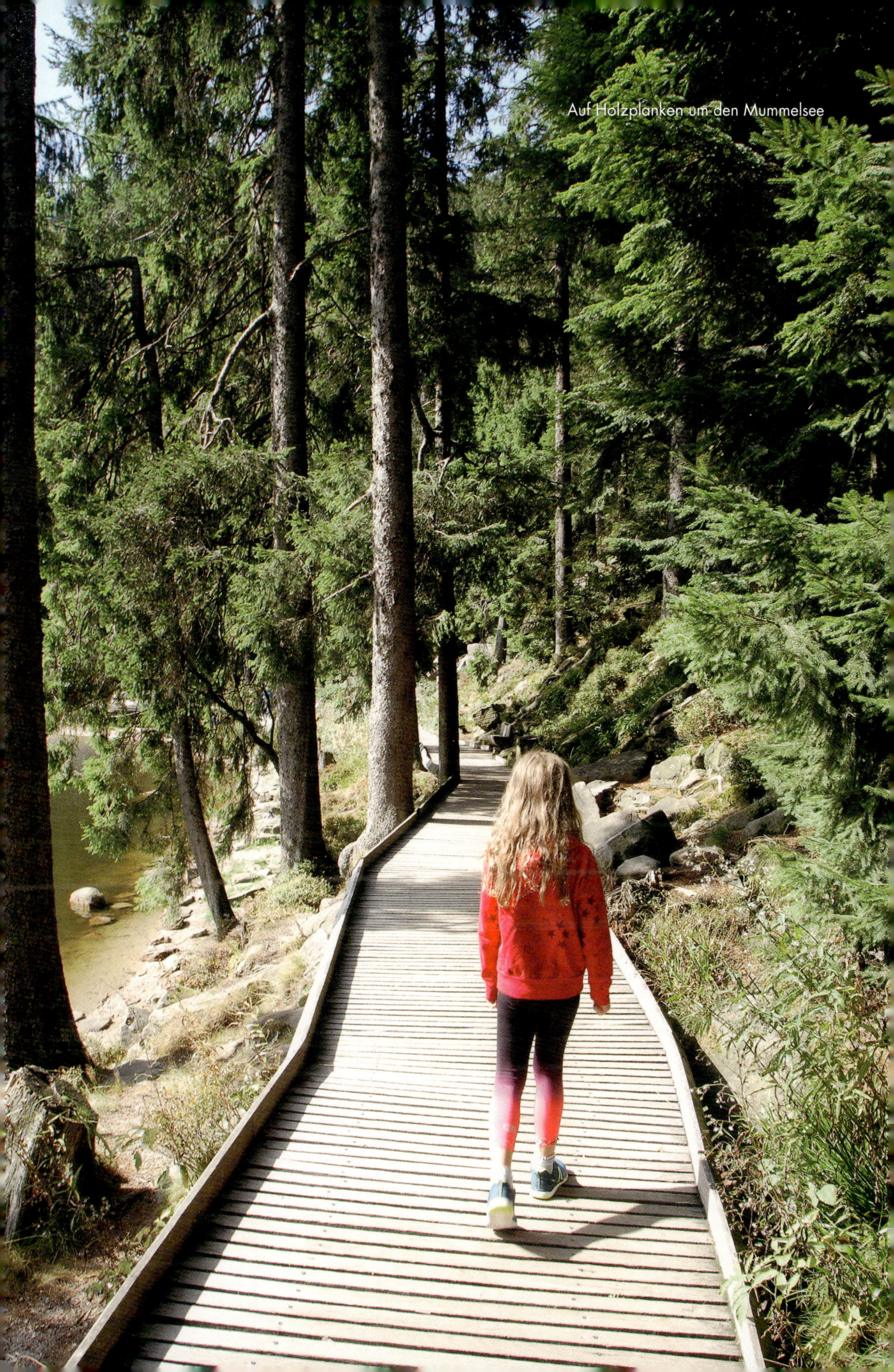

Auf Holzplanken um den Mummelsee

Impressum

Verantwortlich: Stefanie Krüger
Redaktion und Layout: Verlagsbüro Wais & Partner, Stuttgart
Umschlaggestaltung: Anette Wenzel, Tübingen
Repro: Cromika
Kartografie: Bruckmann Verlag GmbH, Heidi Schmalfuß
Herstellung: Bettina Schippel, Stephanie Schlemmer
Printed in Slovenia by Florjancic

Besuchen Sie uns im Internet und entdecken Sie die Vielfalt unseres Verlagsprogramms: **www.silberburg.de**

Autorenempfehlung
Sie sind auf der Suche nach weiterführender Literatur? Dann empfehle ich Ihnen den Titel »Ausflugsziel Mittlerer Schwarzwald« von Dieter Buck. Oder Sie werfen einen Blick in die Zeitschrift »Bergsteiger«. Hier werden Sie bestimmt fündig.
Ihre Veronika Beyer

Bildnachweis: Alle Bilder im Innenteil und auf dem Umschlag stammen von der Autorin.
Umschlagvorderseite: Kletterspaß in der Ravennaschlucht
Umschlagrückseite: Flussidylle im Eyachtal

Die Deutsche Nationalbibliothek verzeichnet diese Publikation in der Deutschen Nationalbibliografie; detaillierte bibliografische Daten sind im Internet über http://dnb.d-nb.de abrufbar.

2. aktualisierte Auflage

ISBN 978-3-8425-2065-3